Astrid Göschel – Rhetoriktrainings erfolgreich leiten

„Rhetorik ist zwar nicht alles, aber ohne Rhetorik ist vieles nichts, was Reden und Gespräche im privaten, beruflichen oder öffentlichen Bereich erst attraktiv für den Zuhörer und damit auch erfolgreich für den Sprecher macht. Astrid Göschel hat sich in diesem Buch Gedanken dazu gemacht, wie rhetorisches Wissen, das aus einer alten – aber keineswegs verstaubten! – Tradition europäischer Bildung kommt, im rhetorischen Training für Leute von heute praktisch umgesetzt werden kann. ‚You can test the pudding only if you eat it!' sagt ein englisches Sprichwort. In diesem Sinne wünsche ich dem Buch zahlreiche Leser, die sich mit Vergnügen und Engagement auf die Vermittlung rhetorischer Praxis einlassen."

Dr. Franz-Hubert Robling,
Lehrbeauftragter für Rhetorik an der Universität Tübingen

Astrid Göschel

Rhetoriktrainings erfolgreich leiten

DenkBAR, MachBAR, BeobachtBAR –
eine rhetorische Reise mit Köpfchen

managerSeminare Verlags GmbH

Astrid Göschel
Rhetoriktrainings erfolgreich leiten
DenkBAR, MachBAR, BeobachtBAR – eine rhetorische Reise
mit Köpfchen

© 2008 managerSeminare Verlags GmbH
Endenicher Str. 282, D-53121 Bonn
Tel: 0228–977 91-0, Fax: 0228–977 91-99
shop@managerseminare.de
www.managerseminare.de/shop

Alle Rechte, insbesondere das Recht der Vervielfältigung und der Verbreitung sowie der Übersetzung vorbehalten.

ISBN: 978-3-936075-76-2

Lektorat: Jürgen Graf
Cover: istockphoto, Silke Kowalewski
Druck: Kösel GmbH und Co. KG, Krugzell

Inhalt

Vorwort 9

Einleitung

Dialektische Überlegungen 13
Das Vir-Bonus-Ideal oder: Warum sind Sie Trainer? 19

Start in eine „merk-würdige" Bildungsreise 28

1. DenkBAR

Planung eines Rhetorikseminars 33
Organisatorische Vorüberlegungen 35
Didaktische Vorüberlegungen 43

2. MethodenBAR

Didaktische Bausteine für hirngerechte, lebendige
und „merk-würdige" Seminare 55
Erfreuen, Inhalte vermitteln, motivieren – wie funktioniert´s? 59
Regelmäßige Blitzlicht-Abfragen – Transferhilfe und mehr 64
Mnemonik-Chart – eine „verrückte Geschichte" verankert
die Lerninhalte 66
Vier weitere Prinzipien gelebter und bewegter Didaktik 70

3. MachBAR

1. Seminartag – Überblick 78
Die Schnupperphase 79

bis 9:00 Uhr	Dialoginsel	81
9:00 – 9:10 Uhr	Begrüßung	88
9:10 – 9:50 Uhr	Partner-Interview und Zielwand	96
9:50 – 10:00 Uhr	Trainervorstellung, Organisatorisches, Themenüberblick	104
10:00 – 10:15 Uhr	Grundlagen der Rhetorik	107
	Aktivierendes Rätselspiel für zwischendurch: „Die Telepathie" ...	115
10:45 – 11:15 Uhr	Übung: „Das schaff' ich mit links"	116
	Übung: „Wirkungsvolle Augenblicke"	119
11:15 – 12:15 Uhr	Wirkungsfaktoren eines Redners	122
12:15 – 12:45 Uhr	Das rhetorische Dreieck	134
14:00 – 14:20 Uhr	Aktionsspiel: „Begriffe erraten"	137
14:20 – 15:05 Uhr	Vor-, Durch- und Nachdenken – gute Planung und die Rede lebt!	141
15:20 – 15:35 Uhr	Methode Zwecksatz: Am Anfang steht das Ziel!	144
15:35 – 16:00 Uhr	Struktur und Aufbau einer Meinungsrede – Karteikarten-Methode	147
16:00 – 16:30 Uhr	Übung: „Bildgalerie, öffne Dich!"	150
16:30 – 16:50 Uhr	Redevorbereitung: Jeder für sich	153
16:50 – 17:00 Uhr	Fragen klären und Abschlussrunde: Was haben wir getan?	155

2. Seminartag – Überblick 158
Vorab: Worauf Sie als Trainer achten müssen 159

9:00 – 9:20 Uhr	Zum Einstieg: Stimmungsbarometer & eine kleine Geschichte	160
9:20 – 9:40 Uhr	Rhetorik-Quiz	164
9:40 – 10:00 Uhr	Themenwand und Persönlicher Coach („Methode PC")	167
10:00 – 10:30 Uhr	Geschenke verteilen: Feedback geben, Feedback nehmen	171
	Alternativ: „Der treue Freund"	175

Die Meinungsreden	179	10:40 – 13:00 Uhr
Teamknobeln mit Ritter, Löwe und Hexe	184	14:30 – 14:40 Uhr
Videoansicht und Fragen notieren	186	14:40 – 15:15 Uhr
Umgang mit Fragen aus dem Publikum	188	15:30 – 16:15 Uhr
Zusammenfassung und Hinführung zum Abschluss	190	16:15 – 16:30 Uhr
Abschluss-Feedback und Evaluation	194	16:30 – 17:00 Uhr

4. BeobachtBAR: spielBAR und variierBAR handeln 198

4.1 SpielBAR

4.1.1 Spiele zu Sprache, Stimme und Auftreten 203

Astrids Hund ist arm 205

Wenn's heiß hergeht – Entschiedenheit führt zu Gelassenheit.... 206

Ein Korb voller Geschenke 209

Geschichten ohne „und" 214

Kleist lässt grüßen oder: Die allmähliche Verfestigung
der Gedanken beim Sprechen 216

Kraftsprech-Übung 219

Rheinüberquerung 221

Spontan-Rede: Geschenk auspacken 223

Tucholsky-Sprech-Spiel 226

Gute Reise auf leise Weise 231

Zungenbrecher vor der Gruppe vorlesen 232

4.1.2 Spiele zur Transfersicherung 235

Bildungsspaziergang zu zweit oder zu dritt 238

„Ab in die Tonne!" oder: „Ich nehme mit und lasse hier" 240

Der Kreis schließt sich oder: Strukturiertes Feedback 242

Hirngerechter Transfer: Ich packe meine Walnuss 244

Rhetorik von A bis Z 246

Ein Name – ein Ziel! 248

4.2 VariierBAR

Alternative Themenbausteine 253

Umgang mit Lampenfieber 256

Argumentation und Video-Feedback 260

Annehmbar formulieren mit „Maluma & Takete" 266

Den Publikumsdialog trainieren 269

Souverän mit Fragen und Fragenden umgehen 272

Lebendig vortragen 277

Priorisierungsmethode – der Weg zum Wesentlichen 280

Argumentier-BAR – argumentieren gegenüber
unangenehmen Gesprächspartnern 282

Intervenieren mit Takt und Stil.. 287

5. WeiterdenkBAR

Das ABC der Varianten 295

Einsatz im Einzelcoaching 296

Auflockerung bisheriger Seminarkonzepte –
auch jenseits der Rhetorik... 297

Lebendige Akquise-Gespräche 298

DankBAR.. 302

LesBAR 305

AuffindBAR 309

Vorwort

„Der wahre Redner ist, im Sinne Quintilians, in erster Linie immer Pädagoge: Aus Gründen der Erziehung, und nicht um des sophistischen Blendungsspiels willen, hat Lessing so sehr die wichtigen Aporien geschätzt – sie dienten seinem Appell, das Gegebene nicht als Fatalität aufzufassen, sondern immer auch das Gegenteil zu bedenken, sich auszumalen, die Welt wäre anders als jetzt, das Potentielle sei praktikabel und die Dinge stünden plötzlich Kopf."

Walter Jens

„Freilich: Wer die Hintergründe der Sprache ausleuchtet, erblickt Narretei, Schwarze Magie und Lebenslüge in greller Hässlichkeit. Auch kann es ihm ergehen wie jenen Rekruten, die, vom Unteroffizier belehrt ‚Mit dem Vorsetzen des linken Beines schwingt der rechte Arm nach vorn', ihre Gliedmaßen wie betrunkene Marionetten schwenkten: Die Störung glatter Abläufe ist das Risiko alles Bewusstmachens und eine Hemmung hie und da, wo früher keine war, in der Tat eine häufige Folge des Eindringens in die Keller der Sprache. Doch die Risiken werden durch die Chancen mehr als aufgewogen. ‚Es gehört zu den großen Befreiungen', schreibt Karl Jaspers, ‚wenn der Mensch sich von dem Irrtum seines Glaubens und Aberglaubens an die Sprache herausarbeitet, indem er inne wird, was eigentlich die Sprache ist und was sie niemals leisten kann.' Wer den Irrtum abstreift, hat zugleich seine Abhängigkeit von der Verführung durch die Wörter vermindert: Es lässt sich ein Misstrauen schaffen, mit dem wir der Unterwanderung unseres Wortschatzes durch politische und kommerzielle Propagandisten entgegentreten können. Ob einer für Waschmaschinen oder für Lenin agiert: Nichts ist ihm lieber als unsere Arglosigkeit. (...) Gibst du mir dein Wort? Gib es mir, ich nehme es; das Wort und nur das Wort macht dich zu einem, dem man vertrauen kann."

Wolf Schneider[1]

---

1 Wolf Schneider: Wörter machen Leute, S. 14 ff. und S. 12, R. Piper & Co. Verlag, München 1986.

- Die Kreative in mir würde …
- Die Analytikerin in mir würde …
- Die Vorsichtige in mir würde …
- Die Abenteurerin in mir würde …
- Die Introvertierte in mir würde …
- Die Extrovertierte in mir würde …
- Der sensible Geist in mir würde …
- Die Idealistin in mir würde …
- Die Skeptikerin in mir würde …
- Die Konkrete in mir würde …
- Die Unkonkrete in mir würde …
- Die Genießerin in mir würde …
- Die Sprachsensible in mir würde …

Viele Rollen, viele Ansichten, viele Chancen – und das einzig Wahre gibt es nicht. Rhetorik ist Austausch, gelebter Dialog. Der Wahrscheinlichkeit nähert sich ein Rhetoriker erst durch das Gespräch und die Diskussion mit anderen. Das Wahrscheinliche, die „Wahrheit", ist das Ergebnis des guten Dialogs. Wenn wir mit einer anderen Meinung aus einem Dialog herauskommen als mit der, mit der wir in ihn hineingegangen sind, dann war es wahrscheinlich ein guter Dialog. Meinungsvielfalt ist möglich, wenn dem „Sowohl-als-auch-Denken" in den menschlichen Köpfen Raum gegeben wird und wenn es neben dem vorherrschenden, starren „Entweder-oder-Denken" bestehen kann.

In diesem Raum braucht es eine Dialogkultur. Mein Beitrag dazu ist, möglichst viele Menschen für die freie Rede zu begeistern und dafür zu sensibilisieren, dass „Worte Leute machen" – und nicht (nur) Kleider. Wer das Wort beherrscht, hat die Macht, Einfluss zu nehmen. Das war immer so und wird auch in Zukunft so bleiben. Nur braucht es dafür Menschen, die in eine Dialogkultur eintreten, als Trainer und Anwender. Sie benötigen zum einen technisches Handwerkszeug, um mit Sprache Brücken zu bauen, und zum anderen eine für den Einzelnen Schritt für Schritt nachvollziehbare Vorgehensweise. Wenn die Basis stabil ist und die Grundschritte sitzen, dann beginnt eine Reise, in der wir die eigene Persönlichkeit in ihrer Vielfalt zu begreifen beginnen. Wir werden immer gewandter darin, unsere Sprache zu trainieren, unsere Ziele konkret zu benennen und ihnen entsprechend zu handeln.

Vielfalt statt Einfalt, Talente entdecken und fördern, statt „richtig" oder „falsch" die Kategorie „angemessen" einführen – jeder kann das leisten. Diese Gedanken begleiten mich als Trainerin schon seit Jahren. Ich werde an diesem Gebäude weiterschaffen, ganz einfach, weil es sich lohnt. Und wer mitbauen will, mit Hand und Kopf, ist mir auf diesem Weg willkommen. Mit Gleichgesinnten macht dieser Weg besonders viel Spaß, gemeinsam mit mutigen Querdenkern, die sich an das Ungewohnte und an das Ungewöhnliche heranwagen, die viel leisten, dabei (selten) klagen und stattdessen an ihrer Freude am Tun festhalten.

Manchmal reicht ein Blick in die strahlenden Augen dieser Menschen, um zu erkennen, dass sie voller Energie stecken und sich mit einem Lachen über Widerstände hinwegsetzen werden. Sie halten an ihrem Ziel fest, arbeiten nicht nur des Geldes wegen, sondern sind überzeugt von der Sinnhaftigkeit ihres Schaffens. Wenn der Beruf zur Berufung wird, setzt er Energie frei für noch so große Ziele, an deren Anfang nichts Geringeres stand als eine Idee, gekleidet in Worte.

Es grüßt Sie herzlich

Astrid Göschel

Anm. der Autorin: In diesem Buch habe ich die männliche Sprachform gewählt – aus Gründen der Klarheit, keinesfalls aus diskriminierender Absicht.

In diesem Kapitel finden Sie:

Dialektische Überlegungen 13
Was dieses Buch will, welchen Anspruch es hat,
für wen es geschrieben ist, wie Sie von den Inhalten
profitieren können

Das Vir-Bonus-Ideal oder: Warum sind Sie Trainer? 19
Welche Ziele, Werte, Einstellungen, Stärken, Schwächen und
Qualitätsansprüche prägen mein Trainer-Dasein?
 ▶ Übung: Mein Selbstverständnis als Trainer

Start in eine „merk-würdige" Bildungsreise 28
Was Sie bei der Reise durch die Gedankengebäude
der Rhetorik an Rüstzeug mitbringen sollten

Dialektische Überlegungen

Dieses Buch ist allein schon deshalb rhetorisch, weil es Mut erfordert, Wissenschaft praktisch werden zu lassen. Hierzu vorab zwei dialektische Überlegungen (A und B):

Ihr Nutzen ist mein Ziel!

A: Warum dieses Buch sein muss!

- **Rhetorik ist Persönlichkeitsbildung!** Die meisten freischaffenden Trainer beginnen ihre Laufbahn direkt mit rhetorischen Themen. Schon deshalb gibt es viele Rhetoriktrainings. Leider gibt es selbst unter fortgeschritteneren Profis nur wenige, die mit Rhetorik als einzigartiger, positiver Erfahrung wirkliche Seminarerfolge und eine nachhaltige Persönlichkeitsbildung bewirken. Noch immer kommen sich viele Teilnehmer vorgeführt vor; sie sind von ihrem Trainer beeindruckt und nach dem Seminar doppelt verunsichert: „Was der kann, werde ich nie können!"

- **Rhetorik ist mehr als „Körpersprache".** Rhetorik ist ein umfassender Bildungsansatz, der mit Mündigkeit und mit Mut zur eigenen Position zu tun hat. Dieser Weg kann in einem zweitägigen Rhetorikseminar beginnen.

- **Rhetorik zwingt uns raus aus der Soft-Skill-Schiene!** Rhetorikseminare sind vergeudete Zeit, wenn wir sie als halbherzig wahrgenommene Vermittlung von Soft-Skill-Themen erleben im Sinne von: die feinen, geheimen Tricks der öffentlichen Redner und Verkäufer.

Richtig angelegt, können in einem zweitägigen Seminar Impulse vermittelt werden, die unsere Lebensfreude und unseren Erfolg in vielen Lebensbereichen massiv verbessern. Einer der ersten Erfolge ist, frei und mit Spaß vor einer Gruppe Gleichgesinnter zu sprechen. Für viele ist das zunächst die größte Hürde – und ein erster neuer Schritt hinaus in eine faszinierende Welt.

Ergebnisse und Erlebnisse

„Ich habe schon viele Seminare besucht, aber Ihres ist vielfältig, nützlich und vermittelt sowohl Ergebnisse als auch Erlebnisse. Verraten Sie mir Ihr Rezept?" Rückmeldungen wie diese ermutigten mich, den Ansatz und die Methode meiner Seminare zu veröffentlichen.

In der Lehre leben Ideen und ihre Urheber weiter

Ein großer Rhetoriker für angewandte Rhetorik – und ein wichtiger Impulsgeber für mich – war und bleibt in meinen Augen Heinrich Fey[1]. Seine Lehre wird weitergetragen und von Spezialisten erweitert, die ein ehemaliger Mentee von ihm zusammenbrachte und förderte. Diese „12 Talente" verstehen sich als Verbündete im Umfeld der Rhetorik und streben danach, auch andere Fachthemen aus dem Bereich der Persönlichkeitsbildung und Kommunikation fundiert, didaktisch hochwertig und mit hohem Anspruch und Verantwortungsbewusstsein zu vermitteln.

Dass wir am gleichen Tag Geburtstag hatten, war nur eine meiner Gemeinsamkeiten mit Heinrich Fey. Wie er habe auch ich eine Leidenschaft zur antiken Rhetorik, zu Aristoteles, zu Quintilian und Homer entwickelt. Von ihm inspiriert ist mein Wunsch, die Rhetorik in lebendiger, greifbarer Didaktik zu vermitteln und somit Menschen in ihrer eigenen Entwicklung zu fördern. Ich glaube, Heinrich Fey mochte die Ernsthaftigkeit, mit der ich mein Rhetorikverständnis in den beruflichen Alltag integrierte. In seiner offenen, direkten und dennoch humorvollen Art erklärte er mir einmal das wirkliche Leben: „Wenn Sie Erfolg haben wollen, machen Sie sich dicker statt dünn – Männer tun das auch, um geschäftlich erfolgreich zu sein."

Ich bin meinem Gewicht treu geblieben, denn eine Schülerin muss ja nicht jeden Rat ihres Lehrers annehmen, aber der Erfüllung meines Wunsches komme ich mit jedem Fachseminar näher – und auch mit diesem Buch. Vielleicht hätte sich mein ehemaliger Lehrer darüber gefreut.

---

1 *21.05.1936 – 15.08.2003.

Was dieses Buch will

Bei der Vermittlung dieses spannenden Themas verfolge ich drei Ziele, die selbstverständlich auch die Grundlage des vorliegenden Buches bilden. Ich will …

- **informieren (docere):** über Gegenstand und praktische Umsetzung der wissenschaftlichen Rhetorik.
- **erfreuen (delectare):** einerseits mit zahlreichen Ideen, Übungen, Impulsen und Erfahrungswerten, andererseits mit viel Humor und Kreativität.
- **motivieren (movere):** Trainer im Anfangsstadium, wie auch „alte Hasen" überzeugen, dass Rhetorik mehr als nur Soft Skill und im Idealfall sogar der erste Schritt zu Selbstverantwortung und echter Persönlichkeitsbildung sein kann. Auch will es die Herzen insofern berühren, dass die Vielfalt an vorgestellten rhetorischen Redeübungen und Methoden neue Lust entfacht auf eine noch motivierendere Seminargestaltung – mit Spaß und Freude am Ausprobieren.

Drei Ziele – drei Aufgaben

Für wen es geschrieben ist

Dieser Leitfaden richtet sich einerseits an Trainer, die professionelle, inhaltsstarke und fundierte Rhetorikseminare halten möchten. Es wendet sich aber auch an Menschen, denen es nicht mehr reicht, (Allein-)Unterhalter auf der Trainerbühne zu bewundern, sondern die als Seminarteilnehmer selbst über ihre eigenen Potenziale staunen möchten – und neugierig sind auf mehr!

Welchen Nutzen es Ihnen bietet

- Sie erhalten ein bewährtes Rhetorikkonzept, in das insgesamt über 30 Jahre Seminarerfahrung von mir, von Trainerkollegen und Wegbegleitern eingeflossen sind und das mit aktuellen Studien und Schulungsmethoden angereichert wurde sowie aktuelle Kenntnisse aus neurobiologischer Forschung integriert.
- Mit einer konkreten Anleitung, zahlreichen Beispielen und Übungen wird mit diesem Buch ein zwei Tage dauerndes Rhetorikseminar beschrieben: ein Rhetorikseminar, das – den drei Aufgaben eines Redners nach Cicero folgend – lehrreich, unterhaltsam und motivierend zugleich sein soll!
- Erfahrene Trainer finden Bestätigung in ihrem Tun sowie zahlreiche weitere Möglichkeiten und Ideen, um ihre eigenen Seminare anzureichern.

Ein Konzept mit Hintergrund

- Angehende Trainer erhalten einen Seminarleitfaden, der ihnen ein erfolgreiches Seminar garantiert.
- Sie haben einen wissenschaftlichen Bezugsrahmen zu Ihrer bisherigen praktischen Tätigkeit als Trainer.
- Sie bekommen zahlreiche weitere erlebnisorientierte Bausteine an die Hand, die Sie variieren können oder als weiterführende Inhalte für aufbauende oder weiterführende Rhetorikseminare verwenden können.
- Checklisten für die Vorbereitung Ihrer Seminare ermöglichen Ihnen von Anfang an, effizient und erfolgreich Seminare zu halten. So haben Sie von Anfang an Erfolg.

Ein Dreitagesseminar ist optimal, ein Zweitagesseminar die Realität.

Unter didaktischen Gesichtspunkten wäre ein Dreitagesseminar optimal. Die in diesem Konzept vorgenommene Beschränkung auf zwei Tage gibt jedoch die Buchungsrealität vor, denn aus Kostengründen buchen Unternehmen häufig nur zwei Tage. Um dem didaktischen Anspruch gerecht zu werden und gleichzeitig die Realität zu berücksichtigen, finden Sie im Anschluss an das zweitägige Seminarkonzept weitere Themenbausteine für einen möglichen dritten Seminartag. Selbstverständlich können die Bausteine auch in Form eine Aufbauseminars oder eines Thementages (z.B. „Feedback geben – Feedback nehmen") verwendet werden.

Welche weiteren Anwendungsbereiche sind denkbar?

Über die Planung und Durchführung eines Rhetorikseminars hinaus lassen sich die Inhalte auch in andere Kontexte sinnvoll einbinden. Hier nur einige Möglichkeiten:

- Einzelcoaching: Sie wollen im Einzelgespräch einen Menschen rhetorisch schulen.
- Sie wollen Ihr bestehendes Konzept auflockern und mit weiteren Methoden bereichern.
- Sie planen ohne viel Aufwand ein Akquisitionsgespräch und packen dazu lediglich die passenden Bausteine ein.

Rhetorik theoretisch fundiert, aber dennoch lebendig vermitteln

Dieses Buch leistet einen Beitrag dazu, die wissenschaftliche Rhetorik lebendig werden zu lassen und mit dem Klischee aufzuräumen, dass es sich dabei um eine langweilige Art zu kommunizieren handelt, die aus der klassischen Antike stammt und heutzutage allein Akademikern vorbehalten ist. Ich unterstütze vielmehr den Ansatz

"Weiter mit Bildung" und identifiziere mich erst recht im Zusammenhang mit der Rhetorik damit.

Ich möchte die Kenntnisse der wissenschaftlichen Rhetorik bestmöglich in die Praxis übertragen. Mein Ziel ist, dass auch Nichtrhetoriker (wieder) ein einheitliches und fundiertes Rhetorikverständnis erwerben, das mit Zielklarheit, guter Argumentation und Sprache, Angemessenheit in Wort und Tat, Mut und Aufrichtigkeit zu tun hat. So kann es die Bereitschaft wecken und verstärken, Verantwortung für Gesagtes zu übernehmen, Widerspruch auszuhalten und mutig voranzuschreiten in dem sicheren Bewusstsein, dass Bildung stets ein Prozess ist, in dem sich Meinungen durchaus auch ändern können.

Was ein fundiertes Rhetorikverständnis ausmacht

Denn Wissenschaft wird dann spannend und inspirierend für alle Beteiligten, wenn das Sowohl-als-auch eine Chance gegenüber dem Entweder-oder hat und ein Austausch möglich ist: Eine interdisziplinäre Dialogkultur sollte nicht nur unter Forschern, sondern auch gemeinsam mit Praktikern gelebt werden.

Weiterbildung – in diesem Fall ein Rhetorikseminar – soll fundiert sein und trotzdem Spaß machen! Dazu gehört auch das Hinbewegen zu einer spektakulär unspektakulären inhaltsstarken Rhetorik. Wer als gereifte Persönlichkeit argumentiert und dabei unterschiedliche Positionen miteinander abwägen kann, überzeugt am meisten. Er benötigt keine übertriebene, formalistische Darstellung, wird mit konkreten Ideen in das Geschehen eingreifen und gesellschaftlich aktiv sein. Wie leicht überzeugt eine natürliche, klare, inhaltsstarke und zielorientierte Rhetorik! Und wie viele Zweifel weckt dagegen eine gestenreiche, ausufernde Präsentation mit offensichtlich antrainierter Körpersprache?

Überzeugende Rhetorik ist spektakulär unspektakulär.

Weiterbildung, die Spaß macht, muss in jedem Fall „lebendig" sein. Lebendig wird sie, wenn jeder Lehrende über seine Rolle, seine Aufgabe und sein tatsächliches Ziel nachgedacht hat. Wollen Sie einen Lehrplan durchziehen oder wollen Sie den Teilnehmern Werkzeuge an die Hand geben? Wollen Sie als Trainer mit voll geschriebenen Charts beeindrucken, oder wollen Sie Teilnehmer motivieren, sich selbst auszuprobieren und damit das eigene Potenzial zu erkennen und zu nutzen? Mein Fazit lautet: „Reden und Lehren ist mehr als Informieren!" Wie gelingt dies? Die Antwort ist leicht erkennbar, wenn die Rhetorik in Theorie und Praxis vermittelt wird. Lebendiges Lehren wird zum Kinderspiel, wenn ein Lehrender zum akademischen Anspruch des Informierens auch die anderen beiden rhetorischen Aufgaben eines Redners nach Cicero hinzunimmt: „movere" (überzeugen/motivieren) und „delectare" (erfreuen).

Auch trockene Themen lassen sich mit Leichtigkeit präsentieren.

Oft werde ich von Personen aus dem technischen Fachbereich gefragt, wie denn das Erfreuen bei einem überwiegend (trockenen) Fachstoff überhaupt möglich sein soll. Auch hierauf möchte das vorliegende Buch Antworten liefern. Denn jedes Thema lässt sich mit Leichtigkeit und mit klaren, überzeugenden Worten präsentieren. Das ist lediglich eine Methodenfrage. Sobald die Methode verstanden und verinnerlicht ist, erschließen sich die Information, die Struktur und die Heiterkeit ganz von selbst. Das Buch orientiert sich an den besagten drei Kriterien *informieren*, *überzeugen* und *erfreuen*. Die darin vorgestellten Methoden ermöglichen lebendiges, einprägsames Lehren und Lernen – ergänzt um aktuelle Ergebnisse der Hirnforschung, der Lern- und Lehrforschung sowie die Erkenntnisse aus der Emotionsforschung im Bereich der Psychologie.

B: Warum ich dieses Buch nicht schreiben sollte!

Abschließend zu den Vorüberlegungen darf natürlich auch der Hinweis nicht fehlen, was dieses Buch nicht leisten kann. Die antike Rhetorik möchte die Theorie (Ars rhetorica) und die Redepraxis (Ars oratoria) gerne vereint sehen. Dennoch kann ein Praxishandbuch die Wissenschaft nie 1:1 übertragen. Sie kann sich lediglich um eine größtmögliche Annäherung bemühen. Es kommt also auf das Tun an. Und selbst der beste Leitfaden für ein zwei- bis dreitägiges Seminar mit Bezug auf die wichtigsten wissenschaftlichen Grundlagen kann kein vollständiges Studium ersetzen.

Das Vir-Bonus-Ideal oder: Warum sind Sie Trainer?

In der Antike wird der ideale Redner als „Vir bonus" bezeichnet. Er zeichnet sich durch gutes Reden im Sinne von guter Sprachfähigkeit bei gleichzeitig guter Gesinnung aus. Gute Erziehung, Bildung und intensives praktisches Training machen den guten Redner aus. Quintilian nennt den Vir bonus einen „Ehrenmann, der gut reden kann". Er liefert damit eine Definition, an der sich auch heutige Trainer und Coachs messen lassen können – und sollten.

Da in der Rhetorik die Einstellung des Redners, Zielklarheit und Wirkungskompetenz (Verhalten und Äußerlichkeit) elementar sind und wir genau dies an unsere Teilnehmer weitergeben wollen, bitte ich Sie, sich vorab einmal über Ihr eigenes rhetorisches Handeln Klarheit zu verschaffen. Hierzu lade ich Sie zu einer kurzen Reflexionsübung ein. Bitte beantworten Sie dazu die folgenden Fragen (siehe Kasten S. 20) schriftlich. Alle Fragen beziehen sich stets auf Ihre Rolle als Trainer/Lehrender vor Ihrer Teilnehmergruppe.

Wie ist es um Ihr aktuelles rhetorisches Handeln bestellt?

Übung: Mein Selbstverständnis als Trainer

1. Ziele – Erwartungen, Wünsche, Vorstellungen
1.1 Was möchten Sie erreichen? (Ziel)
1.2 Was erwarten Sie von sich? (Erwartung, eigener Anspruch)
1.3 Was erwarten Sie von den Teilnehmern? (Erwartung, Anspruch an andere)
1.4 Wie sieht ein ideales Seminar aus? (Vorstellung, Erfolgsbild)

2. Werte
2.1 Warum sind Sie Trainer? Welche Werte treiben Sie an?
2.2 Was ist Ihnen an Ihrer Arbeit als Trainer (besonders) wichtig? Warum ist Ihnen gerade dies besonders wichtig?
2.3 Was ist Ihnen wichtig, wenn Sie an das Gelingen Ihres Seminars denken? Warum ist Ihnen gerade dies besonders wichtig?

3. Welche Einstellung haben Sie zu Ihren Seminarteilnehmern?
3.1 Was sind Seminarteilnehmer für Sie?
3.2 Wie profitieren Teilnehmer (in erster Linie)?

4. Selbstreflexion
4.1 Wo sehen Sie, in Bezug auf Ihr Verhalten im Seminarraum, Ihre Stärken?
4.2 Und wo Ihre Schwächen?

So sehen meine Antworten auf die Fragen aus:

1. Ziele – Erwartungen, Wünsche, Vorstellungen

1.1 Was möchten Sie erreichen? (Ziel)
Ich habe mein Ziel erreicht, wenn die Teilnehmer zuversichtlich aus dem Seminar gehen, Neues gelernt haben, Spaß hatten und zielgerichtet in die nächste rhetorische Situation gehen.

1.2 Was erwarten Sie von sich? (Erwartung, eigener Anspruch)
Fachliche Korrektheit, spielerisch-„merkwürdige" Vermittlung von wissenschaftlichen Inhalten, gutes Zeitmanagement, alle Teilnehmerfragen bearbeiten und hinreichend beantworten, Angst in Lern-

freude verwandeln und den Teilnehmern allgemein wieder Freude an Weiterbildung geben. Stets wissen, warum ich was, wie, wann tue.

1.3 Was erwarten Sie von den Teilnehmern? (Erwartung, Anspruch an andere)

Die Bereitschaft, Neues auszuprobieren. Sie sollen Mut und Vertrauen in mich und meine Fähigkeiten haben. Das Wichtigste: Sie übernehmen die Verantwortung für das eigene Ziel und die eigenen Wünsche und äußern diese auch konkret. Offenheit.

1.4 Wie sieht ein ideales Seminar aus? (Vorstellung, Erfolgsbild)

Meine Idealvorstellung entspricht einer gelungenen Reise im Rückblick. Eine ideale Reise ist von der Organisation so gut gebucht, dass ich mich als Reisender um nichts kümmern muss, sondern mich auf alles freuen und darauf einlassen kann. Wenn doch etwas fehlt, wird es sofort anstandslos geliefert. Die Reise lässt neue Denkweisen zu, es wird Neues ausprobiert und dazugelernt. Es bleibt Raum, Bewährtes in Frage zu stellen und andere, Mitreisende kennen- und schätzen zu lernen. Die Reise ist gut strukturiert, ich weiß jederzeit, wo wir uns befinden und was noch auf dem Programm steht. Die Reise wird angenehm und pünktlich abgeschlossen. Durch eine gute, prägnante Broschüre (= Skript) bleibt die Erinnerung bestehen, ebenso die Möglichkeit, mich auch im Nachgang mit dem Reiseland (= Thema) zu beschäftigen.

Das Seminar als Reise

2. Werte

2.1 Warum sind Sie Trainer? Welche Werte treiben Sie an[3]?

Meine elf wichtigsten, ohne Priorisierung aufgelisteten Werte (zugleich Testergebnis meiner Potenzialanalyse) sind: Freiheit, Unabhängigkeit (finanziell und geistig), Liebe (= Vertrauen), Wachstum, Echtheit (Authentizität), Lebensfreude, Kreativität (Wissen neu kombinieren), Gesundheit (= Wohlbefinden), Erfolg, Verantwortung und Gleichberechtigung.

2.2 Was ist Ihnen an Ihrer Arbeit als Trainer (besonders) wichtig?

▶ **Fachliche Ziele:** Die Brücke bauen zwischen Wissenschaft und Praxis – speziell in meinen Fachthemen rund um das Thema „moderne Sprachgewandtheit". Die Rhetorik in der Praxis

---

[3] Lesetipp zur Thematik Werte, Beruf und Persönlichkeit: Peter Kensok: Der Werte-Manager. Junfermann, Paderborn 2004.

Rhetorische Kompetenz fördert Mündigkeit und Autonomie.

auch wieder in ein rechtes Licht rücken und für ein fundiertes Verständnis sorgen. Mein Ziel ist komplex, denn ich will die Emotion (= Pathos), die den Menschen in seiner Entscheidungsfindung extrem oder fast komplett beeinflusst, stärker in der Rhetorik behandelt sehen und gleichzeitig deutlich machen, dass ein fundiert trainiertes und gelebtes ganzheitliches Rhetorikverständnis das große Ziel von Autonomie nach sich ziehen wird. Die Maxime ist bekannt: „Sapere aude!", habe Mut, Dich Deines eigenen Verstandes zu bedienen. Mein Ziel: Die Möglichkeiten der rhetorischen Kompetenz im Sinne der Kant'schen Aufklärung zu vermitteln. Teilnehmer mit Mut zur Verantwortungsübernahme und Stellungnahme. Mehr aufgeklärte, mündige Bürger: „Ergebnisbringer", bescheidene, aber konkrete „Wortverwender", weniger Wirkfiguren (die über Äußerlichkeit, Kleidung und Körpersprache „überzeugen").

▶ **Ziele im Bereich Persönlichkeit:** Glücklich macht mich, wenn ich Menschen durch die Vermittlung rhetorischen Wissens einen Schritt weiterbringe, nicht nur fachlich, sondern auch im Blick auf die Persönlichkeitsbildung, indem Teilnehmer zum Beispiel selbstbewusster werden, sich mehr zutrauen, zu ihrer eigenen Meinung stehen, aufwachen und aus dem Dunst von Vorurteilen oder negativen Glaubenssätzen[4] heraustreten.
Auch meinem Ziel der persönlichen, eigenen Weiterbildung komme ich in jedem Seminar nach. Ich höre genau hin und beobachte. Oft entstehen, einfach nur im Dialog mit meinen Teilnehmern, neue Ideen für die Lehre, die Weiterbildung, für Seminarspiele, TV-Formate und Seminarkonzepte – eine Geber- und Nehmersituation, die ich genieße, die mich motiviert, die mich fachlich weiterbringt und die Freude macht.

Warum ist Ihnen gerade dies besonders wichtig?
Ich bin dann überzeugend, wenn ich mich voll und ganz mit einer Sache identifizieren kann. Das Thema Rhetorik von der Antike bis heute ist spannend, aktuell, faszinierend und erklärend, da die Wirkmechanismen gleich geblieben sind. Die Rhetorik, die Wirkung von Sprache, das Thema „Authentizität" und das Thema „Macht und Manipulation" interessieren mich seit meinem 16. Lebensjahr.

---

4 Der Begriff Glaubenssätze (engl. beliefs) stammt aus dem NLP und beschreibt mehr oder weniger bewusste, sowohl unterstützende als auch behindernde Überzeugungen, die unsere Wahrnehmung, Informationsverarbeitung und unser Handeln beeinflussen.

In meiner Seminartätigkeit, bei der Wissensvermittlung wie auch in Coachings oder Projekten, in denen es um die Integration eines Themas auf allen Ebenen geht, bin ich diesen Themen sehr nah und kann mein Fachwissen einbringen. Ich kann subtile, verdeckte Abläufe aufdecken, um wieder mit Sprache Brücken bauen zu können, wo vorher eine Mauer war. Dabei ist und bleibt mein Schwerpunkt das gesprochene Wort. Kurz: Meine Werte sind mit meinen Zielen gut vereinbar und die Weitergabe von Wissen ist für mich eine sinnvolle Tätigkeit.

2.3 Was ist Ihnen wichtig, wenn Sie an das Gelingen Ihres Seminars denken?

Spontan fallen mir sechs Punkte ein – wobei die Liste nicht vollständig ist:
1. Vorbild sein und die Aufgaben eines Redners stets vorleben
2. Eine gute Struktur
3. Gute Fragen stellen und fundiert Fragen beantworten
4. Übungen und Rollenspiele überlegt, sprachlich konkret und auf das Wesentliche reduziert anleiten und im Nachgang gut auswerten
5. Pünktlich anfangen und pünktlich schließen
6. Eine gute und genaue Vorbereitung im Vorfeld, was Absprachen und Seminarvorbereitung betrifft

Warum ist Ihnen gerade dies besonders wichtig?

Zu 1.: „Das Beispiel lehrt." Als Vorbild bin ich immer auch ein Modell, ein Beispiel, das dadurch am meisten überzeugt – egal in welchem Bereich.

Zu 2.: Struktur schafft Sicherheit und ermöglicht ein methodisches, schrittweises Vorgehen.

Zu 3.: Dies macht den Profi aus.

Zu 4.: Über Spiele lernt der Geist viel. Damit dies geschehen kann, muss allerdings stets bei allen Beteiligten Klarheit herrschen über die Vorgehensweise und den konkreten Themenbezug (Transfer) im Nachgang.

Zu 5.: Pünktlichkeit zeigt Wertschätzung gegenüber der Zeit der Teilnehmer und beweist Organisationskompetenz.

Zu 6.: Gute Vorbereitung macht bereits den halben Erfolg aus, denn sie ermöglicht mir größtmögliche Gelassenheit im Vorfeld.

3. Welche Einstellung haben Sie zu Ihren Seminarteilnehmern?

3.1 Was sind Seminarteilnehmer für Sie?

Seminarteilnehmer sind Partner. Jeder ist Spezialist auf seinem Gebiet.

3.2. Wie profitieren Teilnehmer (in erster Linie)?

- Sie erhalten fundiertes Fachwissen.
- Sie können das Lernen aufgrund durchdachter Methoden und des spielerischen Ablaufs genießen.
- Die Teilnehmer bekommen Antworten auf ihre Fragen und können hinterher etwas, was sie vorher so noch nicht konnten.
- Die Teilnehmer profitieren, weil Sie leicht anwendbare Methoden an die Hand bekommen, mit denen sie – je nach Bedarf – auch nach dem Seminar weiter üben und sich fachlich und persönlich weiterentwickeln können.

4. Wo sehen Sie, in Bezug auf Ihr Verhalten im Seminarraum, Ihre Stärken und wo Ihre Schwächen?

4.1 Stärken:

- Ich bereite mich sehr gut vor, kann zudem in der Situation flexibel reagieren und den Stoff so umstellen, dass er der Sache und den Teilnehmern gerecht wird.
- Ich motiviere gern und gut. Mein echtes Interesse an Menschen, verbunden mit der Freude, Lernwillige auf die Erfolgstreppe zu befördern und das Potenzial voll auszuschöpfen, zeigt sich in Lebensfreude und gelebtem Tatendrang.
- Ich kann eigene Methoden entwickeln, Konzepte erstellen und erkennen, an welchem Schräubchen noch gedreht werden muss.
- Ich kann Potenziale gut erkennen und Kritikpunkte so ansprechen, dass es förderlich für den Einzelnen ist.
- Ich liebe Komplexität und prozedurales Denken. Maßnahmen zu konzipieren ist für mich daher eine echte Leidenschaft.

4.2 Schwächen:

- Hohe Ideale
- Hohe Erwartung in die eigenen Fähigkeiten und in die Fähigkeiten der anderen
- Ungeduld
- Ich will Ergebnisse und konkrete Verbesserungen. Weiterbildungen, die nur aus Prestige- oder Budgetgründen durchgeführt werden, sind daher weniger mein Ding.

- ▶ Ernsthaftigkeit in der Sache und gegenüber Menschen: Ich nehme die Dinge (mein Rhetorikverständnis) und die Menschen (ihre Ansichten, Vorhaben, Werte, Bedürfnisse etc.) sehr ernst.
- ▶ Einem zu starren Festhalten an Formalien begegne ich mit Ungeduld und Intoleranz. Form darf nie den Inhalt überdecken und überbewertet sein. Form ist Äußerlichkeit, erst die Reflexion über Inhalte ermöglicht Tiefgang.

Zusammenfassung

Die vorhergehenden Fragen tragen dazu bei, sich über Ziele, Werte und die Qualitätsansprüche als Trainer bewusst zu werden. Tun Sie sich den Gefallen, die Fragen ehrlich zu beantworten. Ihre Antworten sind weder richtig noch falsch. Doch seien Sie sich bewusst, dass Sie schon hier den Boden dafür bereiten, ob Sie als Person, Redner und Trainer stimmig, authentisch und am Ende glaubwürdig wahrgenommen werden.

Diese Glaubwürdigkeit in Denken, Fühlen und Handeln ist die höchste Stufe, die ein guter Redner erreichen kann – und sich stets erhalten sollte. Wer langfristig Erfolg haben will und ein Image aufbauen möchte, das zu Weiterempfehlungen führt, für den ist die Stimmigkeit das höchste Gebot. Wer „echt" ist, verschwendet auch keine Energie mit Dingen, die ihm nicht entsprechen. Selbstständige haben häufig ohnehin ein ziemlich dichtes Pensum zu bewältigen und machen es sich leichter, wenn sie das einbringen können, was sie vor allem ausmacht. Wenn Sie sich vor Publikum nicht aufwendig inszenieren müssen, sparen Sie viel Energie und der Erfolg ist Ihnen gewiss.

Glaubwürdigkeit wirkt stärker als jede Inszenierung.

Bei der eigenen Positionierung und der eigenen Standortbestimmung in den meisten Trainings werden die Themen Werte und Emotionen nach wie vor vernachlässigt. Da es keine eindeutigen Messverfahren gibt und die so genannten Skalierungsmethoden subjektiv sind, gelten sie als „nicht faktorierbar". So erlebte ich auch in meinem Studium, dass ein Professor eine junge Studentin, die ihre Argumentation mit dem Satz „Ich habe das Gefühl, dass ..." begann, mit den Worten niederbügelte: „Sie sollen hier nicht fühlen, sondern denken und argumentieren. Sie sind an der Hochschule! Wir brauchen Fakten." Alle Studentinnen „fühlten" ab da offiziell nicht mehr, sie äußerten sich formal angepasst mit den Worten „denken", „differenziert betrachten", „argumentieren" etc.

Nachhaltiges Lernen ist emotionales Lernen.

Was hier passiert, ist tragisch und wirkt tiefer, als es den Anschein hat. Denn der Professor zwang mit seiner Einstellung zur Wissenschaft alle Beteiligten, sich gegen ihr natürliches Lernverhalten zu stellen. Die Neuroforschung bestätigt inzwischen, dass das Limbische System im Lernprozess berücksichtigt sowie die Gefühle integriert und akzeptiert werden müssen, bevor der Zugang zum Großhirn – unserer Denkzentrale für Zahlen, Daten und Fakten – geöffnet wird und wir stressfrei lernen können.[5]

In einem Gespräch mit der Studentin aus dem erwähnten Beispiel wurde deutlich, dass ihre spätere Sprech- und Prüfungsangst auf den Eingriff des Professors zurückzuführen ist und sie sogar erwogen hatte, das Studium ganz aufzugeben. Als Trainer für Rhetorik haben Sie einen ähnlichen Einfluss wie der Professor und können bewirken, ob jemand seine natürliche Freude am öffentlichen Sprechen nutzt. Seien Sie sich bitte über die Folgen Ihres Tuns klar!

Meine Rolle als Trainerin – mein Selbstverständnis von Rhetorik

Vor gut drei Jahren hatte ich bei einem Großkunden ein recht erfolgreiches Training durchgeführt und sollte der Geschäftsleitung vorgestellt werden. Meine Ansprechpartnerin aus der Personalentwicklung tat das sichtlich begeistert mit den Worten: „Das ist Frau Göschel – eine echte Rhetorikerin!"

Da sich alle Blicke plötzlich auf mich richteten, als wäre ich eine antike Vase statt einer lebendigen Rhetorikerin, war ich ein wenig irritiert. Die wohlgemeinte Einführung war rhetorisch eben nicht ganz angemessen und passte auch nicht zu meinem Selbstverständnis als Trainerin. Freude und Dynamik sollten – unabhängig vom Thema – in jedem Seminar selbstverständlich und Weiterbildung fundiert, spielerisch und methodisch sinnvoll sein, um die Nachhaltigkeit des Seminars zu garantieren.

Wahre Rhetorik sollte dabei spektakulär unspektakulär bleiben – hinter der Perfektion bleibt sie bescheiden und am Ende wieder unsichtbar. Deshalb erachte ich laut und schrill inszenierte Bil-

---

5 Lesetipp zur Thematik Intuition und Verstand: Professor Gerd Gigerenzer, Psychologe und Fachmann für Heuristiken bei Entscheidungsfindung am Berliner Max-Planck-Institut für Bildungsforschung. Spiegel-Interview in Heft 37/2007.

dungsshows zur Vermarktung der Rhetorik in Rundfunk, Fernsehen, auf so genannten Events und in Schnellschuss-Praxisseminaren in der Regel als eher kontraproduktiv. Auch eine Show ist eine Präsentation und somit ein rhetorischer Akt. Allerdings ist deren Schwerpunkt einseitig auf das Delectare-Moment, das Erleben, ausgerichtet. Information, zumal strukturierte Information (docere) sowie echte Überzeugungskraft gehören nicht dazu.

Wahre Rhetorik bleibt in ihrer Perfektion bescheiden ...

Die wissenschaftliche Rhetorik ist spektakulär, weil sie stets die Wirkung in den Mittelpunkt stellt und den kritischen Denker fordert, der das Ethos in seine Überlegungen einbezieht. Unspektakulär sind dagegen die Methoden und das gesamte Methodenwissen. Die wissenschaftliche Rhetorik ist eine bodenständige, anwendungsorientierte Angelegenheit, die Großes zu leisten vermag – und auch großen Schaden anrichten kann. Das Ergebnis mag also durchaus spektakulär sein, wenn der Sprecher oder Trainer die unspektakulären Werkzeuge richtig nutzt.

... und erzielt spektakuläre Ergebnisse mit unspektakulären Mitteln.

Als Spracharchitektin plädiere ich dafür, vom bloßen Wirken zum „Be-wirken" zu gelangen und die Rhetorik mutig zu nutzen. Wir brauchen couragierte, argumentationsstarke Persönlichkeiten, Rhetoriker, die „sind" statt zu „scheinen", denn reine Wirkfiguren haben wir genug.

Bei der Rhetorik innerhalb des humanistischen Ideals wird Bildung zum wichtigen Gut und der Unterricht zum interaktiven Lehrgespräch. Lehrende sind damit Gebende und Nehmende, die das Miteinander suchen, statt den Sicherheitsabstand zu inszenieren, indem sie Tischbarrieren aufbauen und zunächst einmal Grenzen ziehen, damit ja niemand ihre Kompetenz in Frage zu stellen wagt. Am Ende bleiben dann verschüchterte Teilnehmer zurück, die überzeugt sind: „Der Trainer kann es – aber für uns wird das immer unerreichbar bleiben!"

Erlebnisorientierte Seminare ermöglichen es, das Gelernte mutig anzuwenden, sie bauen auf Feedback-Schleifen auf, in die der Trainer auch als Nehmender eingebunden ist. Mein persönliches Rollenverständnis ist das eines Partners in einer gemeinsamen Lernsituation. Bezahlt werde ich dafür, dass ich diese methodisch sinnvoll moderiere.

Start in eine „merk-würdige" Bildungsreise

Lassen Sie uns wandern! Denn Bildung soll bewegen und bewegend sein! Unsere „merk-würdige" Bildungsreise führt uns von BAR zu BAR, bis wir sicher sind, erfolgreich Rhetorikseminare leiten zu können!

Liebe Leser, angehende Trainer und erfahrene Kollegen, herzlich willkommen bei unserer Reise, bei der ich gerne Ihre Reiseleiterin bin!

Wir werden gleich, ohne allzu großen Vorbereitungsaufwand, losmarschieren und nutzen vor allem das Gepäck, das Sie bereits als (Lebens-)Erfahrung bei sich tragen. Alles Weitere sammeln wir unterwegs ein – oder Sie bekommen es von mir. Denn unser Ziel ist der Weg. Und Spaß machen soll der natürlich auch: Selbst wenn es eine ungewöhnliche Reise durch mehr oder weniger vertrautes Gelände wird, werden wir so manches Gedankengebäude betreten und in der einen oder anderen BAR einkehren.

Erleben Sie, wie unterschiedlich diese Räume auf Körper, Seele und Geist wirken und Sie Ihrem Ziel näherbringen. Unsere erste Station wird die „DenkBAR" sein, danach gehen wir in die „MethodenBAR", danach in die „MachBAR". Nach der „MachBAR" begeben wir uns in die „BeobachtBAR" und „SpielBAR". Zu guter Letzt begeben wir uns in die „WeiterdenkBAR" und schließen unsere „Reise mit Köpfchen" ab.

Start in eine „merk-würdige" Bildungsreise

Was gehört zu Ihrem Grundgepäck für diese Reise?

All das, was ein autonomer verantwortungsbewusster Mensch und/ oder langfristig erfolgreicher Rhetoriker, Trainer, Lehrender benötigt: Mut zum Handeln, die Bereitschaft zur Bewegung, Toleranz, Kraft und Durchhaltevermögen, Zielklarheit, Unvoreingenommenheit, Freude am Spiel und am Ausprobieren von Ungewohntem und „Ver-rücktem"!

Was Sie auf der Reise nicht brauchen

▶ Sie brauchen keinen Regenschutz. Wir sind vor allem in Gebäuden unterwegs!
▶ Sie brauchen keine formelle Kleidung: Wir sind unter uns und wollen lernen (Inhalt), statt nur äußerlich und durch die Oberfläche zu wirken (Form)!
▶ Sie brauchen keinen Proviant: In den Bars gibt es ausreichend davon gegen den Wissensdurst und den Bildungshunger. Sie werden satt – versprochen!

Was kostet Sie die Reise?

▶ Zunächst kostet es Sie **eine Entscheidung**, nämlich Ihre Entscheidung für eine Weiterbildung, bei der es um Sie persönlich geht.

▶ Haben Sie sich erst einmal entschieden, werden Sie auch um Ihren Einsatz gebeten: Zeit. Investieren Sie genug davon, um Ihre Reise genießen zu können und Ihre Persönlichkeit zu bilden, Ihr Methodenspektrum zu erweitern, sich inspirieren zu lassen und Spaß zu haben! Denn dann werden Sie Ihr Kapital mit einer hohen Rendite zurückerhalten. – Los geht's!

Kapitel 1

DenkBAR

In diesem Kapitel finden Sie:

Planung eines Rhetorikseminars 33
Was will der Kunde wirklich? Einige grundsätzliche
Überlegungen zur Kundenzufriedenheit

Organisatorische Vorüberlegungen 35
Absprachen im Vorfeld zu Zielen und Art der Maßnahme, zu
Konzeption, Zusammenarbeit, Teilnehmern und Organisation

- ▶ Checkliste: Seminarorganisation
- ▶ Checkliste: Vorbereitung vor Ort
- ▶ Checkliste: Aus Erfahrung sinnvoll
- ▶ Checkliste: Nach dem Seminar

Didaktische Vorüberlegungen 43
zur Integration von Theorie und Praxis, zur Stimmigkeit von
Methodik und persönlicher Einstellung des Trainers, zur Förderung
der Authentizität der Teilnehmer sowie zu Lerntypologien,
Lerntypen und Lernstilen

- ▶ Überblick: Die bekanntesten Lernstil-Modelle

Planung eines Rhetorikseminars

Erfahrungsgemäß fällt für die meisten Auftraggeber Rhetorik unter „Soft Skills". In den Ausschreibungen wird darunter thematisch alles und nichts gepackt, was einer sprachlichen Verwahrlosung gleichkommt und der wissenschaftlich fundierten Rhetorik schon gar nicht gerecht wird. Für Sie als (angehenden) Trainer ergibt sich daraus die konsequente Inhaltsklärung:

▶ Was will der Kunde wirklich?

Häufig leiten Kunden das Erstgespräch damit ein, dass sie ein „Rhetorikseminar für Profis" suchen. Bei der Bedarfsanalyse wird ihnen klar, dass sie in Wirklichkeit ein Seminar mit folgenden Inhalten benötigen – und dieses dann auch buchen: „Umgang mit schwierigen Fragen und schwierigen Persönlichkeiten im Kontext interner Teambesprechungen".

Vom diffusen Bildungsbedarf zum konkreten Kundennutzen

Nicht selten werden nach solchen Maßnahmen noch interne Einzelcoachings für weitere Personen gewünscht, die ihre Teamarbeit optimieren wollen und sollen. Solche Folgeaufträge dienen der langfristigen Zusammenarbeit, dem Transfer und sie können bereits im Vorfeld angesprochen werden.

Kundenzufriedenheit entsteht, wenn der Kunde merkt, dass Sie sein Anliegen bereits verstehen, wenn er selbst noch mit den Formulierungen kämpft. Der Kunde ist Spezialist auf seinem Gebiet, wir dagegen in der Rhetorik. Vertrauen entsteht, wenn Sie gemeinsam und wertschätzend mit ihm seine Wünsche besprechen, dabei die vorgegebenen Unternehmensstrukturen im Blick haben und das richtige Werkzeug und Thema anbieten, sobald Sie erkannt haben, wo der Schuh tatsächlich drückt.

So schaffen Sie Kundenzufriedenheit.

Bei den **organisatorischen Vorüberlegungen** lege ich den Schwerpunkt auf folgende Aspekte:

- Absprachen im Vorfeld
- Benötigtes Trainerequipment
- Raumvorbereitung
- Seminarnachbereitung

Bei den **Vorüberlegungen im Hinblick auf gelungene Didaktik** lege ich den Schwerpunkt auf folgende Aspekte:

- Theorie und Praxis integrieren
- Am Bildungsideal orientieren – gelungene Methodik und eigene Glaubwürdigkeit in ein stimmiges Gesamtbild bringen
- Die Authenziät der Teilnehmer fördern – im Sinne von „personare" (klingen, hindurchklingen)
- Aptum – die Angemessenheit im Umgang mit Thema und Teilnehmern
- Lerntypologien, Lerntypen, Lernstilen und persönlichen Verhaltenspräferenzen unter den Teilnehmern gerecht werden
- Aktuelle Erkenntnisse aus der Hirnforschung berücksichtigen

Organisatorische Vorüberlegungen

Die folgenden Fragen helfen, das Anliegen des Gegenübers genauer herauszuarbeiten und im Vorgespräch für Klarheit auf beiden Seiten zu sorgen. Jede Kundenanfrage ist individuell. Die Erwartungen des Kunden genau zu hinterfragen lohnt sich immer, weil daran alles Weitere (Inhalt, Ablauf etc.) und vor allen Dingen auch die Gesamtbewertung (Abgleich der Ziele, Nutzen für den Einzelnen und das Unternehmen) anknüpft. So gehen Sie dem Kundenanliegen systematisch auf den Grund:

Dem Kundenanliegen systematisch auf den Grund gehen

1. Zielfragen
- Was möchten Sie mit der Maßnahme erreichen?
- Welches Thema wollen Sie behandelt wissen?
- Bewertungsfrage:
  - Wann hat sich die Maßnahme zum Thema xy für Sie gelohnt?
  - Was ist Ihnen besonders wichtig, damit Sie sagen können, die Maßnahme ist ein Erfolg für Sie und das Unternehmen?
  - Welche Skalierungsmaßnahmen gibt es? etc.

2. Maßnahme
- Um was für eine Schulungsmaßnahme handelt es sich?
- Ist sie Bestandteil einer großen Maßnahme oder geht es um Einzeltage?
- Für wen wird die Maßnahme ausgeschrieben?
- Ist ein Aufbauseminar geplant?
- Ist es ein Pilotprojekt mit Option auf ‚Rollout'? etc.

3. Thema klären
- Sind eigene Inhalte vorgegeben/gewünscht?
- Wünschen Sie Vorschläge vom Trainer/von der Trainerin? (Selbstverständlich bringen Sie als Trainer Ihre Fachkompetenz ein. Es ist jedoch stilvoll und kundenorientiert, den Kunden diese bewusste Vertrauensentscheidung für Ihre Arbeit treffen zu

lassen, bevor Sie Vorschläge machen. Sie vermeiden, dass sich der Kunde überrollt vorkommt und schaffen eine Dialogkultur.)

4. Teilnehmer
- Haben die Teilnehmer bereits mit Video gearbeitet?
- In welchen Abständen finden in Ihrem Unternehmen Schulungen statt?
- Welchen Kenntnisstand haben die Teilnehmer? Sind Kenntnisse im Bereich Rhetorik und/oder Kommunikation vorhanden?
- Alter, beruflicher Hintergrund, allgemeine Informationen über die Teilnehmer und deren mögliche Motivation für das Seminar:
  - Werden die Teilnehmer in die Maßnahme geschickt oder kommen sie freiwillig?
  - Ist eine Begrenzung der Teilnehmerzahl gewünscht/sinnvoll.
  - Sind die Teilnehmer aus unterschiedlichen Fachbereichen? Soll diesbezüglich eine bewusste Zusammenführung erfolgen?

5. Persönliches Kennenlernen vorab
- Ist ein unverbindliches Gespräch zum Kennenlernen geplant?
- Falls ja, Termin vereinbaren und um eine Kurzinformation über geplanten Ablauf, Dauer, bestehende Erwartungen, Teilnehmer etc. bitten.
- Wegbeschreibung zusenden lassen und ggf. auch Gebäudeplan.

6. Organisatorisches/Detailplanung
Dieser Punkt bleibt zunächst offen. Erst, wenn der Kunde eine klare Entscheidung getroffen hat, frage ich nach dem Ansprechpartner für die Organisation der Veranstaltung, schicke eine Checkliste oder bespreche telefonisch die Medienwünsche.

Die erhaltenen Informationen trage ich dann in eine Checkliste (siehe Abb., S. 37 f.) ein.

Organisatorische Vorüberlegungen

Checkliste: Seminarorganisation

Welches Thema? _____

Für welches Institut/Firma? _____

Ansprechpartner/in: Frau/Herr _____

Welches Publikum/Klientel? _____

Datum: _____ Wie lange? _____ Tage

Seminarzeiten: 1. ____ Uhr bis ____ Uhr ____ Uhr bis ____ Uhr
2. ____ Uhr bis ____ Uhr ____ Uhr bis ____ Uhr

Allgemeine Absprachen: _____

Teilnehmer-Anzahl: _____

Teilnehmer-Liste: Vorab zuschicken lassen und Auftraggeber bitten, personelle Änderungen schnellstmöglich mitzuteilen.

Tipp: Wenn Sie, wie ich, zu den Trainern gehören, die sich Namen schlecht merken und häufig beim ersten Mal den Namen nicht richtig verstehen, ist die zugeschickte TN-Liste ein echter Vorteil. So können Sie sich die Namen im Vorfeld einprägen und bei der Begrüßung selbstbewusst den Namen des Gegenübers noch einmal wiederholen („Guten Morgen Frau Göschel, Ingrid Gründsow." „Guten Morgen Frau Gründsow.")

Namensschilder vor Ort? _____

Sollen firmeneigene Feedbackbögen verwendet werden? _____
Liegen diese vor Ort vor? _____

Ist ein Teilnahme-Zertifikat für die Teilnehmer erwünscht _____
oder soll dieses firmenintern erstellt werden? _____

Seminarort:
- ▶ Ansprechpartner vor Ort? Name: _____ Diensthandy: _____
- ▶ Techniker vor Ort? Name: _____ Diensthandy: _____

Tipp: Sollten Sie im Ausland (z.B.: Schweiz) Seminare geben, packen Sie einen Adapterstecker ein. Oder klären Sie ab, ob einer vor Ort hinterlegt wird.

Zugang:
- ▶ Ab wann sind Gebäude, Seminar-, Medienraum offen? _____
- ▶ Müssen Schlüssel hinterlegt werden? _____

Medien:
- _____ x Moderatorenkoffer
- _____ x Pinnwand (gesteckt, beidseitig)
- _____ x Flipchart und Stifte (angeben, falls kein Moderatorenkoffer vorhanden)
- _____ x Beamer
- _____ x TV mit Scartbuchse/Videorecorder (falls kein Beamer vorhanden)
- _____ x Videokamera
- _____ x Wandtafel (Kreide vor Ort?)
- _____ x Fotokamera (wenn Organisation ein Fotoprotokoll oder ein Teamfoto wünscht)

Bestuhlung:
- _____ U-Form ohne Tische/Stuhlkreis   zu beachten? _____

Ist für Getränke/Pausenverpflegung gesorgt? _____
Wie genau (Kantine/Restaurants in der Nähe etc.)? _____
Sind spezielle Zeiten zu beachten? _____

Übernachtung:
- _____ Ja   _____ Falls ja: Bitte um Wegbeschreibung/Hotelreservierung
- _____ Nein   für Nichtraucherin.

Tipp: Wenn Sie Wert darauf legen ruhig zu nächtigen, empfiehlt sich der Hinweis: „Ein Zimmer, das nicht an der Straße gelegen ist."

Sonstige Regelungen:
- ▶ Stehen Parkplätze zur Verfügung? _____
- ▶ Ausweis/Parkkarte notwendig? _____
- ▶ Ist ein Firmenausweis nötig? _____

Organisatorische Vorüberlegungen

Wie bereite ich den Raum vor?

In den meisten Fällen bestuhlt die Organisation den Raum und es reicht im Vorfeld die Bitte um einen „Stuhlkreis in U-Form". Da ich viel mit A1-Charts an den Wänden arbeite, kläre ich, ob der Raum Magnet-Raster an den Wänden hat. Falls ja, bestelle ich zahlreiche Magneten, um den Bildungsraum gestalten zu können. Falls keine Magnet-Raster im Raum sind, nehme ich einen Spezialtesafilm mit, der die Wände nicht beschädigt – alternativ auch Klebe-Knetmasse.

Checkliste: Vorbereitung vor Ort

1. Telefonnummer (Handynummer) von Ansprechpartner/Helpline zur Sicherheit notieren

2. Im Idealfall wird der Schulungsraum von der Organisation nach Ihren Wünschen bestuhlt und auch der Beamer und Kamera für Sie aufgebaut. Es empfiehlt sich, dies im Vorfeld abzuklären.

3. Sollten Sie für Organisationen arbeiten, die diesen Service nicht bieten können, empfiehlt sich, Folgendes zu prüfen:
   - Batterien in den Fernbedienungen testen und prüfen, ob die beiliegende Fernbedienung auch wirklich zu dem jeweiligen Gerät passt. Ich habe stets Batterien dabei.
   - Beamer testen und Kontakt zu Ihrem tragbaren Computer prüfen
   - Falls nur eine Steckdose im Raum ist, Kabeltrommel organisieren.
   - Videokamera auf Tonqualität überprüfen. Kontrollieren, ob ein Tonträger eingelegt ist und ob dieses Tonband noch einwandfrei ist (sonst Flimmern)!
   - Sind Jalousien vorhanden? Ist eine Abdunklung möglich? Je nach Raum, kann es notwendig werden, einen zweiten kleinen Übungsraum mitzubuchen, um die Filmsequenzen ansehen zu können.

4. Moderationskoffer überprüfen:
   - Als Notfallbedarf sollten Sie immer dabei haben: wandfreundlichen Tesafilm mit Abroller oder Tesastripps, Schere, A5- und A6-Moderationskarten, einen ganz fetten Marker, je einen Flipchartstift in grün, blau, schwarz und rot, Tafelkreide, Stifte-Set: Kugelschreiber und Bleistifte.
   - Spielematerial (laminierte Karten etc.)

- Klebe-Stift: Spezialkleber, der streifenlos Karteikarten an Pinnwände oder Flipcharts klebt („Scotch-up")
- Magneten für Magnetboards

5. Rahmenbedingungen prüfen:
- Belüftungsmöglichkeit vorhanden (Sommer)
- Heizung testen (Winter)
- Hat der Raum Fenster mit Verdunklungsmöglichkeit? Schalter ausfindig machen!
- Beamer mit Testfolie starten und von allen Stühlen aus auf Sichtbarkeit prüfen.
- Was funktionslos im Raum steht, wird entfernt (z.B. Rednerpult, überflüssige Tische etc.).
- Ist der Raum für die Zahl der Teilnehmer groß genug? (Mehr Kurzpausen einplanen, wenn der Raum eng, klein und schlecht zu belüften ist.)

6. Raumbestuhlung:
- U-Form ohne Tische, nur Stühle kein Rednerpult

7. Bildungsraum gestalten:
- A1-Charts teilweise nur mit sichtbarer Überschrift (Charts werden hochgeklappt)
- A1-Charts offen
- Motivationsposter
- Laminierte DIN-A5-Karten (Zitate) werden überall, gut sichtbar, im Raum verteilt.
- CD-Spieler (falls von Organisation bestellt) und CDs (eigene, zum Seminarthema passend und Entspannungs-, Musik, Kabarett-CDs)
- Büchertisch

8. Give-aways auf dem Stuhl der Teilnehmer:
- „Punkten-Sie-Karten" (für den Kopf zur Orientierung und den WettbewerbsGEIST – „eine Sache überdenken")
- eine Walnuss (für den Kopf zur Irritation – „eine Sache zum Nachdenken")
- ggf. Seminarskript (zur Sicherheit/zum Weiterbilden – „Themen weiterdenken")
- eine Süßigkeit (für den Bauch und das Gemüt – „einfach nur genießen")

Checkliste: Aus Erfahrung sinnvoll

▶ Kleine Flasche **Mineralwasser** ohne Kohlensäure

▶ **Architektenrolle**, um Ihre Charts auch bei Regen gut transportieren zu können

▶ Box mit **Reisekleingeld** (Automatenfutter: Parken, Getränke- und Pausenautomaten, für Snacks im Zug, beim Bäcker unterwegs etc.)

▶ **Kleines Bag**, um die gängigen Organisationsutensilien (Schlüssel, Geld, Handy, Stift, Essensmarken etc.) unterzubringen

▶ Kleine **Reiseapotheke** – nicht nur für Sie als Trainer:
 - Persönliche Medikamente
 - Zucker und Kreislauftropfen
 - Kopfschmerztabletten
 - Vitamin-, Magnesiumtabletten (sehr praktisch ist „Bioctra-MagnesiumDirect, in kleinen Tütchen portioniert. Sie brauchen kein Wasser mehr. Ideal für unterwegs).
 - Fiebertabletten
 - Mittel gegen leichte Erkältungskrankheiten
 - Mittel gegen Übelkeit
 - Traubenzucker
 - Inhalierstift (im Winter)
 - Insektenspray (wenn Sie nach dem Seminar gern joggen oder im Freien sitzen)
 - 1-2 ausgewählte Teebeutel (z.B.: gegen Heiserkeit) als Notfallbehelf. Heißes Wasser bekommen Sie immer und überall.
 - Salbei/Halsbonbons (Kein Pfefferminz, da es den Hals austrocknet!)

▶ Kleines **Halstuch** (Bahnhöfe, Flughäfen, offene Autofahrt gefährden Ihr wichtigstes Kapital: Ihre Stimme. Um die Stimme zu schützen, hilft ein Halstuch bis zum Zielort.)

▶ **Sonnenschutz** und nach Bedarf Kopfbedeckung (Schulungen im Sommer in attraktiven Seminarhotels haben häufig Teilnehmerabende, die im Freien stattfinden.)

Checkliste: Nach dem Seminar

- Anrufen oder mailen (Der Anruf ist vorzuziehen, weil persönlicher und effizienter. Falls der Ansprechpartner nicht erreichbar ist, können Sie die Rückmeldung auch mailen.)
- Für die gute Zusammenarbeit bedanken. Sollte es Punkte geben, die Ihnen nicht gefallen haben, sollten Sie diese auch nennen – und zwar am besten in Form konkreter Wünsche für das nächste Seminar.
- Nachhaken, ob noch Wünsche offen sind
- Planungstermine/Planungsphase für das nächste Seminar erfragen
- Klären, bis wann wird die Evaluation zugeschickt werden soll
- Sich nach allgemeinen Wünschen des Auftraggebers erkundigen

Die Rückmeldungen notieren Sie stichpunktartig in Ihre Kundenakte. Persönlich arbeite ich mit dem Mappei-System und trage in Outlook einen vereinbarten Erinnerungstermin für erneute Absprachen ein.

Merkbar

- Konsequente Inhaltsklärung: Was will der Kunde wirklich?
- Zielklärung, Maßnahmenklärung, Themenklärung, Teilnehmerstruktur
- Checklisten sparen Zeit und zeigen Organisationskompetenz.
- Seminarraum gut vorbereiten
- Falls möglich, am Vortrag anreisen
- Nach dem Seminar: Rücksprache halten und bedanken!

Didaktische Vorüberlegungen

Theorie und Praxis

Nirgends schlagen die Wellen wohl so hoch, wie bei diesem Thema. Eine Kluft scheint sich aufzutun zwischen wissenschaftlichem Rhetorikverständnis und den Praxisseminaren, die innerhalb der Kategorie „Soft Skills" angeboten werden.

Ein Außenstehender denkt bei dem hohen Wellengang auch an Sysiphos, der den Stein den Berg hinaufrollt. Der Theoretiker (Wissenschaftler, Kenner der antiken Rhetorik) rudert mit viel Kraftaufwand in (s)eine, der Praktiker in die entgegengesetzte Richtung. Vor lauter Selbstbezug und Aktionismus merken beide nicht, dass sie gegen die Natur handeln und der Wellengang sich am Ende durchsetzen wird.

Bleibt zu hoffen, dass beide Ruderer ermüden und sich auf ihr Ziel statt auf Eitelkeiten besinnen. Wenn das passiert, werden sie einander zunächst anschauen, den Dialog aufnehmen und dann versuchen, die jeweiligen Interessen unter einen Hut zu bekommen. Einigen sie sich auf eine Richtung, werden sie im Idealfall das Gesetz des Wassers, die Strömung, mit einbeziehen, dadurch Wissen multiplizieren und zusätzliche Kräfte freisetzen.

Theorie und Praxis – tatsächlich unvereinbar?

Das Bildungsideal

Innerhalb der Rhetorik ist der „Vir bonus" das Ideal des guten Redners. Doch wie man dazu werden kann, dafür gibt es kaum praktische Tipps. Wir können jedoch davon ausgehen, dass erstens der Trainer als beispielgebendes Modell glaubwürdig agieren und zweitens sein schlüssiger (methodischer) Ansatz überzeugen muss.

Damit ist die Aufgabe zwar noch nicht getan, aber die beste Voraussetzung für den Erfolg geschaffen.

Wie gelingt es uns nun, in möglichst kurzer Zeit die viel zitierte Authentizität bei den Teilnehmern zu etablieren?

Ein guter Trainer gibt Impulse und fällt keine Urteile.

Stimmigkeit ist etwas höchst Individuelles und gehört in den Bereich der Persönlichkeitsbildung. Ein guter Trainer arbeitet dabei nur mit Angeboten und Impulsen und vermeidet starre bzw. pauschalisierende Aussagen. Als unrühmliches Gegenbeispiel sei an dieser Stelle der Satz eines selbst ernannten Schlagfertigkeitstrainers bei einer Großveranstaltung genannt: „Große Menschen, große Gesten – kleine Menschen, kleine Gesten." Derart starre Maximen verhindern Authentizität und fördern eher künstliche Wirkfiguren statt selbstbewusste Geister.

Personare – die Persönlichkeit „hindurchklingen" lassen

Der Begriff „persona" leitet sich ab von dem Verb „personare" und wird übersetzt mit „klingen/hindurchklingen". Je authentischer ein Mensch vor anderen zu sprechen lernt, desto erfolgreicher wird er sein. Dieses Hindurchklingen gilt es als Trainer zu fördern.

Die Angst vor der öffentlichen Rede …

In Grundlagenseminaren sitzen Teilnehmer mit gar keiner oder fast keiner Redepraxis, die das Reden vor Gruppen als enorme Hürde empfinden und mit viel Hoffnung einerseits und großer Skepsis andererseits ins Seminar kommen. In jedem Seminar wird als Grund für das geradezu unüberwindlich erscheinende Lampenfieber angegeben: „Die Angst sich vor einem anderem/vor der Gruppe zu blamieren."

Von wenigen Naturtalenten in (freier) Rede abgesehen, hat diese Angst vor der öffentlichen Rede zunächst jeder Mensch. Und längst ist bekannt, dass die Angst davor, eine Rede halten zu müssen, stärker ist als die vor dem eigenen Tod.

… und der Mut, sich ihr zu stellen.

Wer also ein Rhetorikseminar besucht, ist bereit, sich dieser Angst zu stellen oder hat es zuvor bereits getan. Dazu gehört Mut, dem wir als Trainer höchste Wertschätzung entgegenbringen sollten. Selbst wenn Erwachsene gelernt haben, mit Unsicherheiten umzugehen, so dass ein Betrachter von außen lediglich „eine gewisse Aufgeregtheit" wahrnimmt, sollten wir uns als Trainer bewusst machen, was sich im Einzelnen abspielen kann. Denn genau deshalb sind eine angenehme Lernatmosphäre und spielerisch leichte Methoden für ein gelungenes Seminar wichtig. Als Trainer für „gutes Reden" haben wir nach Walter Jens einen Arbeitsauftrag: „Der wirklich gute Redner argumentiert und lehrt, erstens. Zweitens, er unterhält. Und drittens bewegt er die Herzen." (Vgl. Amberger Zeitung, Nr. 54, 06.03.2003)

Durch das ständige Üben vor der Gruppe und durch gezieltes Feedback erlebt der Teilnehmer, wie er tatsächlich wirkt. Wenn die eigene Sicht und Bewertung mit der Fremdeinschätzung übereinstimmt, dann entsteht Sicherheit, dann kann ein Mensch bewusst handeln. Da kaum jemand von vornherein eine stimmige Sichtweise zur eigenen Person mitbringt, sind Rückmeldungen im Seminar so wichtig. Durch die Stimmigkeit in der Innen- und Außenwirkung wird verhindert, dass Sinn und Nutzen von Rhetorik reduziert wird auf einen Redemoment, in dem sich ein Einzelner inszeniert, um eine bestimmte Wirkung zu erzielen – die aber möglicherweise gar nichts mit ihm zu tun hat.

Redesicherheit entsteht, wenn Eigen- und Fremdeinschätzung übereinstimmen.

Auch wenn die Rhetorik eine Wirk-Wissenschaft ist, die mit viel äußerem Schein arbeitet, bin ich überzeugt, dass Sie als Trainer in den Führungsetagen langfristig in erster Linie mit klaren Inhalten und sinnvollen Konzepten überzeugen. Äußerlichkeiten sind wichtig, aber – je nach Branche – nicht das alleinige Kriterium. Wer etwas zu sagen hat, überzeugt immer, unabhängig von Kleidung und Körpersprache.

Ein Dress-Code ist in einer Firma eben nur das, was der Name sagt: ein geltender Code. Wer ihn bestätigt, hat es einfacher, weil er zeigt, dass er sich in Stil und Etikette angemessen verhalten kann. Meine persönliche Erfahrung zeigt mir aber auch, dass besonders im technischen Bereich die Kompetenz des Trainers entscheidend ist und er vor allem deswegen weiterempfohlen wird.

In anderen Branchen wird Qualität vor allem am aufwendigen Erscheinungsbild und Auftritt des Trainers gemessen. Auch hier sollten Sie selbst und ganz ehrlich entscheiden, was Ihnen am ehesten entspricht und wie weit Sie aufgrund Ihrer persönlichen Werte mitgehen möchten. Die Trainerfragen oben helfen Ihnen dabei, auch hier ihren Standort zu bestimmen (vgl. S. 19 ff.).

Aptum – die Angemessenheit

Angemessenheit ist ein viel zitierter und wenig gelebter rhetorischer Anspruch. Deshalb ist es unerlässlich, dass Trainer nicht nur viele Seminare geben, sondern sich kontinuierlich weiterbilden, um sowohl im Umgang mit den Teilnehmern als auch in den Methoden vielseitig und flexibel zu bleiben. Die Angemessenheit zum Redeanlass setze ich hier voraus. Was jedoch für angehende Rhetoriktrainer interessant sein dürfte, sind die Fragen: Wie gehe ich tatsächlich angemessen mit meinen Teilnehmern um? Und wie begegne ich Konflikten, die früher oder später unweigerlich auftreten werden? Vor allem aber: Wann und wie stellt sich die Frage der Angemessenheit?

Die zwei Ebenen der Angemessenheit

▶ **Angemessen in Bezug auf das Thema:** In erster Linie ist dieses Buch ein Praxishandbuch mit dem Ziel, ein zweitägiges Grundlagenseminar erfolgreich zu leiten. Die wissenschaftlichen Voraussetzungen werden dabei mit abgebildet und am Ende auch in die Praxis übertragen – weitestgehend jedenfalls, denn auch beim besten Willen müssen wir immer mit ein bisschen Verschnitt rechnen. Aber das ist beim Thema Rhetorik auch legitim, solange wir diese als lebendig erleben wollen.

▶ **Angemessen in Bezug auf das Publikum/die Teilnehmer:** Wer mit Menschen arbeitet, begegnet Emotionen, Bedürfnissen, individuellen Erwartungen, Stimmungen, Launen, unterschiedlichen Lebenserfahrungen, Sichtweisen und vielem mehr. Verena Kast aus Zürich hat dieses Thema in „Psychologie der Emotionen" angenehm verständlich aufgearbeitet. Und auch Marshall Rosenberg mit seinem Ansatz der Gewaltfreien Kommunikation ist hier ein empfehlenswerter Inspirator. Erst wenn Sie erkennen, was hinter den geäußerten oder auch nur gezeigten Emotionen der Teilnehmer steckt, können Sie angemessen reagieren. Von „Leitfäden im Umgang mit schwierigen Teilnehmern" halte ich nichts (mehr), denn die Praxis zeigt: Es gibt keine schwierigen Teilnehmer, es gibt nur Menschen mit Anliegen, Wünschen und Bedürfnissen.

Didaktische Vorüberlegungen

Hirngerechte Didaktik: Wie erreichen wir möglichst alle Köpfe?

Wie erreichen Sie als Trainer auch wirklich alle Teilnehmer gleichzeitig? Es sind doch stets unterschiedliche Persönlichkeiten im Raum?! Um dieser Aufgabe gerecht zu werden, berücksichtige ich die so genannten Lerntypen. Zwar stellt sich die Wissenschaft gegen dieses Modell von Frederic Vester und die Lerntheorie bevorzugt letztlich das Modell der Lernstile (siehe auch Kasten, S. 50 f.). Dennoch sind Modelle immer dann nützlich, wenn sie unser Handeln unterstützen und zum gewünschten Ergebnis beitragen. Als jemand, der Wissenschaft praktisch werden lassen will, helfen mir dabei die Lerntypen Vesters immer noch am besten, möglichst „ganzheitlich" zu unterrichten.

Lernen – eine Frage des persönlichen Stils

Zufälligerweise (?) deckt sich die Seminargestaltung in Bezug auf den Kinästheten, der sich bewegen will, und dem Visuellen, der Bilder und Text zum Lernen braucht, sowie dem Auditiven, der vor allem über eine angenehme Stimme und gute Formulierung lernt, mit den Aufgaben eines guten Redners.

Als Trainer ist es Ihr zentrales Anliegen, alle Teilnehmer zu integrieren und ihre Bedürfnisse zu erkennen und zu wertschätzen.

▶ Für die visuellen Lerner gestalten Sie den Bildungsraum und hängen die bereits erwähnten DIN-A1-Charts stets gut sichtbar im Seminarraum auf.
▶ Der Praktiker oder Kinästhet lernt bei den praktischen Übungen und Spielen und freut sich, Dinge anfassen zu dürfen etc.
▶ Den Lernprozess des Auditiven unterstützen Sie, indem Sie auf klare und deutliche Sprechweise achten. Auch kann CD-Musik in der Pause Freude bereiten.

Auf unterschiedliche Lernbedürfnisse eingehen

Der Aufbau und die methodisch konsequente Anleitung der Seminarbausteine (vgl. S. 55 ff.) verfolgen ebenfalls den Zweck, jedem Teilnehmer etwas zu bieten, indem sie zum Aktivwerden (Activist) oder Nachdenken (Reflectors) animieren, die Theorie (Theorists) bzw. die Sache erläutern (Pragmatists).

Persönlichkeitsmodelle – eine Frage persönlicher Neigung und des eigenen Stils

Neben den beschriebenen Lerntypen und -stilen gilt es, auch die Persönlichkeitstendenzen der Teilnehmer zu berücksichtigen und das Seminar danach auszurichten. Zu diesem Zweck unterstützen uns Persönlichkeitsmodelle, die Teilnehmer anhand bestimmter Kriterien entsprechend einzuschätzen. Allerdings sollten wir den Menschen jederzeit die Chance geben, die Schubladen auch wieder zu verlassen, in die wir sie zuvor hineingesteckt haben.

Es gibt unterschiedliche Persönlichkeitsmodelle auf dem Markt, und für welches sich jemand entscheidet, ist auch eine Frage der persönlichen Neigungen und des eigenen Stils. Doch auch hier gilt die Maxime: Die Modelle sollten Sie bei Ihrer Arbeit unterstützen. Nach eigehender Beschäftigung mit Persönlichkeit und Verhalten habe ich mich schließlich für das Persolog®-Persönlichkeitsmodell entschieden und mich entsprechend zertifizieren lassen. Wissen von der Antike bis in die Moderne aus unterschiedlichsten, wissenschaftlichen Bereichen wurde hier nachvollziehbar in ein leicht anwendbares Modell gepackt. Nach dem Persolog-Modell gibt es:

▶ eher dominante Persönlichkeiten,
▶ eher initiative Persönlichkeiten,
▶ eher stetige Persönlichkeiten,
▶ eher gewissenhafte Persönlichkeiten.

Dementsprechend berücksichtige ich für die Lehrsituationen die jeweilige Grundfrage, der eine Person – je nach Präferenz – nachgeht.

Als Trainer das Was, Wer, Wie, Warum beantworten

▶ Der Dominante möchte wissen: **Was** habe ich davon?
▶ Der Initiative möchte wissen: **Wer** macht das bereits und nutzt es?
▶ Der Stetige möchte wissen: **Wie** funktioniert das?
▶ Der Gewissenhafte möchte wissen: **Warum** sollten man das so machen? Warum überhaupt?

Wenn es mir als Trainer gelingt, das Was, das Wer, das Wie und das Warum zu beantworten, dann spricht erfahrungsgemäß nichts mehr dagegen, sich als Teilnehmer auf den Lernprozess einzulassen.

Didaktische Vorüberlegungen

Rechts- und Linkshirnler ansprechen

Das Hemisphärenmodell[6] berücksichtige ich in meinen Seminaren durch klare Strukturen von Anfang an. Dies schafft Sicherheit für den eher Linkshirnigen, der Klarheit und Stringenz braucht, um sich auf einen Lernprozess und eine Gruppe einlassen zu können. Gleichzeitig biete ich mit Bildern und Zeichnungen Geschichten an, um auch die Kreativen, eher Rechtshirnigen einzubinden.

Meine Geschichten beginnen meistens mit „Stellen Sie sich vor ..." und aktivieren dadurch das bildhafte Denken, während gleichzeitig die linke Gehirnhälfte koordinieren und ordnen kann. Geschichten bewirken den größten Seminarerfolg, wenn sie dem Einzelnen immer auch Raum für seine eigene Deutung und Erweiterung lassen. Die Freiheit des Geistes und das Grundbedürfnis eines jeden nach Spiel und Spaß werden gleichermaßen berücksichtigt.

Den Teilnehmern Geschichten anbieten

Modelle nutzen, um Vielfalt zuzulassen

Erfolg ist für mich als Trainerin, wenn ich möglichst alle Teilnehmer im Seminar erreicht habe und wenn mir gelebte Kundenorientierung zurückgespiegelt wird. Nicht jeder Trainer teilt diese Einstellung: „Ach, da waren wieder Erbsenzähler im Seminar, die eine Agenda vermisst haben und eine Zeitplanung gebraucht hätten! Die sollen lernen, sich auf Neues einzulassen ..."

In solchen Aussagen wird die Verantwortlichkeit für das Seminargeschehen den Teilnehmern zugeschoben und werden die Bedürfnisse unterschiedlicher Lerntypen missachtet. Wer seinen eigenen Lerntyp gut kennt, könnte nun auf die Idee kommen, sich einfach auf die Zielgruppen und Themen zu konzentrieren, die dem entsprechen. Erfahrungsgemäß ist jedoch Flexibilität die Eigenschaft, die einen wirklich guten Trainer ausmacht. Er berücksichtigt unterschiedliche Erwartungen und vermittelt auch zwischen den Teilnehmern so, dass sie wertschätzend mit- und voneinander lernen können. Wenn den Teilnehmern auf diese Weise Sicherheit vermittelt wird, kann sich auch jeder auf Veränderungen einlassen.

---

6 Das Modell von linker und rechter Hemisphäre ist stark vereinfacht. Aktuelle Erkenntnisse im Bereich der Neurobiologie belegen, dass das Gehirn Informationen wesentlich komplexer verarbeitet. Für wissenschaftlich Interessierte sei an dieser Stelle auf das Buch „Denken, Fühlen, Handeln" von Gerhard Roth verwiesen.

Die bekanntesten Lernstil-Modelle

Lernstile gehören zu einem Konzept, das in den 1970er Jahren durch die Lernpsychologie entwickelt worden ist und davon ausgeht, dass die meisten Menschen einige wenige individuelle Methoden bevorzugen, mit Stimuli und Informationen umzugehen. Unter ansonsten gleichen Lernbedingungen erzielen nach diesem Konzept Lernende oft deshalb unterschiedliche Erfolge, weil die von ihnen bevorzugte Lernmethode nicht angeboten wird. Darauf aufbauend wird in den vergangenen Jahren vermehrt darauf hingewiesen, dass Lehrer die Lernstile ihrer Schüler einschätzen und ihre Lehrmethoden dementsprechend anpassen sollten. Scharf grenzen sich die Lernstile von den in der Didaktik verwendeten Lerntypen ab, dieser Ansatz wird als nicht wissenschaftlich fundiert erachtet.

Visuelles, Auditives und Kinästhetisches Lernen

Eine Gruppe von Modellen, die letztlich auf die Arbeiten von Frederic Vester zurückgehen, betont die Sinneseindrücke, die während der Informationsübertragung zur Geltung kommen. Diese Modelle können unterschiedliche Namen für dieselben oder ähnliche Lernstile benutzen. Oft werden dazu vier grundlegende Typen unterschieden:

- Visuelles Lernen: Lernen durch Schauen
- Auditives Lernen: Lernen durch Hören
- Lesen und Schreiben: Lernen durch Verarbeitung von Texten
- Kinästhetisches Lernen: Lernen durch die Praxis, durch Bewegung

Das Erfahrungsmodell des Lernens nach Kolb

Das Modell entstand 1985 und ist im deutschsprachigen Raum am weitesten verbreitet. Nach Kolb gibt es ...

- **Divergierer:** Sie bevorzugen konkrete Erfahrung und reflektiertes Beobachten. Ihre Stärken liegen in der Vorstellungsfähigkeit. Sie neigen dazu, konkrete Situationen aus vielen Perspektiven zu betrachten und sind an Menschen interessiert. Sie haben breite kulturelle Interessen und spezialisieren sich oft

in künstlerischen Aktivitäten sowie im geisteswissenschaftlichen Bereich.
- **Assimilierer:** Sie bevorzugen reflektiertes Beobachten und abstrakte Begriffsbildung. Ihre Stärken liegen in der Erzeugung von theoretischen Modellen. Sie neigen zu induktiven Schlussfolgerungen und befassen sich lieber mit Dingen oder Theorien als mit Personen. Sie integrieren einzelne Fakten zu Begriffen und Konzepten. Bevorzugte Berufsfelder liegen beispielsweise in der Grundlagenforschung, Naturwissenschaft oder Mathematik.
- **Konvergierer:** Sie bevorzugen abstrakte Begriffsbildung und aktives Experimentieren. Ihre Stärken liegen in der Ausführung von Ideen. Sie neigen zu hypothetisch-deduktiven Schlussfolgerungen und befassen sich lieber mit Dingen oder Theorien, die sie gern überprüfen, als mit Personen. Entsprechend häufig ergreifen sie Ingenieur- bzw. technische Berufe.
- **Akkomodierer:** Sie bevorzugen aktives Experimentieren und konkrete Erfahrung. Ihre Stärken liegen in der Ausgestaltung von Aktivitäten. Sie neigen zu intuitiven Problemlösungen durch Versuch und Irrtum und befassen sich lieber mit Personen als mit Dingen oder Theorien. Sie verlassen sich mehr auf einzelne Fakten als auf Theorien und sind überdurchschnittlich häufig unternehmerisch oder selbstständig tätig.

Modell nach Honey und Mumford

Dieses 1992 entstandene Modell weist ebenfalls vier Lernstile auf:
- Aktivisten (Activists)
- Nachdenker (Reflectors)
- Theoretiker (Theorists)
- Pragmatiker (Pragmatists)

Modell nach Felder

Dieses Modell ist am ältesten (1978) und differenziert etwas breiter:
- Aktive und reflektive Lerner
- Induktive und schlussfolgernde Lerner
- Sensorische und intuitive Lerner
- Visuelle und auditive Lerner
- Sequenzielle und globale Lerner

Merkbar

- Theorie und Praxis: Das Ziel ist der Maßstab.
- Geben Sie Angebote und Impulse.
- Vermeiden Sie starre Aussagen.
- Authentizität ist etwas höchst Individuelles.
- Fördern Sie das „Hindurchklingen", indem Sie viele, gute Übungen durchführen.
- Gefühle sind Argumente.
- Gezieltes Feedback schafft Sicherheit und authentisches Verhalten beim Einzelnen.
- Der Dress-Code erleichtert den Einstieg, doch Inhalte garantieren eine langfristige Zusammenarbeit.
- Es gibt keine schwierigen Teilnehmer.
- Modelle sollen Sie bei Ihrer Arbeit unterstützen.
- Klarheit in Wort und Bild ist gehirngerecht.

Kapitel 2

MethodenBAR

In diesem Kapitel finden Sie:

**Didaktische Bausteine für hirngerechte, lebendige und
„merk-würdige" Seminare** 55

▶ Das didaktische Prinzip der Bausteine

Erfreuen, Inhalte vermitteln, motivieren – wie funktioniert´s? 59

▶ Wie Sie Teilnehmer erfreuen (delectare)
▶ Wie Sie Inhalte vermitteln (docere)
▶ Wie Sie überzeugen und motivieren (movere)
   – Schritt 1: Sie machen Ihre Teilnehmer neugierig!
   – Schritt 2: Sie leiten eine Übung an und lassen die Teilnehmer ausprobieren
   – Schritt 3: Analyse & Bewusstmachung – Fragen klären und stellen
   – Schritt 4: Erneutes praktisches Tun – mit klarem Zwecksatz
   – Schritt 5: Transfer deutlich machen mit Blitzlicht zum Abschluss

Regelmäßige Blitzlicht-Abfragen – Transferhilfe und mehr 64

▶ Blitzlicht zur Befindlichkeit
▶ Blitzlicht mit dem Ziel der Erwartungsabfrage und der
  Verantwortungsübernahme
▶ Blitzlicht zur Transfersicherung

**Mnemonik-Chart – eine „verrückte Geschichte" verankert
die Lerninhalte** 66

▶ Ursprung und Hintergrund der Mnemonik

Vier weitere Prinzipien gelebter und bewegter Didaktik 70

▶ Szenarien entwerfen: Holen Sie die Teilnehmer bei
  ihrer Geschichte ab!
▶ Pathos: Humor entspannt und entkrampft!
▶ Einfach ausprobieren: Gutes Reden lernt man nur
  durch gutes Reden!
▶ Keine Angst vor Teilnehmerboykott: Erlebnisorientiertes
  Arbeiten ist entwaffnend!

Didaktische Bausteine für hirngerechte, lebendige und „merk-würdige" Seminare

Stellen Sie sich vor, ein Architekt entwickelt ein grandioses Gebäude und niemand nimmt tatsächlich den Plan, geht damit auf die Baustelle, krempelt die Ärmel hoch, schmeißt die Betonmischmaschine an und beginnt damit, den ersten Stein, den ersten Pfeiler zu setzen ...

Kommt Ihnen das aus Trainersicht bekannt vor? Oder erinnern Sie sich gar als Teilnehmer früherer Seminare daran, von einem engagierten Trainer einen guten Plan mit auf den Weg bekommen zu haben, den Sie jedoch nie umsetzten? – Sie stehen damit nicht allein da! Es ist leider immer noch viel zu häufig der Fall, dass Unternehmen für ihre Mitarbeiter Seminare einkaufen, deren Inhalte letztlich nicht genutzt werden, weil weder der Rahmen dafür zur Verfügung gestellt noch eine Nachbereitung oder Nachschulung am Arbeitsplatz mitgebucht wird.

Das klassische Manko: Der Plan ist gut, doch die Umsetzung bleibt aus.

An diesem Punkt sind Sie auch als Rhetorik-Trainer mit Ihrem methodischen und didaktischen Know-how besonders gefordert. Das Thema Rhetorik und Persönlichkeitsbildung authentisch vorzuleben funktioniert letztlich nur, wenn Sie den Teilnehmern entsprechend nutzbare wie nützliche Werkzeuge an die Hand geben können. Und das bedeutet in unserem Fall: Die Werkzeuge müssen im Sinne lebendiger Rhetorik lehrreich sein, in der Anwendung Spaß machen und zum Üben motivieren – und sie müssen praktikabel, alltagstauglich und flexibel kombinierbar sein. (Was sich nicht ausschließt, sondern gegenseitig bedingt!)

Teilnehmer brauchen nützliche und nutzbare Werkzeuge.

In dem hier vorgestellten Trainingskonzept nehmen die „erlebnisorientierten Bausteine" daher einen zentralen Platz ein. Die „Bausteine" sind sauber geschliffen und so lange gefeilt, dass nur noch die reine Botschaft übrig bleibt. Perfekt gehauene Steine lassen sich zu massiven Mauern schichten und halten alleine durch ihr Eigengewicht. Oder wie Heinrich Fey sagen würde: „Ein gut geschliffener Stein hält auch ohne Mörtel."

Doch braucht auch er ein solides Fundament. Hinter meinem Motto „Mit Sprache Brücken bauen" steht daher auch eine Lebensanschauung, die dem ursprünglichen Bildungsideal der Rhetorik entspricht und die ich Ihnen nicht nur in Ihrer Rolle als Trainer und Trainerin nahelegen möchte. Das humanistische Bildungsideal eines Dozenten zeigt sich darin, wie er Sprache stets und unmittelbar einsetzt, um im Dialog und mit größtmöglicher Authentizität Brücken zu den Menschen respektive seinen Teilnehmern zu bauen. Mir ist zudem ein Anliegen, Sprache als Werkzeug bewusst zu machen und den Umgang damit weiter zu vermitteln. Dies gilt vor allem für die Sensibilisierung für Sprache, für den Gebrauch von Worten und ihrer Wirkung. So hat sie eine Chance, den Mikrokosmos Seminar zu verlassen und in den Makrokosmos (Politik, interdisziplinäre Wissenschaft, die Welt etc.) hineinzuwirken – mit klarer, fairer Argumentation und auf eine Weise, dass Drohungen und Gewalt als Mittel der Interessenvertretung keine Alternative mehr darstellen.

Sprache soll Brücken bauen, keine Gräben aufreißen.

Dazu müssen wir gerade in emotional aufgeladenen Situationen den Überblick bewahren, die richtigen Schlüsse ziehen und sprachlich angemessen (!) vermitteln. Rhetorisch ist das eine besondere Herausforderung, weil wir uns gleichzeitig und flexibel auf den Ebenen Inhalt und Beziehung bewegen und stets die Entwicklung des Themas im Auge behalten müssen. Das zu trainieren, ist eines der Zwecke der Rhetorik. Am Anfang war das Wort, jetzt gilt es, damit umzugehen, einen Plan zu entwickeln und mit dem Bauen zu beginnen.

Meine Methoden für hirngerechte, lebendige und „merk-würdige" Seminargestaltung im Überblick

1. Hirngerecht wird das Seminar mit Hilfe des Bausteinprinzips (vgl. S. 58): Das Bausteinprinzip gibt formal die drei rhetorischen Forderungen für ein rhetorisch professionelles (Lehr-)Gespräch vor. Wenn Sie Ihren Übungen ein konkretes Lernziel voranstellen (z.B.: verständlich sprechen lernen) und diesem Lernziel die Punkte „informieren/lernen" (= docere), „erfreuen/mit Spaß dabei" (= delectare) und überzeugen/motivieren (= movere) unterordnen und mit Inhalten füllen, wird es hirngerecht für die Zuhörer (konkrete Umsetzungshinweise, vgl. S. 59 ff.). Vorteil: Sie leben das Geforderte stets vor und sind Vorbild – inhaltlich wie methodisch.

2. Lebendig wird das Seminar, wenn in der Anleitung folgende Schritte berücksichtigt werden (ausführlich auf S. 62 f.):
▶ Neugierig machen
▶ Tun lassen/Ausprobieren (Übung)
▶ Analyse und Austausch (Erfahrung)
▶ Erneutes Ausprobieren (Übung): mit konkretem Vorsatz
▶ Transfer und Abschluss

3. „Merk-würdig" wird das Seminar, wenn Sie regelmäßige Blitzlichtabfragen als Transfermethoden nutzen, mit Themencharts als Visualisierunghilfe im Seminarraum arbeiten und die behandelten Themen mit einer verblüffenden Geschichte im Gedächtnis der Teilnehmer verankern.

Das didaktische Prinzip der sieben Bausteine

Die erlebnisorientierten Bausteine sind theoretisch vermessen und didaktisch aufpoliert, so dass sie den Seminarteilnehmer erfreuen, informieren und überzeugen – so wie Cicero es für eine gute Rede und einen guten Redner fordert. Das Bausteinprinzip erleichtert das schnelle und flexible Konzipieren von Seminaren. Der Aufbau eines jeden Bausteins schließt Form und Inhalt der Rhetorik gleichermaßen ein. Dem Lehrenden wird sofort deutlich, was den Teilnehmer an einem Thema neben dem Informieren erfreut und

Das Bausteinprinzip ermöglicht flexibles Reagieren im Seminar.

überzeugt. Weil mir neben der rhetorischen Grundbotschaft auch wichtig ist, „das Ziel stets vor Augen zu haben", beginnt jeder Baustein mit dem Ziel, dann folgen die drei rhetorischen Aufgaben und Varianten.

Dementsprechend sind die Bausteine des in Kapitel 3 beschriebenen Seminars didaktisch stets folgendermaßen aufgebaut:

Die drei Aufgaben eines Redners – und Trainers:

▶ Thema mit **Kurzbeschreibung** sowie **Metapher/Merkhilfe**: Die Metaphern ermöglichen das Merken der Übung. Die jeweilige Metapher ist Bestandteil Ihres Mnemonikcharts, das stets präsent im Seminarraum hängt (vgl. „Mnemonik-Methode", S. 66 ff.)

▶ **Ziel:** Denn Rhetorik ist stets zielgerichtet!

docere

▶ **Docere:** Was wird gelernt? Welche Transferleistung muss erbracht werden?

delectare

▶ **Delectare:** Was unterstützt die Lern- und Zuhörfreude?

movere

▶ **Movere:** Was haben wir erlebt und was ist uns durch die Handlung/Übung bewusst geworden? Auf was achte ich das nächste Mal?

▶ **Ablauf/Vorgehen**, zum Teil mit Beispielen bzw. konkreten Formulierungshilfen für den Trainer

▶ **Kommentar/Hinweise** mit vertiefenden Informationen und persönlichen Erfahrungen zum praktischen Einsatz

▶ Wo sinnvoll, sind **Varianten** des Themenbausteins aufgeführt: Wie kann ich die Übung verändern? Welche Transferfragen sind noch möglich?

Erfreuen, Inhalte vermitteln, motivieren – wie funktioniert's?

Um die in von Cicero geforderten Aufgaben eines Redners praktisch umzusetzen und als Trainer (ständig) vorzuleben, habe ich für mich die drei Aufgaben folgendermaßen definiert.

Teilnehmer erfreuen (delectare)

Die Aufgabe zu „Erfreuen" (delectare) schaffen Sie in der Praxis, indem Sie folgende Punkte berücksichtigen:

▶ Schaffen Sie eine gute Lernatmosphäre und stellen Sie den Teilnehmern auch den Raum dafür zur Verfügung. Der Raum ist für den Menschen da, nicht umgekehrt. Eine der Grundfähigkeiten, die in einem Grundlagenseminar erlernt werden muss, ist, sich selbstbewusst Raum zu nehmen und die Brücke zu den Teilnehmern zu bauen. Damit sich der Einzelne Raum nehmen kann, muss dieser auch da sein. Diesen bestmöglich zu schaffen ist die Aufgabe des Trainers. Daher empfiehlt es sich, alles aus dem Seminarraum herauszuräumen, was nicht gebraucht wird. Letztlich brauchen Sie als Mobiliar lediglich einen Stuhlkreis (U-Form) und Tische nur, wenn diese eine Funktion erfüllen und beispielsweise als Ablage für Seminarmaterial dienen. Klarheit schafft Sicherheit und somit Freude.

▶ Achten Sie als Trainer auf eine durchgängig freundliche, wohlwollende Ausstrahlung und Sprechweise.

▶ Halten Sie kleine Geschenke auf dem Stuhl vorab und bei der Verabschiedung der Teilnehmer bereit.

Damit Teilnehmer sich selbstbewusst Raum nehmen können, muss dieser auch da sein.

- Eine gute Vorbereitung und Struktur in Durchführung und Visualisierung erfreut die Teilnehmer.
- Sorgen Sie für Frischluft und regelmäßige Kurzpausen.
- Sorgen Sie für angenehme Temperatur im Seminarraum.
- Arbeiten Sie mit Beispielen und Szenarien: „Stellen Sie sich vor, Sie befinden sich in …"
- Nutzen Sie jede Form von Rätseln: Bilderrätsel, Ratespiele etc.
- Wenn Sie gut zeichnen können: Entwickeln Sie schöne Cartoons oder Illustrationen am Chart gemeinsam mit den Teilnehmern.
- Mit einem Gegenstand visualisieren Sie die Transferleistung der Teilnehmer.
- Arbeiten Sie mit einem Symbol, dass sich als roter Faden durch das ganze Seminar zieht: Ich persönlich arbeite im Seminar gern mit einer Walnuss.

Kreieren Sie ein Motto …
- Stellen Sie das Seminar unter ein Motto und arbeiten Sie mit diesem Motto: Ich arbeite gern mit dem Wettbewerbsslogan: „Punkten Sie von Anfang an!" In diesem Fall zieht sich das Symbol „Punkt" durch das Seminar. Sowohl die Zielabfrage als auch die Evaluation am Ende des Seminars werden mit runden Moderationskarten durchgeführt. Die runden Moderationskarten werden dann zum „springenden Punkt" für den Einzelnen.
- Streuen Sie Aktionsübungen ein, wenn Müdigkeit einkehrt.
- Störungen, darunter fällt auch das Unwohlsein eines Teilnehmers, sollten Sie stets ansprechen und ausräumen.

… und stiften Sie Zusatznutzen.
- Ich biete meinen Teilnehmern an, einen Zusatznutzen aus der Veranstaltung zu ziehen, indem sie die zwei Tage nutzen, um sich selbst etwas Gutes zu tun (z.B. viel Wasser trinken und Sportmöglichkeiten vor Ort nutzen). Gerade, wenn Teilnehmer/Führungskräfte in die Maßnahme „geschickt" wurden, lockert dieser Hinweis auf und ermöglicht ein Loslassen von Einstellungen wie „Ich muss hier sein, obwohl sich Unterlagen auf meinem Schreibtisch stapeln" hin zu möglichen Vorteilen wie: „Na, dann sehe ich es als Auszeit und mache zwei Gesundheitstage daraus."
- Achten Sie auf pünktliches Enden und die klare Einhaltung von Pausenzeiten.

Inhalte vermitteln (docere)

Die Aufgabe, „Inhalte zu vermitteln" (docere) schaffen Sie in der Praxis, indem Sie folgende Punkte berücksichtigen:

- Alles, was gemerkt werden soll, wird visualisiert und danach sichtbar in den Raum gehängt.
- Beim Aufbau des Seminars die Konzentrationskurve eines Menschen mit berücksichtigen. Legen Sie schwierige Inhalte stets in Zeiten, in denen viel Konzentration vorhanden ist, z.B. vormittags zu Seminarbeginn, nach dem Mittagstief etc.
- Die Theorie mit konkreten Beispielen belegen und diese auch bildhaft darstellen.
- Dialog zu den Teilnehmern herstellen und mittels Fragen die Teilnehmer zur Mitarbeit motivieren.
- Die Teilnehmer mit Namen ansprechen (z.B. bei Gruppeneinteilungen oder bei Rückfragen).
- Mehr als sieben Punkte sollten nie auf eine Folie gepackt und auf einmal besprochen werden.
- „Merk-würdig" wird Theorie, wenn der Trainer mit einem Symbol oder einem Anker arbeitet, über den dann das Wissen abgerufen werden kann (vgl. Mnemonik-Methode zu Beginn des Seminars, S. 66 ff. und S. 93 f.).

Teilnehmer überzeugen und motivieren (movere)

Die Aufgabe, die „Herzen zu erregen bzw. zu motivieren" (movere) erscheint, solange sie gedacht wird, einfach. Sie in der Praxis vorzuleben, ist schon wesentlich schwieriger. Hierzu bedarf es nicht nur eines guten Beispiels, sondern auch einer geeigneten methodischen Vorgehensweise, die sich durch eine hohe und kontinuierliche Dynamik auszeichnet. Durch den Wechsel von praktischem Ausprobieren, Reflexion und Zielvorgabe und erneutem Ausprobieren soll der Einzelne vom „gedachten Können" zur konkreten und „richtigen" Anwendung gelangen. Der Einzelne wird ganzheitlich (Körper, Geist und Seele) gefordert und thematisch überzeugt. Folgende Schritte führen erfahrungsgemäß zum Erfolg:

Motivation braucht Vorbild, Methodik und Dynamik.

Fünf Schritte zum lebendigen Seminar mit motivierten Teilnehmern

Schritt 1: Sie machen Ihre Teilnehmer neugierig!

Möglichkeiten:
- Sie entwickeln ein Szenario, das die Teilnehmer direkt abholt: „Kennen Sie das? Sie haben einen tollen Vortrag vorbereitet. Sie treten vor das Podium. Sie sehen in 100 Augen, die Sie erwartungsvoll anschauen. Es wird still, immer stiller. Plötzlich fehlt es Ihnen an Luft. Sie hören Ihren Puls. Die Nervosität wird immer größer …"
- Sie stellen eine direkte Frage: „Wissen Sie, wo der Begriff ‚Lampenfieber' seinen Ursprung hat?"
- Sie verweisen auf einen Gegenstand und integrieren diesen: „Sie sehen hier zu meiner Rechten ein Rednerpult. (Pause) Wissen Sie, was ich mit diesem jetzt am liebsten tun würde? (Pause) Aus dem Fenster werfen! (Erstaunen abwarten) Ja, Sie haben richtig gehört. Aus dem Fenster damit. Wir werden uns nun mit Wirkung und Wirkungsfaktoren beschäftigen und herausfinden, warum sich ein Rednerpult in nur sehr wenigen Fällen als wirklich sinnvoll erweist."

Schritt 2: Sie leiten eine Übung an und lassen die Teilnehmer ausprobieren

„Lassen Sie uns ein kleines Experiment wagen. Hierzu bitte ich Sie aufzustehen. Jetzt tun Sie bitte einmal Folgendes: Stellen Sie sich aufrecht hin und …"

Schritt 3: Analyse & Bewusstmachung – Fragen klären und stellen

Sie beantworten die Fragen der Teilnehmer und stellen mittels gezielter Fragen den gewünschten Transfer her: „Was hat Ihrer Meinung nach die Spielregel, ohne ‚und' zu sprechen, mit Ihrem mündlichen Vortrag zu tun?" (Antwort abwarten). „Richtig. Im Vortrag brauchen wir eine klare Sprache, die durch kurze Sätze garantiert wird.

Damit der Bewusstmachung auch ein konkreter Vorsatz folgt, wird der Transfer zusammengefasst („Wenn Sie beim nächsten Mal auf xy achten, dann wird es authentisch.") oder per Blitzlicht von den einzelnen Teilnehmern persönlich abgefragt („Was nehmen Sie sich für die nächste Übung vor?").

Schritt 4: Erneutes praktisches Tun – jetzt mit klarem Zwecksatz

- Die Teilnehmer führen die gleiche Übung ein zweites Mal durch; dieses Mal mit einem konkreten Vorsatz.
- Eine andere (Rede-)Übung erfolgt, allerdings mit dem konkreten Vorsatz aus dem vorherigen Transfer.

Schritt 5: Transfer deutlich machen, ein Blitzlicht mit konkretem Vorsatz schließt ab.

Möglichkeiten:
- Der Trainer fasst zusammen und schließt die Übung selbst ab. (Im Fall von Zeitknappheit oder wenn es ein kurzer, einfacher Input ist.)
- Der Trainer fasst zusammen und bittet jeden Teilnehmer, einen konkreten Vorsatz für das nächste Mal zu formulieren. (Im Fall von Inputs, die intensiv trainiert werden sollten oder die den Teilnehmern Schwierigkeiten machen.)

Die hier beschriebene Methodenfolge ermöglicht ein Erleben mit allen Sinnen und verbindet Theorie schnellstmöglich mit Praxis. Anders als aus Schul- und Studienzeit noch bekannt, beginnen Sie mit der Praxis statt mit der Theorie. Vom praktischen Tun geht es über in die Diskussion und die Analyse. Und von der Analyse geht es dann wieder zielgerichtet zurück zur Praxis.

Warum ist der Einstieg über das „Neugierigmachen" notwendig?

Klare Antwort: Weil Angst, Skepsis oder gar geistige Erstarrung kapituliert vor der Neugierde und der Freude am eigentlichen Erleben. Doch Letzteres sollten erlebnisorientierte Seminare gewährleisten – einschließlich der Tatsache, dass es dabei auch einmal drunter und drüber gehen kann.

Spiel und Kreativität dürfen und sollen darin einen Platz haben und der „Vir bonus", der rechtschaffene Mensch der klassischen Rhetorik, darf auch wieder Homo ludens sein: der spielende Mensch. Über das Spielen und die ganzheitliche Beteiligung beim Lernen schaffen wir langfristig Nutzen für die Praxis. Denn überzeugender als das, was wir denken, ist das, was wir persönlich getan und erlebt haben. Beherzigen Sie also konsequent den Grundsatz: einfach ausprobieren!

Das eigene Handeln überzeugt mehr als das eigene Denken.

Regelmäßige Blitzlicht-Abfragen – Transferhilfe und mehr

Ein Blitzlicht gibt dem Trainer Handlungssicherheit.

Ein Blitzlicht ist eine Momentaufnahme von „Stimmungen" in der Gruppe oder auch eine gezielte Sammlung von individuellen Bedürfnissen, Wünschen, Gefühlen oder Gedanken. Es ermöglicht den einzelnen Gruppenmitgliedern, ihre subjektive Befindlichkeit oder die Situation der Gruppe bewusster wahrzunehmen. Als Trainer können Sie sich durch das Blitzlicht ein Bild davon machen, „wie es der Gruppe gerade geht". Dazu ist es wichtig, dass Sie auch die nicht (laut) gesagten Dinge wahrnehmen.

- ▶ **Nutzen in der Sache:** Sie bekommen ein Gefühl für die Arbeitsfähigkeit der einzelnen Teilnehmer. Sie erfahren Störungen und Blockaden. Sie können als Trainer im Prozess kurz innehalten und Ihren Eindruck von der Gruppe (Eigenwahrnehmung) mit dem Gesagten der Teilnehmer (Fremdwahrnehmung) abgleichen. Das Blitzlicht ist flexibel in der Handhabung. Ihre Fragestellung setzt das Ziel.
- ▶ **Nutzen für die Gruppendynamik:** Das Blitzlicht trägt zur Harmonisierung der Gruppe bei. Eine gute Atmosphäre wird hergestellt. Orientierung findet statt und gibt Sicherheit.

Und so gehen Sie in der Regel vor:

Ablauf eines Blitzlichts

1. Der Trainer formuliert eine Transparenzfrage.
2. Die Gruppenmitglieder machen eine kurze Aussage dazu.
3. Achten Sie als Trainer darauf, dass die Aussagen stets „ich"-formuliert sind.
4. Wer im Moment nichts sagen möchte, teilt dies mit.
5. Die Aussagen werden nicht kommentiert und nicht diskutiert!

6. Nach dem Blitzlicht gibt es verschiedene Möglichkeiten fortzufahren:
   - Es erfolgt eine Pause.
   - Es wird zum nächsten Themenpunkt übergeleitet.
   - Sie fassen zusammen.
   - Wenn Störungen im Raum sind, kann eine Aussprache erfolgen.
   - Das Blitzlicht bleibt einfach „im Raum stehen".

Blitzlicht zur Befindlichkeit

Ein sehr kurzes „Blitzlicht": Sie bitten die Teilnehmer, ihr Energielevel auf einem Zahlenstrahl von 1-10 einzuordnen (1 = sehr wenig Energie; 10 = sehr hohes Energielevel). Mögliche Fragen bzw. Erläuterungen seitens des Trainers:

Gefühlslage skalieren

▶ „Wie geht es mir im Augenblick?"
▶ „Bitte ordnen Sie Ihre momentane Befindlichkeit innerhalb einer Skala von 1-10 ein. Die Ziffer 1 bedeutet geringes Energielevel, eine 10 wäre absolutes Aufnahmevermögen. Wenn Sie möchten, können Sie es auch begründen."

Blitzlicht mit dem Ziel der Erwartungsabfrage und der Verantwortungsübernahme

Mögliche Fragen:
▶ „Was erhoffe ich mir für die nächste Stunde? Was befürchte ich?"
▶ „Was möchte ich dazu beitragen, dass dieses Seminar ein Erfolg wird?"

Blitzlicht zur Transfersicherung

Am Ende des Seminars empfiehlt es sich, ein inhaltliches Transfer-Blitzlicht anzuleiten. Jeder Seminarteilnehmer gibt in die Runde, was er aus dem Seminar mitnimmt und auf was er in Zukunft besonders achtet. Wenn Sie als Trainer erfahren wollen, welche Hürde der Einzelne für sich genommen hat, dann empfiehlt es sich, den Punkt des Aussortierens mit aufzugreifen. Mögliche Fragen:

Persönlichen Nutzen bewusst machen

▶ „Was nehmen Sie aus dem Seminar mit?"
▶ „Was lassen Sie hier/Was kommt ab jetzt in die Tonne?" (ausführliche Darstellung siehe S. 240 f.)

Mnemonik-Chart – eine „verrückte Geschichte" verankert die Lerninhalte

Wie bleibt das Gelernte im Gedächtnis?

Eine Methode, die besonders für „ältere Hasen" interessant sein dürfte, ist meine „Mnemonik-Chart-Methode", die bereits aus der Antike stammende Erkenntnisse für die moderne Trainingspraxis nutzt – und damit auch hervorragend den Bezug zum klassischen Rhetorikverständnis unterstützt. Mit der Mnemonik-Chart-Methode verfolge ich das Ziel, die Techniken der so genannten Mnemonik/Mneme, also der antiken Gedächtniskunst, umzusetzen. Dabei werden sowohl das Denken in Bildern als auch die Gefühle in den Lernprozess integriert.

Eine Geschichte aus Metaphern

Je nach Seminarthema entwickeln Sie eine „merk-würdige" Geschichte und drucken diese auf ein A1-Chart (vgl. S. 94) aus. Das „Merk-würdig"-Chart zielt darauf ab, die Teilnehmer zu verwirren, sie neugierig zu machen oder bisweilen auch zu provozieren. Es hängt von Anfang bis Ende des Seminars stets sichtbar im Raum und dient als Einstieg (Hinführung) wie auch als Zusammenfassung und Transfer-Chart. Die Geschichte ergibt sich aus den Metaphern (= Bilder), die den jeweiligen Übungen zugeordnet sind (vgl. S. 58).

Ein Beispiel aus dem im Folgenden beschriebenen Seminarablauf erläutert dies: Die Metapher „Geschenke verteilen" steht für den Themenpunkt „Feedback geben – Feedback nehmen". In der beschriebenen Geschichte auf dem Mnemonik-Chart taucht somit das Bild „Geschenk" auf und kann nach dem Seminar sofort dem Themenpunkt „Feedback-Methode" zugeordnet werden.

Mnemonik-Chart – eine „verrückte Geschichte" verankert die Lerninhalte

Der Themenbaustein Mnemonik-Chart erfüllt damit folgende Funktion im Sinne gelebter und bewegter Didaktik:

- **Ziel:** Die Teilnehmer werden verblüfft und absichtlich (!) verwirrt.
- **Docere:** Die Teilnehmer werden mit hirngerechter Didaktik vertraut gemacht, indem sie das Lernen über Bilder vorgelebt bekommen. Der Beweis erfolgt am Seminarende, wenn das Mnemonik-Chart plötzlich verstanden wird. Im Laufe des Seminars wird die Geschichte immer klarer; am Ende steht der Transfer der Fakten in den Alltag.
- **Delectare:** Die Methode erfreut die Gemüter und verblüfft. Denn alle Teilnehmer erkennen den Nutzen und sind begeistert, dass es funktioniert. Freude entsteht auch, weil die Teilnehmer erkennen, wie viel sie gelernt haben.
- **Movere:** Die Methode überzeugt, weil sie funktioniert. Als Trainer erreichen Sie einen hohen Grad an Glaubwürdigkeit, weil Sie Ihre Ankündigung zu Seminarbeginn einlösen: Die „Merk-würdigkeit" (Irritation, Verwirrung etc.) wird im Laufe des Lernprozesses in ein „Merk-würdig" umgearbeitet.

Um die Geschichte kurz und prägnant zu halten, ordnen Sie lediglich den wichtigsten Themenbausteinen Metaphern zu. Kleine Rätsel- oder Motivationsspiele für zwischendurch können Sie zugunsten der Klarheit vernachlässigen. Es geht auch hier um Qualität und nicht um Quantität. Damit Ihre „Merk-würdig"-Geschichte spannend ist, sollten Sie Folgendes beachten:

So funktioniert Ihre „merk-würdige" Geschichte zum Seminar.

- Formulieren Sie im Präsens! Das Erzählen im Jetzt bewirkt Spannung, weil die Geschehnisse unmittelbar abzulaufen scheinen und somit unsere Neugierde wecken! Denken Sie an Karl-May-Bücher oder an Witze, die erzählt werden. Die Lebendigkeit liegt im Erzählstil. Die erzählte Zeit ist die Gegenwart.
- Die Teilnehmer direkt anzusprechen („Wir") schafft den direkten Bezug und motiviert.
- Verwenden Sie Verben: Verben sind aktiv und machen Ihre Geschichte lebendiger als schlichte Substantive.
- Ihre Bilder und Schlagworte sollten zu den Bausteinen passen.

Die Reihenfolge der Inhalte steht Ihnen frei. Wichtiger ist, dass die Geschichte in sich schlüssig und bildreich ist. Deren Hauptziel besteht darin, sich den Seminarinhalt über Bilder zu merken, die an Erlebnisse bzw. körperlich-geistige Aktivitäten geknüpft sind.

Ursprung und Hintergrund der Mnemonik

Die Idee für das Mnemonik-Chart reifte in meinem Prüfungsfach über die antike Mnemoniktechnik. Während ich mich wissenschaftlich mit Simonides von Keos, dem Erfinder der Mnemonik beschäftigte, versuchte ich, diese Technik auch praktisch anzuwenden. Mein Chart ist somit keine Neuerfindung, sondern lediglich die Umsetzung eines guten, „alten" Gedankens – ein „Mnemonik-Chart" zum Seminarablauf.

Die folgende, sehr bekannte Geschichte von Simonides erläutert den Hintergrund der Mnemonik: Sie können sie an geeigneter Stelle auch in Ihrem Rhetorikseminar erzählen – zur Auflockerung oder als Einstieg in das Thema: „Mnemonik – wie bleibt Ihre Rede in den Köpfen der Zuhörer?":

Die Erkenntnis des Simonides: Ein gutes Gedächtnis ist „in Ordnung".

„Bei einem Festmahl, das von einem thessalischen Edlen namens Skopas veranstaltet wurde, trug Simonides zu Ehren seines Gastgebers ein lyrisches Gedicht vor, das auch einen Abschnitt zum Ruhm von Kastor und Pollux enthielt. Der sparsame Skopas teilte dem Dichter mit, er werde ihm nur die Hälfte der für das Loblied vereinbarten Summe zahlen, den Rest solle er sich von den Zwillingsgöttern geben lassen, denen er das halbe Gedicht gewidmet habe. Wenig später wurde dem Simonides die Nachricht gebracht, draußen warteten zwei junge Männer, die ihn sprechen wollten. Er verließ das Festmahl, konnte aber draußen niemanden sehen. Während seiner Abwesenheit stürzte das Dach des Festsaals ein und begrub Skopas und seine Gäste unter seinen Trümmern. Die Leichen waren so zermalmt, dass die Verwandten, die sie zur Bestattung abholen wollten, sie nicht identifizieren konnten. Da sich aber Simonides daran erinnerte, wie sie bei Tisch gesessen hatten, konnte er den Angehörigen zeigen, welches jeweils ihr Toter war. Die unsichtbaren Besucher, Kastor und Pollux, hatten für ihren Anteil an dem Loblied freigebig gezahlt, indem sie Simonides unmittelbar vor dem Einsturz vom Festmahl entfernt hatten." – Cicero, De oratore, II –

Dieses Ereignis soll Simonides verdeutlicht haben, dass es vor allem die Ordnung ist, die ein gutes Gedächtnis ausmacht. Simonides wird vermutlich deshalb als der eigentliche Erfinder der Mnemotechnik überliefert, weil er im Sehvermögen den stärksten aller Sinne sah und für ihn die Malerei eine „schweigende Dichtung" war. Die Verbindung von Wort und Bild findet sich in der klassischen Gedächtniskunst, indem zu erinnernde Worte an Bilder und Symbole geknüpft werden. Mit dem Wissen um die rhetorische Mnemotechnik lässt sich der Simonides-Mythos als Paradebeispiel der mnemotechnischen Vorgehensweise verstehen.

Bilder sind Ausdruck einer „schweigenden Dichtung".

Diese Idee können wir auch für unser Rhetorikthema – wie auch für jedes andere – nutzen: Wenn jedem Seminarbaustein ein konkretes Bild zugeordnet wird und an dieses Bild anknüpfend Übungen stattfinden, können am Ende alle Themenblöcke allein über die Bilder wieder abgerufen werden. Das neu erworbene Wissen wird methodisch konsequent und nachvollziehbar in Form einer Bildkette bzw. einer kleinen Geschichte abgespeichert. Das Ergebnis ist dann ein „Mnemonik-Chart" zum Seminar. Oder anders formuliert: Die „Merk-würdigkeit" (Irritation, Verwirrung etc.) wird im Laufe des Lernprozesses in ein „Merk-würdig" umgearbeitet.

Neben der Vermittlung gehirngerechter Didaktik verfolgt das „Merk-würdig"-Chart noch einen weiteren Zweck. In der Philosophie setzt Bildung neben Neugierde das Staunen über oder das Wundern wegen etwas voraus. Doch genau davor haben viele Menschen Angst – und diese Angst ist vor allem auf das vermeintlich unüberwindbare Chaos zurückzuführen, das jedem Lernen vorausgeht. Guckt man genau hin, wird deutlich, dass jeder Lernprozess Mut voraussetzt, um das Chaos vor jeder (Neu-)Ordnung des Geistes auszuhalten und zu überwinden.

Aus vermeintlichem Chaos entsteht neue Ordnung – das gibt Sicherheit.

Nach weiteren Informationen und Erfahrungen gelingt es dann Schritt für Schritt, wieder eine Ordnung herzustellen, die uns innerlich beruhigt und Zuversicht verleiht. Das Ergebnis ist die Erkenntnis, dass zunächst „Merk-würdiges" mit der Zeit eine Bedeutung bekommt, die uns eine neue Sichtweise ermöglicht. Werden in der Sprache Bilder verwendet, gelingt das spielerische Ablegen am besten. Geschichten werden im Langzeitgedächtnis abgelegt und helfen uns, Fakten abzurufen.

Vier weitere Prinzipien gelebter und bewegter Didaktik

1. Szenarien entwerfen: Holen Sie die Teilnehmer bei ihrer Geschichte ab!

Wer sich als Trainer angewöhnt, in Geschichten zu denken, kann diese Fähigkeit auch einsetzen, um ein zur Zielgruppe passendes Szenario zu entwickeln, in dem sich die einzelnen Teilnehmer wiederfinden und mitspielen können.

Achtung! Ihr Auftraggeber sieht die „ganze Geschichte" anders als Ihre Teilnehmer!

Hierzu ein Beispiel: Ein Auftraggeber schwärmte von der Globalisierung und dem Wettbewerb, der aber dem einzelnen Mitarbeiter mehr Flexibilität abverlangt. Die Teilnehmer (Mitarbeiter) schwärmten hingegen von der Stabilität, den guten alten Zeiten und dem Wunsch nach Innehalten und stetiger Auftragsabwicklung. Es wird deutlich, dass der Auftraggeber seine Rolle in einer anderen Geschichte spielt. Seine Motivation spiegelt sich in Begriffen wie globales Denken, Siegen, schnell sein, Erster sein, Power und Kraft einbringen und in dem Bild eines gestürmten Gipfels als Symbol seines Triumphs.

Um seine Ziele den Mitarbeitern „schmackhaft" zu machen, bedarf es jedoch im Seminarraum einer anderen Geschichte. Darin geht es um ein eingeschworenes Team mit gemeinsamen Werten, um Zusammenhalt und den Versuch, der unaufhaltsamen Erschütterung mit den vorhandenen Stärken angemessen zu begegnen. Genau diese Geschichte wurde durch den Seminarslogan: „Auf uns kommt es an!" und „Besinnen wir uns auf unsere Stärken, statt Schwächen zu beklagen" aufgegriffen. Zur Visualisierung nahm ich Schuhkartons, die mit einem jeweiligen Themenpunkt (Beispiel: Feedback-Kultur) beschriftet wurden. Symbolisch stand ein Schuhkarton für einen Themenbaustein. Insgesamt fünf Bausteine bildeten das Fundament der Veranstaltung. Der Trainerimpuls war von Anfang an: „Wir müssen unser Fundament kennen und bewusst machen, um damit wuchern zu können." Vom Gedachten zum Gelebten führt der Weg über die Bewusstmachung und von der Bewusstmachung zum zielgerichteten Trainieren und ständigen Wiederholen des alltäglichen Handwerks.

Als externer Trainer sind Sie Impulsgeber und Experte in Ihrem Fach und stehen mit Rat und Tat zur Verfügung, um das Team zu unterstützen. Würden Sie als Trainer ohne Gespür für die Geschichte der Mitarbeiter einfach nur die Geschichte Ihres Auftraggebers in den Seminarraum tragen, bräuchten Sie sich nicht zu wundern, wenn Sie ins Kreuzfeuer geraten und Ihre Teilnehmer meutern. Die Geschichte, die Ihnen die Menschen erzählen, hat direkt mit ihren Werten und Grundüberzeugungen zu tun. Wer seine Geschichte erzählen darf und darin Akzeptanz erlebt, ist gerne bereit, seine „Rolle" zu leben und die daran gekoppelte Leistung zu erbringen. Wer glaubt, seine Geschichte rechtfertigen zu müssen, weil er sich ungerecht behandelt fühlt, wird sich einer Zusammenarbeit nur schwer öffnen können. Er wird seine Leistung verweigern, bis er Anerkennung für seine Geschichte und seine Rolle erfährt.

Respektieren Sie die Geschichte der Einzelnen.

2. Pathos: Humor entspannt und entkrampft!

Humor ist die heiterste Art der Gemüter. Gleichzeitig scheint Heiterkeit in der Lehre ein Widerspruch zum Intellekt zu sein. Doch Lernfreude und Lachen haben eine wichtige Funktion im Seminar. Rhetorisch gesehen sind wir hier im Bereich des Pathos.

Sämtliche Wissenschaften – Pädagogik, Psychologie, Hirnforschung, Humorforschung, Lehr- und Lernforschung etc. –, die sich mit dem Thema Lernen und den Funktionsweisen des Gehirns beschäftigen, sind sich in einem einig: Ein entspannter Geist lernt viel. Humor schafft die Grundlage für ganzheitliches (Geist-Körper-Seele-)Lernen, während Angst das Gegenteil bewirkt.

Angst lähmt, Humor lernt.

Angst rät uns zur Vorsicht und schränkt unser Denken ein. Sie lähmt uns sogar. Angst stammt von „angulus" und bedeutet Enge. Doch wer sich in die Enge getrieben fühlt, kann nicht entspannt sein und sein Großhirn benutzen. Er verlässt sich im Notfall auf sein automatisch aktiviertes Reptilienhirn, das letztlich nur drei Reaktionsmuster kennt:

Angst kennt drei Reaktionen.

- ▶ **Lähmung:** Bei Angst bleibt nur die Lähmung, die sich in Verkrampfung und nervöser Anspannung zeigt.
- ▶ **Flucht:** Die zweite Reaktionsmöglichkeit wäre die Flucht, die im Seminarraum nicht direkt möglich ist, aber sich indirekt durch Abwertung oder Verweigerung zeigen kann. (Typischer Teilnehmerkommentar: „Bei Rollenspielen mache ich übrigens grundsätzlich nicht mit.")
- ▶ **Angriff:** Drittens kann ein gestresster, in die Enge getriebener Mensch auf Angriff schalten. Dies drückt sich aus durch forderndes Verhalten gegenüber dem Trainer oder durch grundsätzliche Abwertungen oder Ablehnungen: „Ach, mit Kamera arbeite ich übrigens nicht."

Jeder gute Vortrag beginnt und endet mit einem pfiffigen Einstieg, um den ersten Eindruck positiv zu gestalten und der Aufmerksamkeit der Zuhörer – angemessen – positiv zu begegnen. Aus meiner Sicht ist ein Schmunzeln auf den Gesichtern der Einzelnen der Ausschlag gebende Brückenschlag vom Trainer zur Gruppe und der Garant für ein Rhetorikseminar, das den Anspruch hat, das Geschulte vorzuleben und persönlichkeitsbildend zu sein.

3. Einfach ausprobieren: Gutes Reden lernt man nur durch gutes Redetraining.

Bringen Sie die Teilnehmer vor die Gruppe.

Etwas ausführlicher formuliert, meint dieses Prinzip: Von der gedachten zur gelebten Rhetorik geht der Weg nur übers Tun – über permanentes ziel(an-)geleitetes Ausprobieren! In einem Grundlagenseminar geht es in erster Linie darum, die Teilnehmer so oft wie nur irgend möglich vor (!) die Gruppe zu bringen. Denn sie wollen ihr Lampenfieber überwinden, Wirkungsfaktoren kennenlernen und die eigenen Fähigkeiten einschätzen können. In diesem Sinne sind die im Seminarkonzept beschriebenen Übungen darauf angelegt, die Teilnehmer – gezielt und spielerisch-spontan – immer wieder in Situationen zu bringen, in denen sie sich vor dem Publikum ausprobieren können. Trotz anfänglichen Lampenfiebers selbstbewusst und frei vor einer Gruppe zu sprechen wird so am besten gelernt.

Trainer und Teilnehmer können auf diese Weise innerhalb von nur zwei Tagen bereits absolute Fortschritte erkennen – vom unsicheren, zittrigen ersten Auftritt vor der Gruppe zum selbstsicheren Reden mit pfiffigen Interaktionen mit den Zuhörern. Die präzise Anleitung und genaue Auswertung der Übungen gewährleisten neben dem Spaß im Seminar auch den sicheren Transfer.

Auf Präzision bei Anleitung und Auswertung der Übungen achten.

Auch für die Schüler Ciceros waren übrigens spielerische Übungen besonders wichtig, da der Meister dank seiner beruflichen Tätigkeit ohnehin über genügend Redepraxis verfügte. Erfahrungen aus zahlreichen Seminarteilnahmen bestätigen, dass sich in der Durchführung genau hier der Profi vom reinen Akademiker oder Laien unterscheidet. Wer sich dem Rednerideal nach Cicero verpflichtet fühlt, aktiviert seine Teilnehmer und lässt sie üben. Damit dies gelingt, muss Raum zur Verfügung gestellt, statt (ein-)genommen werden.

In der Seminarpraxis erlebe ich leider häufig Trainer mit einem gewaltigen Ego, die stimmlich so sehr durch die Wände dröhnen, dass eigentlich ein zweiter Raum nötig wäre, um sie angemessen unterzubringen. Noch schlimmer ist es, wenn die Teilnehmer am Ende solch „großartiger" Leistungen auf der Strecke bleiben. Das Bildungsideal nach Cicero verlangt ständigen, spielerischen Transfer und Vorbilder, die ihr Können vermitteln, aber eben nicht ständig zur Schau stellen. Vielmehr sorgt der Redner durch gute Übungen dafür, dass die Schüler ihre Redefähigkeit und somit auch ihr Selbstbewusstsein ausbilden.

Können vermitteln, nicht zur Schau stellen!

4. Keine Angst vor Teilnehmerboykott: Erlebnisorientiertes Arbeiten ist entwaffnend!

Wer dieses Arbeitsprinzip verinnerlicht und konsequent verfolgt, ist auch vor einer Gefahr gefeit, die Trainer insbesondere am Anfang ihrer Laufbahn umtreibt: Wie sollen sie mit schwierigen Teilnehmern, Widerspruch und Boykott umgehen? Darüber habe ich mir nie Gedanken gemacht, geschweige denn schwierige Teilnehmer in meinen Seminaren vorgefunden. Denn schon die Idee erschien mir abwegig. Meine Einstellung lautet: Teilnehmer sind Partner, und jeder ist Spezialist auf seinem Gebiet.

Ihre Einstellung als Trainer entwaffnet.

Ich bemühe mich stets um eine gute Atmosphäre, bringe selbst viel Freude mit, gehe stets davon aus, dass ich sympathische Leute kennenlernen werde und bringe eine kooperative, wertschätzende Haltung mit. Erst wenn mir offen der Kampf erklärt wird, greife ich in die Methoden-Trickkiste, entschärfe schlagfertig oder grenze mich kühl und klar ab. Die Erfahrung zeigt jedoch: Der Kampf ist nur selten notwendig. Aus meiner Sicht ist die Einstellung des Trainers entscheidend für eine förderliche Gruppendynamik von Anfang an – und so wirkt sie auch gleichzeitig „entwaffnend"!

Nur ein einziges Mal in über zehn Jahren Schulungstätigkeit erlebte ich Boykott und Widerstand: In einem Zwei-Tages-Seminar zur „Kundenorientierung" fiel mir auf, dass mir zu Beginn des Seminars drei Personen mit verschränkten Armen, Beinen und grimmigem Gesichtsausdruck frontal gegenübersaßen. Schon beim Hereinkommen thematisierten sie mit unüberhörbarer Ironie in der Stimme den Stuhlkreis. Ich deutete, was ich in den Gesichtern zu lesen glaubte: „Grauenvoll, nicht wahr? Das sieht nach Psycho-Spielchen aus! Da können wir ja gleich wieder gehen!"

Dann begann das Seminar. Ich bemerkte das verschlossene Trio und ging einfach davon aus, dass deren Anreise anstrengend war oder im Unternehmen in einzelnen Abteilungen Stress vorherrschte. Um ihre Körpersprache zu entriegeln, leitete ich sehr bald zur Vorstellungsrunde über und baute spontan ein, dass sich jede Person

---

Kompakt: Vorteile gelebter und bewegter Didaktik

- ▶ Sie haben keine schwierigen Teilnehmer (mehr).
- ▶ Die Teilnehmer gelangen von der rein gedachten (Theorie) zur erlebten (praktischen) Rhetorik.
- ▶ Die gute Lernatmosphäre schafft die Voraussetzung für entspanntes und kreatives Lernen.
- ▶ Die Angst weicht zugunsten der Freude am Ausprobieren.
- ▶ Die Teilnehmer finden spielerisch zusammen und stellen Nähe her.
- ▶ An die Aktionen wird auch nach dem Seminar noch gerne zurückgedacht – und Sie als Trainer bleiben in Erinnerung.

einen Interviewpartner suchen müsse, der mindestens zwei Stühle von ihm entfernt ist.

Nach der Vorstellungsrunde jagte ein aktivierendes Spiel das nächste und die Gruppendynamik war hervorragend. Am Abend des ersten Seminartags gestand mir einer der Skeptiker: „Wir sind drei Arbeitskollegen und hatten vor, Ihr Seminar zu boykottieren und Sie hochgehen zu lassen. Wir finden den Zeitpunkt der Maßnahme schlecht gewählt und haben Besseres zu tun, als hier zu sitzen. Großes Kompliment an Sie: Wir wurden uns sehr schnell einig, dass diese Maßnahme Spaß macht und uns doch mehr Nutzen bringt, als erwartet. Es liegt vielleicht auch an Ihrer positiven Art, den Spielen und Übungen. Wir finden nun echt gelungen, was Sie hier machen!"

Diese Geschichte zeigt, dass eine positive Grundhaltung selbst einer geplanten Konfrontation standhält. Auch beweist sie, dass aktivierende Übungen nicht nur ein Seminar garantieren, das kurzweilig und lehrreich ist, sondern methodisch verhindern, dass ein Trainer zum Sündenbock wird. Wer ausschließlich frontal unterrichtet, braucht sich nicht zu wundern, dass er Aggressionen weckt. Lehren heißt Begegnung auf Augenhöhe – und Sie wissen selbst aus der Schulzeit, wie schwer sich die Energie ertragen lässt, die sich im Sitzfleisch staut.

Lehren heißt Begegnung auf Augenhöhe.

Ich habe nach diesem Schulungserlebnis überlegt, wie ich tatsächlichem Boykott begegnen würde. Das ist einfach, wenn man jedem Mensch ein Recht auf Verweigerung zugesteht: Wer keinen Nutzen im Seminar sieht, ist herzlich aufgefordert, die Zeit sinnvoller zu verwenden. Ich würde jedem Teilnehmer zugestehen, ein Seminar zu verlassen, soweit er die möglicherweise negativen Konsequenzen verantworten kann. Das ist gelebte Autonomie und auch im Blick auf die Seminargruppe und den weiteren Seminarverlauf gut. Für mich selbst halte ich es genau so: Zeit ist kostbar, und wenn ich im falschen Film bin, verlasse ich das Kino. Selbstverständlich!

Merkbar

- Erst die richtige Methode schafft langfristigen Seminarerfolg.
- Sprechen Sie möglichst immer alle Sinne der Zuhörer an.
- Informieren, erfreuen und überzeugen Sie.
- Ein guter Plan funktioniert in der Praxis.
- Mit Sprache Brücken zu bauen ist eine Lebensanschauung.
- Dialogkultur ist Brückenbau.
- Konflikte zu meistern erfordert Selbstdisziplin, Strategiekenntnis und Selbstbewusstsein.
- Ein gut geschliffener Stein hält auch ohne Mörtel.
- Lebendige Didaktik schafft zufriedene Teilnehmer.
- Präzise Anleitung und konkrete Auswertung von Rollenspielen schafft Transfer.
- Selbstsicherheit und Bescheidenheit sind kein Widerspruch!
- Raum geben statt nehmen.
- Interaktive Didaktik hält auch einem Teilnehmerboykott stand.

Kapitel 3

MachBAR

Der 1. Seminartag

Der 1. Seminartag im Überblick

	Die Schnupperphase	79
bis 9:00 Uhr	Dialoginsel	81
9:00 – 9:10 Uhr	Begrüßung	88

- Ankommen im Bildungsraum
- Ohröffner zu Beginn: Wie essen Sie einen Elefanten?
- Das „Merk-würdig"-Chart
- Seminarregel: Jede/r ist sein eigener Chairman/ihre eigene Chairwoman

9:10 – 9:50 Uhr	Partner-Interview und Zielwand	96

- Erwartungen und Teilnehmerziele visualisieren
- Thematisches Ziele-Chart erläutern

9:50 – 10:00 Uhr	Trainervorstellung, Organisatorisches, Themenüberblick	104

- Pausenregelung
- Spielregeln der Zusammenarbeit

10:00 – 10:15 Uhr	Grundlagen der Rhetorik	107

- Was ist Rhetorik?
- Ist Rhetorik gut oder schlecht?

10:30 – 10:45 Uhr	– Kaffeepause –	
	Aktivierendes Rätselspiel für zwischendurch: „Die Telepathie"	115
10:45 – 11:15 Uhr	Übung: „Das schaff' ich mit links"	116
	Übung: „Wirkungsvolle Augenblicke"	119
11:15 – 12:15 Uhr	Wirkungsfaktoren eines Redners	122

- Das „Herzblatt" als Metapher
- Übung: Wann überzeugen John Waynes Argumente?
- Übung: Sicher stehen vor Publikum
- Übung: Was tun mit den Händen?

12:15 – 12:45 Uhr	Das rhetorische Dreieck	134

- Blitzlicht zum Abschluss des Vormittags

13:00 – 14:00 Uhr	– Mittagspause –	
14:00 – 14:20 Uhr	Aktionsspiel: „Begriffe erraten"	137
14:20 – 15:05 Uhr	Vor-, Durch- und Nachdenken – gute Planung, und die Rede lebt!	141
15:05 – 15:20 Uhr	– Kaffeepause –	
15:20 – 15:35 Uhr	Methode Zwecksatz: Am Anfang steht das Ziel!	144
15:35 – 16:00 Uhr	Struktur und Aufbau einer Meinungsrede – Karteikarten-Methode	147
16:00 – 16:30 Uhr	Übung: „Bildgalerie, öffne Dich!"	150
16:30 – 16:50 Uhr	Redevorbereitung: Jeder für sich	153
16:50 – 17:00 Uhr	Fragen klären und Abschlussrunde: Was haben wir getan?	155

Die Schnupperphase

Das Seminar beginnt bereits weit vor Ihrer Begrüßung!

Der erste Eindruck zählt. Fast jeder Trainer weiß das, doch die wenigsten nutzen ihn angemessen.

▶ Die „Schnupperphase" ist der eigentliche Beginn des Seminars. Sobald ein Teilnehmer den Seminarraum betritt, bewertet er – bewusst und unbewusst, den ersten Eindruck vom Raum, die Begegnung mit dem Trainer, den Stuhlkreis, die Platzsuche etc.

▶ Ich begrüße die Teilnehmer gerne mit Handschlag und trage so dazu bei, dass sie sich von der ersten Minute an wertgeschätzt fühlen.

▶ Voraussetzung hierfür ist allerdings, dass Sie als Trainer über ein gutes Zeitmanagement verfügen und Ihre Vorbereitungen tatsächlich 20 Minuten vor Beginn der Veranstaltung abgeschlossen haben. Reisen Sie am Vortag an, dann ist dies in der Regel problemlos möglich!

▶ Leider erlebe ich als Seminarteilnehmer häufig, dass Trainer eintreffende Teilnehmer gar nicht bemerken, hektisch und wichtigtuerisch Medien im Raum bewegen und letzte Raumvorbereitungen treffen. Auch wenn ihnen dies in der Regel nachgesehen wird, verpassen sie damit die Möglichkeit des ersten Kontakts und des Signals: „Ich bin für Sie da!"

▶ Das Gleiche gilt übrigens für das Ende eines Seminars. Es liegt in Ihrer Verantwortung, pünktlich zu schließen. Packen Sie erst zusammen, wenn auch der letzte Teilnehmer den Seminarraum verlassen hat. Auch dies ist eine Form der Wertschätzung.

Zeigen Sie als Trainer Präsenz!

Kommentar/Hinweise:

Selbstverständlich ist eine gewisse Unruhe oder Nervosität – je nach Persönlichkeit und Erfahrung – verständlich. Als Trainer sollten Sie sich jedoch rechtzeitig sammeln und Ihre Energien bündeln, um präsent und aufnahmefähig zu sein, sobald die ersten Teilnehmer kommen. Ob Sie dazu lieber den Seminarraum verlassen, um sich zu erden oder auf die Teilnehmer warten und bewusst auf sie zugehen, ist eine Frage des persönlichen Stils und der jeweiligen Tagesform. Sie sollten jedoch in der Lage sein, den ersten Kontakt zu den Teilnehmern selbstbewusst, offen und freundlich zu gestalten. Wie bei einer guten Rede müssen Sie trotz einer Prise Lampenfiebers entspannt und – besonders zu Beginn – freundlich und leitungsstark wirken.

Dialoginsel

Kurzbeschreibung

Der Grundgedanke meiner Dialoginseln ist vergleichbar mit der einer Vernissage. Von Bild zu Bild wandernd, kommen Menschen spielerisch mit anderen ins Gespräch und beginnen sich wohlzufühlen. Die anfangs noch fremde Umgebung (Menschen und Raum) wird ihnen vertraut.

bis 9:00 Uhr

▶ **Ziel:** Anfangsnervosität durch gezielte, auffällig gestaltete Fixpunkte im Raum spielerisch abbauen. Den Teilnehmern wird der Small Talk erleichtert. Eine angenehme und Neugier weckende Atmosphäre wird geschaffen – als Grundvoraussetzung für den Beginn eines Seminars.

▶ **Metapher/Merkhilfe:** Dialoginsel

▶ **Docere:** Die Teilnehmer können sich im Vorfeld von anstehenden Themen inspirieren lassen. Einige Themen, die behandelt werden, sind lesbar im Raum aufgehängt und tragen zum unbewussten Lernen bei.

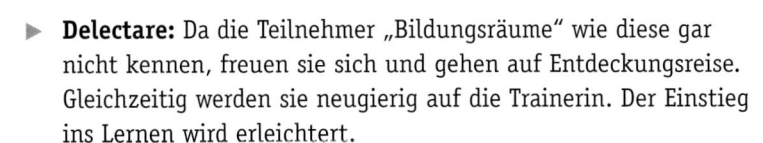

▶ **Delectare:** Da die Teilnehmer „Bildungsräume" wie diese gar nicht kennen, freuen sie sich und gehen auf Entdeckungsreise. Gleichzeitig werden sie neugierig auf die Trainerin. Der Einstieg ins Lernen wird erleichtert.

▶ **Movere:** Es gibt hier kein direktes Erleben. Die Dialoginseln fordern nichts, sie fördern jedoch lediglich ein positives Ankommen und sollen Zweifel oder Bedenken spielerisch ausräumen. Die Teilnehmer werden gleich zu Beginn mit etwas Ungewohntem, etwas Neuem konfrontiert. Damit wird die Rhetorik mit dem Ziel der Veränderung bereits hier methodisch und thematisch vorgelebt. Mir als Trainer erleichtert dies ebenfalls den unmittelbaren Zugang zu neuen Methoden. Mögliche Widerstände werden ganz nebenbei abgebaut. Nach dem Motto: „Wenn die Trainerin „ver-rückt" ist und dieses Selbstverständnis vorlebt, dabei heiter und entspannt bleibt, dann kann ich das ja auch einmal ausprobieren."

Ablauf/Vorgehen

Im Folgenden finden Sie eine Reihe von Beispielen, mit welchen Plakaten, Materialien und Requisiten Sie die Dialoginseln gestalten können. Verstehen Sie diese als Anregungen, denn selbstverständlich gilt: Der eigenen Kreativität sind hierbei keine Grenzen gesetzt.

1. DIN-A1-Charts

- Themen-Charts
- Motivations-Charts

Beispiele für Motivations-Charts (Quelle: Werner Tiki Küstenmacher, Verlag für die Deutsche Wirtschaft AG, Bonn)

2. Laminierte A4-Zitate auf bunten Karten

Für das Seminar „Rhetorik" passende Zitate werden im ganzen Raum verteilt. Ich klebe diese an Türen, Wände und Fenster oder platziere sie auf Heizkörpern (sofern sie abgedreht sind). Aus jeder Blickrichtung im Raum sind diese informativ-heiteren Impulse zum Thema Rhetorik sichtbar. Anfangs dienen diese Zitate vor allem als „Small Talk-Inseln", um die erste Kontaktaufnahme unter den Teilnehmern zu erleichtern. Später wird mit ihnen der Transfer zu so genannten Ohröffnern (vgl. S. 91 ff.) hergestellt, denn dafür sind gute Zitate besonders nützlich. Zudem werden die Karten später in eine Übung (siehe „Wirkungsvolle Augenblicke", S. 119) integriert.

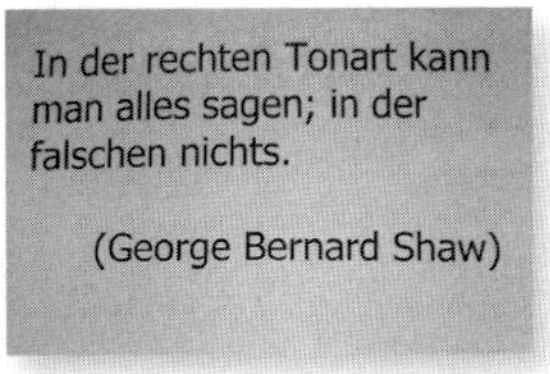

Dialoginsel

In der rechten Tonart kann man alles sagen; in der falschen nichts.

(George Bernard Shaw)

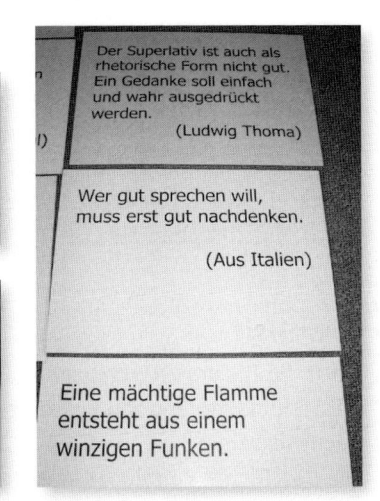

Der Superlativ ist auch als rhetorische Form nicht gut. Ein Gedanke soll einfach und wahr ausgedrückt werden.
(Ludwig Thoma)

Held = Einer, der tut, was er kann. Die anderen tun das nicht.

(Romain Rolland)

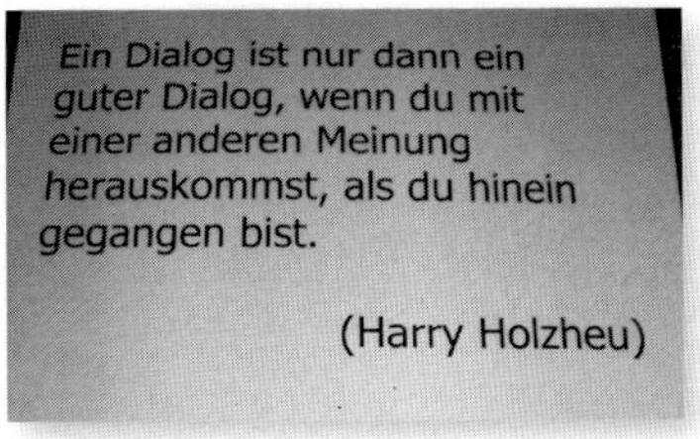

Ein Dialog ist nur dann ein guter Dialog, wenn du mit einer anderen Meinung herauskommst, als du hinein gegangen bist.

(Harry Holzheu)

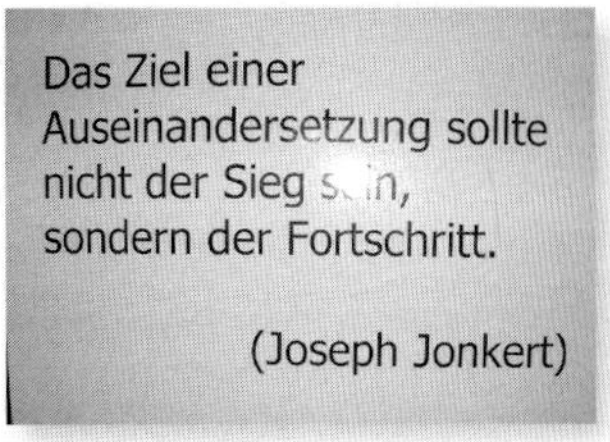

Wer gut sprechen will, muss erst gut nachdenken.

(Aus Italien)

Eine mächtige Flamme entsteht aus einem winzigen Funken.

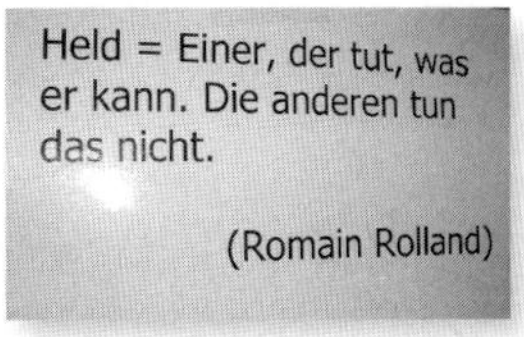

Das Ziel einer Auseinandersetzung sollte nicht der Sieg sein, sondern der Fortschritt.

(Joseph Jonkert)

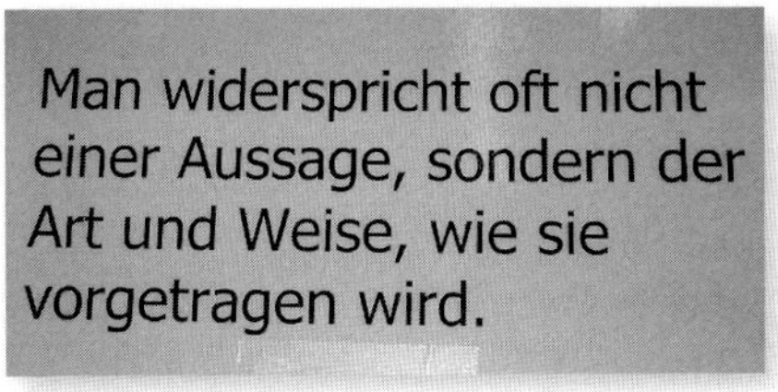

Man widerspricht oft nicht einer Aussage, sondern der Art und Weise, wie sie vorgetragen wird.

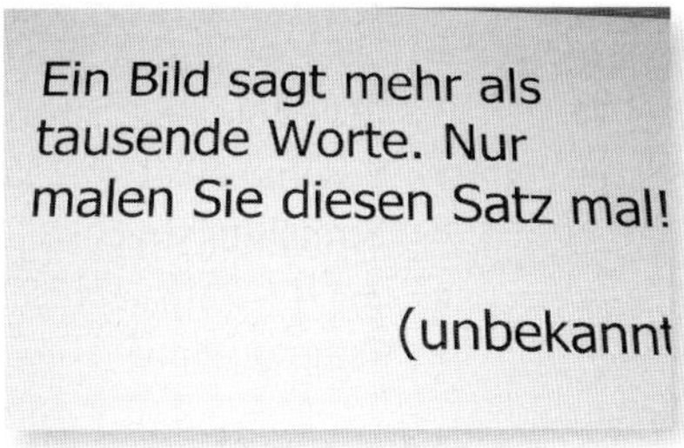

Ein Bild sagt mehr als tausende Worte. Nur malen Sie diesen Satz mal!

(unbekannt)

3. Stärkende Impulse, Comics, Heiteres, Appelle

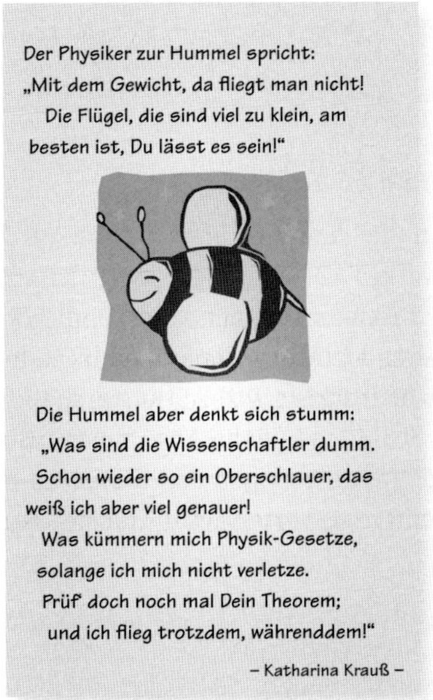

Der Physiker zur Hummel spricht:
„Mit dem Gewicht, da fliegt man nicht!
Die Flügel, die sind viel zu klein, am besten ist, Du lässt es sein!"

Die Hummel aber denkt sich stumm:
„Was sind die Wissenschaftler dumm.
Schon wieder so ein Oberschlauer, das weiß ich aber viel genauer!
Was kümmern mich Physik-Gesetze, solange ich mich nicht verletze.
Prüf doch noch mal Dein Theorem; und ich flieg trotzdem, währenddem!"

– Katharina Krauß –

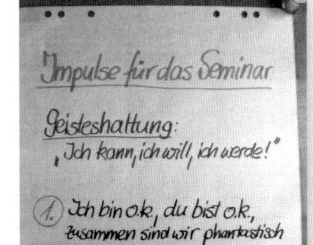

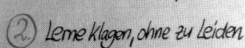

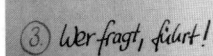

Impulse für das Seminar

Geisteshaltung:
„Ich kann, ich will, ich werde!"

1. Ich bin o.k., du bist o.k., zusammen sind wir phantastisch
2. Lerne klagen, ohne zu leiden
3. Wer fragt, führt!

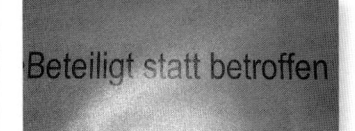

Beteiligt statt betroffen

© managerSeminare

4. Bildungsinteresse schaffen mit mitgebrachten Lern-CDs

- ▶ Hörbeispiele zum Thema Rhetorik, Schlagfertigkeit, Kommunikation
- ▶ Entspannungs-CDs/Meditationsmusik
- ▶ Musik-CDs (Zettel beilegen: „Wer nicht lesen will, darf hören!" – Nur Mut: Drücken Sie „ON"!)

5. Rätselspiele

- ▶ Optische Illusionen[1]: Was sehen Sie?
- ▶ Rätselaufgaben aus den bekannten „PM-Heften" (Logik- und Gedächtnistrainer)
- ▶ Die Geschichte von der Hummel auf einer laminierten Karte zum Lesen (vgl. Literaturverzeichnis, S. 305)
- ▶ „Weise" Geschichten z.B. aus dem Talmud oder allgemein aus dem Bereich Rhetorik und Kommunikation[2]
- ▶ 9-Punkte-Rätsel – Varianten
- ▶ Streichholzfragestellungen
- ▶ Buch – Philosophische Rätsel
- ▶ Tangram-Spiel

6. Sonstiges

- ▶ Knautschbarer „Wutball" mit Lachgesicht
- ▶ Tisch mit ausgewählten Fachbüchern
- ▶ Getränke
- ▶ Bonbons

7. „Punkten Sie!"-Karten im A5-Format

Die Aufforderung „Punkten Sie" habe ich ursprünglich auf Namensschildern des Trainernetzwerkes 12-Talente entdeckt. Da ich in meinem Seminar keine fertigen Namensschilder ausgebe, die Botschaft aber trotzdem sehr inspirierend finde, nutze ich sie im Rahmen der „Dialoginsel" auf einer bedruckten DIN-A5-Karte, die ich vorab jedem Teilnehmer auf den Stuhl lege (siehe Abb. rechts). Sie stellt quasi den Ersatz für die Seminarunterlagen dar, die ich in der Regel frühestens am zweiten Seminartag verteile. Der Transfer zur Nut-

---

[1] Tipp: Al Seckel: Optische Illusionen (Band 1). Bassermann, München 2007.
[2] Tipp: Gerhard Reichel: Der Indianer & die Grille. 238 Storys zum Nachdenken und Weitererzählen ausgewählt von Gerhard Reichel.

Vorab für Sie – von Ihrer Trainerin Astrid Göschel M.A.

Punkten Sie von Anfang an!
7 Punkte für Ihren persönlichen Lernerfolg

- **Entspannen Sie sich.** Lösen Sie Ihre Gedanken vom Alltag und von beruflichen Pflichten. Richten Sie Ihre volle Aufmerksamkeit auf das Hier & Jetzt. Erleben und genießen Sie den Workshop – denn entspannt lernen Sie leichter und besser!

- **Zielpunkt.** Welches Anliegen haben Sie? Was wollen Sie wissen? Was wollen Sie üben? Auf welche Frage brauchen Sie eine Antwort? Was muss geschehen, damit die kommenden zwei Tage sich für Sie am Ende gelohnt haben?

- **Werden Sie 3-fach aktiv:**
  - Denken Sie (laut) mit. Ihre Meinung wird andere zu neuen Gedanken anregen.
  - Stellen Sie Fragen. Ist etwas unklar oder geht es zu schnell? Auch andere profitieren von Ihren Fragen.
  - Beteiligen Sie sich. Aktiv sein ist der erste Schritt zur (Ver-)Besserung. Nutzen Sie Übungsmöglichkeiten, probieren Sie aus, experimentieren Sie!

- **Leben Sie** den **Teamgeist vor,** den Sie sich selbst im (Berufs-)Alltag wünschen. Helfen Sie mit, dass alle verstehen. Menschen haben verschiedene Talente und lernen unterschiedlich schnell.

- **Gehen Sie mit Störungen konstruktiv um.** Bringen Sie keimende Konflikte auf den Punkt. Sprechen Sie (Ver-)Spannungen an. Der Umgang damit ist eine Lernchance.

- **Halten Sie Ideen fest und denken Sie weiter.** Schreiben Sie alles auf Merkzettel, was für Sie wichtig oder interessant ist. Was werden Sie mit diesen Memos machen? Beachten Sie die Ideen anderer und entfalten Sie eigene Ideen: Geben und nehmen Sie!

- **Gehen Sie heute noch den ersten Schritt!** Nehmen Sie sich jeweils nur ein neues Verhalten vor, aber beginnen Sie innerhalb von 72, besser 24 Stunden damit.

Fortschritt und Verbesserung beginnen jetzt & hier!

Quelle: Eva Neumann und Klaus Steinke, Trainernutzwerk 12 Talente, www.12talente.de.

zung dieser Kartengröße wird auf diese Weise ebenfalls vorbereitet, wenn es später bei Übungen wie „Kartenhand" (vgl. S. 130 f.) und „Karteikartenmethode" (vgl. S. 147 ff.) darum geht, mittels Stichwortkarte das freie Sprechen vor Publikum zu üben.

Kommentar/Hinweise

Mir ist wichtig, dass alle Themen, Rätsel und Mitbringsel stets einen thematischen Bezug haben oder einem speziellen Kopftraining dienen.

Gut ist, was das Wohlbefinden der Teilnehmer fördert.

Stehen am Seminarort Getränke wie Kaffee und Tee zur Verfügung, dann lade ich die Teilnehmer von Anfang an dazu ein, sich zu bedienen. Manche Trainer bestehen darauf, dass der Kaffee erst in der ersten Pause getrunken wird und setzen dadurch ein Signal autoritärer Kontrolle. Ich gebe anderen Kriterien den Vorrang: Wohlbefinden der Teilnehmer, Förderung der Gruppendynamik, Nutzen für die Gesamtmaßnahme. Somit ist Kaffee zu Beginn ein Signal der (Gast-)Freundschaft und Fürsorge, des Ankommendürfens und der gemeinsamen Entspannung. Gleichzeitig ist die Kaffee-Ecke eine weitere Dialoginsel im Raum.

Die Vorteile der Dialoginseln:

▶ Auch schüchterne Teilnehmer, in der Regel eher ungeübte Small Talker, kommen spielend ins Gespräch, indem Sie sich der Dialoginsel zuwenden, sie betrachten und sich von anderen Teilnehmern ins Gespräch verwickeln lassen.
▶ Ich leite die Aufmerksamkeit der Ankömmlinge weg von mir und hin auf die Dialoginseln. Dies ermöglicht mir, die „Temperatur" in der Gruppe zu messen und noch Kleinigkeiten umzuorganisieren, die der Gruppe möglicherweise eher entsprechen. Dies sollten allerdings wirklich nur noch Kleinigkeiten sein!

Erste Hinweise auf Verhaltenspräferenzen der Teilnehmer

Als Trainer können Sie auf diese Weise auch Tendenzen innerhalb der Lerntypenorientierung wahrnehmen (vgl. auch S. 48 f.). Mögliche Beobachtungen:

▶ Ein extrovertiert, selbstbewusst-initiativer Mensch marschiert recht unverblümt auf eine der Dialoginseln zu, fasst an, probiert aus und amüsiert sich bzw. zeigt anderen seine Entdeckung.

- Ein introvertiert-gewissenhafter Teilnehmer wird sich zunächst allein und vorsichtig einer Dialoginsel nähern und eventuell fragen, ob der Gegenstand angefasst werden darf.
- Ein von der Tendenz her stetiger Mensch wird sich zunächst einen Platz suchen, sich setzen und zunächst einmal die Sicherheit genießen, angekommen zu sein. Er wird zurückhaltend abwarten und beobachten, „wer noch so kommt" und was die anderen so tun. Er beobachtet eher das Geschehen an den Dialoginseln, statt selbst einzugreifen.
- Ein extrovertiert-dominanter Teilnehmer marschiert die Dialoginseln zügig ab und kommentiert eventuell kopfschüttelnd: „Was soll das denn?" Es kann auch sein, dass er zunächst zügig einen Platz mit der eigenen Tasche belegt und dann direkt mit dem Trainer darüber spricht, ob das Seminar am zweiten Seminartag auch wirklich pünktlich endet, da noch ein wichtiger Termin ansteht.

Selbstverständlich sind diese Einschätzungen relativ und sollten immer wieder überprüft werden. Die Dialoginseln sind Treffpunkte innerhalb des Raums und erleichtern den Erstkontakt, sie nehmen den Teilnehmern die erste Anspannung und schaffen schell und spielerisch eine gute Atmosphäre – von Anfang an.

Begrüßung

1. Ankommen im Bildungsraum

9:00 – 9:10 Uhr

Ein Begrüßungs-Chart habe ich stets als ersten Bogen auf dem Flipchart. Für mich hat es die Funktion des ersten Eindrucks. Ein handgeschriebenes Chart hat den Vorteil, dass es persönlich(er) wirkt. Aus Effizienzgründen, sprich: um Zeit zu sparen, habe ich im Laufe der Jahre allerdings auf ausgedruckte Charts im DIN-A1-Format umgestellt. In den Freiraum in der Mitte klebe ich mit einem ablösbaren Spezialkleber für Moderationskarten das jeweilige Thema. Diese Charts sind stabiler (Papier) und „überstehen" auf diese Weise viele Seminartage. Auch sind die Charts im Raum sehr gut sichtbar und unterstützen meine Grundidee von „Menschen auf Bildungsreise in einem Bildungsraum" am besten.

Ein weiterer Vorteil: Gerade bei großen Maßnahmen mit vielen Teilnehmern ist ein Fotoprotokoll nach der Veranstaltung ein Muss. Die Charts dokumentieren klarer und für jeden gut lesbar den Grundverlauf. Handgeschriebene Ergebnisse (z.B. in Moderationsseminaren) lassen sich somit leicht(er) zuordnen und sorgen mit wenig Zeitaufwand für ein gutes Fotoprotokoll und einen exzellenten letzten Eindruck vom Training. Damit Sie den unmittelbaren Vergleich haben, sind hier jeweils ein handgeschriebenes und ein ausgedrucktes Chart abgebildet (siehe Abb. rechts).

Ablauf/Vorgehen

„Alte Hasen" wissen es und angehenden Trainern sei es gesagt: Ein guter erster Eindruck zeigt sich im pünktlichen Anfangen – von unvorhersehbaren Ereignissen natürlich abgesehen. Stellen Sie sich in den folgenden Minuten nur kurz vor. Anschließend lesen Sie unkommentiert das „merk-würdige" Chart (siehe Abb., S. 94) vor, erläutern kurz den Bildungsraum und die Stuhl-Accessoires und

Begrüßung

Herzlich willkommen

zum Seminar:

**Rhetorik –
die Kunst der freien Rede**

Ihre Trainerin:

Astrid Göschel (M.A.)
www.sprachingenieurin.de

Beispiele für handgeschriebenes und gedrucktes Willkommens-Chart mit flexibler Moderationskarte

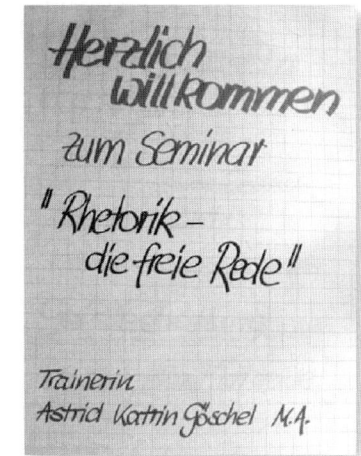

machen die Teilnehmer zum Abschluss mit der Chairman-Regel (vgl. S. 95) vertraut.

Die Teilnehmer finden folgendes Material an ihrem Sitzplatz vor ...

auf dem Stuhl:
- eine laminierte Impulskarte: „Punkten Sie!",
- eine schöne, große Walnuss,
- eine Mini-Ritter-Sport-Tafel oder ein Bonbon,
- eine weiße Karteikarte als späteres Namensschild[3] und

unter dem Stuhl:
- eine gelbe Karteikarte, auf die die Teilnehmer ihre Erwartung an das Seminar notieren (vgl. S. 98)
- sowie einen fetten Marker (Seminarunterlagen verteile ich bewusst erst am 2. Seminartag, um den schriftlichen Feedback-Transfer zu gestalten).

Wording: *„Guten Tag, ich bin Astrid Göschel, Ihre Trainerin heute und morgen. Ich grüße Sie herzlich und hoffe, Sie hatten eine gute Anreise und sind neugierig auf all das, was Sie hier vorfinden (Schmunzeln). Sie befinden sich hier in einem Bildungsraum. Unser Gehirn lernt ständig – auch und vor allem unbewusst. Da die meisten Menschen visuelle Lerner sind, finden Sie im Raum verteilt überall interessante Informationen. Wie bei Reisen in Bildungsräumen üblich, sind Ihre Neugierde und Ihre Aktivität gefragt. Scheuen Sie sich also nicht aufzustehen, auf das zuzugehen, was Sie anzieht, und betrach-*

---

3 Meist werden die Namensschilder von der Organisation in gedruckter Form für die Teilnehmer vorbereitet. In diesem Fall erübrigt sich die weiße Karteikarte.

ten Sie es genauer. Stellen Sie Fragen, wenn etwas unklar ist. Auf Ihrem Stuhl finden Sie eine laminierte Impulskarte. Diese liefert Impulse, wie Sie am besten von diesen beiden Tagen profitieren können. Eine Nuss gilt es in jedem Fall zu knacken. Wenn es mehrere werden – freuen Sie sich auch darauf."*

Die Vorstellung der Agenda (siehe Abb. unten) gleich am Anfang bewirkt bei den gewissenhaft-analytischen Teilnehmern, dass sie sich sofort sicherer fühlen und langsam auf das ungewohnte, (noch) befremdliche Seminar einlassen können. Lesen Sie die Agenda kurz vor und kündigen Sie an, dass die zusätzlichen Ziele der Teilnehmer noch mit integriert werden.

Wording: *„Unser Fahrplan heute: Wir werden uns zunächst mit der Frage beschäftigen, was Rhetorik überhaupt ist. Wir werden dann gemeinsam überlegen, was die Aufgaben eines Redners sind. Wenn wir die nämlich verstanden haben, können wir uns im nächsten Schritt mit der Frage befassen, wie ein Redner Wirkung erzielt. Und sobald wir diese Wirkungsfaktoren selbst erlebt, gehört, gesehen und reflektiert haben, befassen wir uns mit der sinnvollen Strukturierung und Vorbereitung von Vorträgen.*

Agenda

- Die Aufgaben eines Redners
- Vor-Durch-& Nachdenken:
  – Das rhetorische Dreieck
- Wirkungsfaktoren
- Lebendigmacher einer Rede
- Vorbereitung einer Meinungsrede
- Brücken bauen zum Publikum
- Praktische Übungen:
  – Pause-Übung
  – Szenarien-Technik
  – Zitat-Übung
  – Meinungsrede

Die Agenda schafft Orientierung und gibt den Teilnehmern Sicherheit.

Wir gehen in einem weiteren Punkt der spannenden Frage nach, was Lampenfieber ist und wie wir damit umgehen. Wie überzeugen wir auch ein kritisches Publikum von unserer Meinung? Und schließlich: Wie wir souverän auf Fragen reagieren, wird der letzte Punkt für den heutigen Tag sein.

Freuen Sie sich bei alldem auch auf viele praktische Übungen, denn Rhetorik ist ein praktisches Handwerkszeug und lebt vom Ausprobieren und vom gegenseitigen Feedback! Sie werden lernen, Ihre Selbstwahrnehmung anhand der Rückmeldungen zu überprüfen, damit Sie eine innere Sicherheit entwickeln, die automatisch auch nach außen strahlt. So kommen Sie mit Ihrer wirklichen Persönlichkeit bei Ihrem Publikum an. Bringen Sie sich also jederzeit gerne mit Ihren individuellen Zielen, Wünschen und Bedürfnissen ein."

Kommentar/Hinweise
Zu Beginn Ihres Seminars können Sie erfahrungsgemäß den höchsten Aufmerksamkeitsgrad erwarten; gleichzeitig herrscht aber auch eine gewisse Unruhe und Nervosität, weil sich die Teilnehmer noch nicht kennen. Um beides angemessen zu berücksichtigen, ist ein klarer, konkreter Einstieg wichtig. Da die Teilnehmer noch nicht ganz aufnahmefähig sind, führe ich meine eigene ausführliche Vorstellung als Trainerin sowie den Punkt „Organisatorisches" erst bei entspannter Atmosphäre nach der gegenseitigen Vorstellung ein.

2. Ohröffner zu Beginn: Wie essen Sie einen Elefanten?

Als Trainer sind wir glaubwürdig, wenn wir das, was wir lehren, in unseren Seminaren vorleben. Deshalb sollten wir alles daransetzen, die Elemente der Vortragskunst konsequent einzusetzen, statt lediglich darüber zu reden. Der so genannte Ohröffner zu Beginn und der Ohrschließer zum Ende des Seminars sind Elemente, die mit großer Sorgfalt umgesetzt werden müssen: Die Teilnehmer werden Sie als Modell wahrnehmen und sofort überprüfen können, ob es Ihnen gelungen ist, die Brücke zu ihnen zu schlagen und eine vertrauensvolle Atmosphäre für eine garantiert gute Lernsituation zu schaffen.

Das erste Lachen ist der Garant dafür, dass die Teilnehmer beginnen sich wohlzufühlen. Lachen ist Freude und verdrängt die anfängliche Skepsis, Angst, Unruhe, Nervosität etc. Da wir wissen, dass ein Mensch immer nur ein Gefühl gleichzeitig empfinden kann – also entweder Freude oder Angst –, bewirkt ein pointierter oder ver-rückt/merk-würdiger Einstieg im Seminarraum ein gemeinsames positives Gefühl: Freude! Das Lachen und Schmunzeln der Teilnehmer ist ein wahrnehmbarer Indikator dafür, dass sich das gewünschte Gefühl eingestellt hat.

Rhetorisch gesehen hat der Ohröffner die Funktion, dem Redner die Aufmerksamkeit des Publikums zu sichern. Wir nennen das „Attentum parare". Der Zuhörer soll ganz bei uns sein, seine Neugier steigern – und er soll sich gerne auf die Redesituation einlassen.

Mit dem im Folgenden beschriebenen Ohröffner starten Sie direkt nach der Agenda und sind damit sofort im Thema. Bitte beachten Sie, dass damit auch der Dialog mit den Teilnehmern eröffnet wird.

- **Metapher/Merkhilfe:** Elefanten essen
- **Ziel:** Orientierung bewirken, Atmosphäre schaffen und „Attentum parare" (lateinisch für „Aufmerksamkeit des Publikums gegenüber den Inhalten und Redezielen wecken") beachten.
- **Docere:** Die Teilnehmer erfahren, was der Raum und die diversen Gegenstände auf den Stühlen bedeuten. Die Teilnehmer bekommen einen kurzen Einblick in Inhalt und Methode („merk-würdig") und kommen langsam an.
- **Delectare:** Die Vorstellung, einen Elefanten zu essen, erheitert. Auch die Gegenstände auf dem Stuhl (Walnuss, Süßigkeit und „Punkten-Sie"-Karte) unterstützen eine freudige Erwartungshaltung.
- **Movere:** Verwirrung und Irritation, die humorvoll aufgelöst werden, erleichtern es besonders den Skeptikern unter den Teilnehmern, anzukommen und sich auf Neues einzulassen. Wer fremde Menschen und Situationen scheut und entsprechende Befürchtungen mitbringt, dem erleichtert das humorvolle Agieren des Trainers das Ankommen sehr. Er kann seine Scheu abbauen und sich langsam und sicher auf das „Abenteuer" Rhetorik einlassen (vgl. auch Persönlichkeitstypen, S. 86 f.).

Ablauf/Vorgehen

Die größte Aufmerksamkeit zu Beginn des Seminars wecken wir mit einem lustigen, etwas „ver-rücktem", aber stets inhaltsbezogenen Ohröffner.

Wording: *„Wie essen Sie einen Elefanten? – (Antworten der Teilnehmer einsammeln!) – Die richtige Antwort lautet: Bissen für Bissen! Wir werden uns heute dem Thema ‚Rhetorik – die freie Rede' zuwenden. Das Thema ist komplex und hat für viele die Dimension eines Elefanten: groß, erschreckend, unergründlich. Aber wir werden erleben, dass sich unser Elefant in mundgerechte, wohlschmeckende Stücke zerlegen lässt und wir ihn Bissen für Bissen genießen können.*

Ihr Elefant in den nächsten beiden Tagen wird die freie Rede mit der praktischen Anwendung rhetorischer Mittel am Beispiel einer Überzeugungsrede sein. Ich wünsche uns allen einen guten Appetit!

Wir werden uns dazu heute und morgen in verschiedenen Denkgebäuden aufhalten. Da gibt es unter anderem einen Bildungsraum, an dessen Wänden Sie wie in einer Galerie Bildhaftes und viele Textinformationen finden. Und wir werden verschiedene BARS besuchen, um mit unserem Elefanten vertraut zu werden: Wir gehen in die DenkBAR (Was müssen wir vor einer Rede beachten?), in die MachBAR (Wir probieren aus und testen, was wie funktioniert) und wir werden einen Ort finden, an dem wir beschreiben, was wir an uns wahrnehmen, wie es auf uns wirkt und was wir entwickeln möchten. Und das Ganze nehmen wir spielerisch – wie in einer SpielBAR, die wir nach Lust und Laune aufsuchen."

3. Das „Merk-würdig"-Chart

Das „Merk-würdig"-Chart beschreibt bewusst skurril den Seminarverlauf. Die Geschichte ergibt sich aus den Metaphern, die den jeweiligen Übungen zugeordnet sind.

- **Ziel:** Die Teilnehmer werden verblüfft und absichtlich (!) verwirrt.
- **Docere:** Die Teilnehmer werden mit hirngerechter Didaktik vertraut machen, indem sie das Lernen über Bilder vorgelebt bekommen. Der Beweis erfolgt am Seminarende, wenn das Mne-

monik-Chart plötzlich verstanden wird. Im Laufe des Seminars wird die Geschichte immer klarer; am Ende steht der Transfer der Fakten in den Alltag.

▶ **Delectare**: Die anfängliche Verblüffung wandelt sich im Seminarverlauf in Begeisterung, wenn sich den Teilnehmern Sinn und Zweck erschließt.

▶ **Movere:** Das Chart motiviert, weil die Teilnehmer nachvollziehen können, wie viel sie gelernt haben. Als Trainer erreichen Sie einen hohen Grad an Glaubwürdigkeit, weil Sie Ihre Ankündigung zu Seminarbeginn einlösen: Die „Merk-würdigkeit" (Irritation, Verwirrung etc.) wird im Laufe des Lernprozesses in ein „Merk-würdig" umgearbeitet.

Ablauf/Vorgehen

Lesen Sie das „Merk-würdig"-Chart vor (siehe Abb. unten). Verzichten Sie dabei bewusst auf nähere Erläuterungen und Kommentierungen.

Das „Merk-Würdig"-Chart – Verwirrung erwünscht!

„Merk-Würdig ..."

▶ Ein Chairman mit einem Mikrofon in der einen und einer Walnuss in der anderen Hand wandert auf einem Elefanten durch den Bildungsraum und will Ziele von uns. Mit links erklärt er uns Kunst & Geschichte an einem Spannungsbogen und verteilt Bonbons an uns.

▶ Mit einem Messer in der richtigen Hand besuchen wir die Bildgalerie und genießen die Rückfütterung von Rulaman, unserem treuesten Freund.

▶ 3 Reaktionsmöglichkeiten, 3 Aufgaben und 3 Ecken spielen eine wichtige Rolle für uns.

▶ Ein lebendiger Telepath, ein echtes Herzblatt, verblüfft uns mit Wirkpausen, Geschenken und selbstbewusstem Dress-Code. Er kennt weder Tabu noch Ablenkungsmanöver und argumentiert mit Zwecksatz.

▶ Von einem Schmutzigen und einem Sauberen lernen wir den Umgang mit Fragen.

▶ Wir sind ver-rückt und bleiben es: Unbrauchbares kommt in die Tonne – Sinnvolles ab jetzt ins Gepäck.

Kommentar/Hinweise

Zu Hintergrund und Einsatz der hier verwendeten Mnemo-Technik finden Sie weitere Informationen auf S. 66 ff.

Seminarregel: Jede/r ist sein eigener Chairman/ ihre eigene Chairwoman

Eine Seminarregel führe ich gleich zu Beginn ein[4]. Sie verdeutlicht, dass das Gelingen des Seminars in der Verantwortung der Teilnehmer liegt und appelliert an deren Mitarbeit.

Wording: *„Bevor wir nun starten, müssen wir noch eine Frage klären. Kennen Sie die Chairman- (mit Blick zu den Männern in der Runde) bzw. die Chairwoman-Regel (Blick zu den Damen in der Runde)? (Den meisten ist diese Regel nicht bekannt.) Nein? Dann stelle ich Ihnen diese Regel vor, denn Sie gilt ab jetzt für uns alle: Ab jetzt sind Sie Ihr eigener Chairman bzw. Ihre eigene Chairwoman!*

Damit sind Sie ab sofort selbst dafür verantwortlich, dass es Ihnen gut geht. So gern ich kundenorientiert unterwegs bin und Ihnen Ihre Wünsche von den Augen ablesen möchte, so ist dies bei zwei Tagen Seminar in einer illustren Teilnehmerrunde unterschiedlichster Gemüter ein nahezu unmögliches Unterfangen. Ich bitte Sie daher um Mithilfe: Sollten Sie merken, dass Sie etwas stört – eingeschränkte Sicht, kalter Seminarraum, Input unklar etc., dann werden Sie aktiv! Sorgen Sie selbst dafür, dass es Ihnen gut geht und Sie unter optimalen Bedingungen lernen können. Scheuen Sie sich nicht, die Heizung hochzudrehen oder eine Moderationswand bei eingeschränkter Sicht beiseite zu schieben. Fragen Sie sofort nach bei Unklarheiten."

Vorteil: Diese Regel erzieht spielerisch zur (Mit-)Verantwortung für die Ziele der Maßnahme. Sie beugen als Trainer somit einer reinen Berieselungs- und Konsumentenhaltung vor nach dem Motto: „Hier bin ich, Trainer, unterhalte mich!"

Nach dem Ankommen, nach dem „Merk-würdig"-Chart und den Orientierung schaffenden Informationen zum zeitlichen Ablauf, zum Mittagessen und den Pausen leiten Sie zügig zur ersten Übung mit den Teilnehmern über.

---

4 Gesehen bei Trainerkollegin Petra Schächtele, Reutlingen, und seitdem adaptiert.

Partner-Interview und Zielwand

Kurzbeschreibung

9:10 Uhr bis 9:50 Uhr

Die Teilnehmer interviewen eine Person und bringen durch Fragen Berufliches (= Sach-Informationen) und Privates (= Beziehungsinformationen) in Erfahrung. Es werden Gemeinsamkeiten erkundet und persönliche Ziele für dieses Seminar (= Erwartungsklärung) ausgetauscht. Nach 15 Minuten stellen sich die Teilnehmer vor der Gruppe gegenseitig vor.

▶ **Metapher/Merkhilfe:** Mikrofon

▶ **Ziele:**
  - auf der Inhaltsebene: sich kennenlernen
  - auf der Beziehungsebene: Nähe herstellen, Gemeinsamkeiten finden
  - Die Atmosphäre wird gelockert und die letzten Unsicherheiten bei Einzelnen werden abgebaut. Der Trainer erhält einen Eindruck von den Erwartungen der Teilnehmer.

▶ **Docere:** Erste Redeübung vor der Gruppe „mit reduziertem Handicap".

▶ **Delectare:** Die Methode „Interview" unterstützt positiv die Lernfreude, weil die Teilnehmer einen Verbündeten finden, Gemeinsamkeiten feststellen, somit mutiger werden und im Gespräch auch viel lachen können.

▶ **Movere:** Aktivierung der Teilnehmer durch Gruppenbildung (im Seminarraum und außerhalb davon). Gelebter Dialog mit dem Ziel, in kürzester Zeit viele Informationen über (s)ein Gegenüber herauszufinden. Die Teilnehmer sind motivierter, weil sie nun eine Person näher kennen.

Partner-Interview

▶ **Ziel der Übung**
- Finden Sie heraus, ob Ihre Vermutungen/Interpretationen mit den Fakten übereinstimmen
- In kurzer Zeit Informationen sammeln
- Sympathie erkunden

▶ **Mögliche Fragen**
- Name, Vorname
- Berufliche Information
- Interessen (in der Freizeit)

▶ **Mein Seminarziel**
- „Was müsste geschehen, dass sich dieses Seminar für mich gelohnt hat?"

Mittels Partner-Interview Gemeinsamkeiten entdecken und die eigene Erwartungshaltung klären

▶ **Dauer:** 15 Minuten: 2 x 5 Minuten für gegenseitiges Interview; 1 x 5 Minuten zur Reflexion des persönlichen Beweggrundes für die Seminaranmeldung.

▶ **Material:** eine laminierte Karte pro 2er-Gruppe; Schreibmaterial für die Teilnehmer.

Ablauf/Vorgehen

Persönlich arbeite ich gerne mit laminierten Karten mit den aufgedruckten Instruktionen, die ich vorab verteile (siehe Abb. S. 98). Die Teilnehmer sind somit nicht an den Seminarraum gebunden und können im Freien oder außerhalb des Seminarraums die Informationen einholen. Ich begrüße als Trainer jede Möglichkeit, die den Teilnehmer aus seinem Stuhl hinausbefördert. Ich gebe allerdings den Hinweis, dass die Antwort auf die letzte Frage („Das Seminar hat sich für mich gelohnt, wenn ...") auf die zu Beginn ausgeteilte gelbe Karteikarte mit fettem Marker notiert wird. Diese Karte wird später auf die Ziele-Wand gepinnt und dient als Orientierungspunkt für den Trainer, um den Erwartungen der Teilnehmer gerecht zu werden (siehe S. 100).

> Das Seminar hat sich für mich gelohnt, wenn:

Partner-Interview

Name, Vorname:

Berufliche Information
bzw. Abteilung:

In der Freizeit mache ich gern:

Vorbereitete Karten machen die Teilnehmer mobil.

Falls Sie nicht mit laminierten Karten arbeiten wollen, können Sie die Karteninformation alternativ auf ein Flipchart schreiben und die Teilnehmer bitten, diese Struktur auf A5-Karteikarten aus dem Moderatorenkoffer zu übertragen. Danach beginnt die Übung.

Wording: *„Suchen Sie sich bitte jetzt eine Person aus, die Sie näher kennenlernen wollen. Bitte wählen Sie einen Teilnehmer, eine Teilnehmerin, die Sie noch nicht kennen und die nicht unmittelbar neben Ihnen sitzt. Nach 15 Minuten treffen wir uns hier im Plenum wieder. Sie stellen sich gegenseitig vor und nennen Ihren Beweggrund für die Anmeldung zu diesem Seminar. Ihr Ziel für diese Veranstaltung schreiben Sie bitte mit fettem Marker auf eine gelbe Karteikarte."*

Kommentar/Hinweise

Die Übung bringt viel Spaß und viele Informationen. Nach diesem ersten Kennenlernen herrscht Neugierde und Schaffensfreude vor. Auch der Mut und die Lust am Ausprobieren wachsen, da die Teilnehmer bereits einen Verbündeten gefunden haben und somit Sicherheit verspüren.

Das Partnerinterview mit der Zielfindung zu verbinden und das Ziel in Form eines Satzes selbst auf eine Karteikarte zu notieren, ist eine Effizienzmethode, um auf kürzestem Weg und sehr konkret die Erwartung der Teilnehmer zu erfassen. Stichworte sind nicht erlaubt, sondern nur ausformulierte Antworten auf die Frage! Der Vorteil der Zielkartenmethode: Die Teilnehmer erlangen Zielklarheit und übernehmen Verantwortung für das eigene Ziel. Das selbst gesetzte Ziel stellt zudem eine zentrale Voraussetzung dar, um die Veranstaltung bewerten zu können.

Varianten

Sie können die Vorstellung auch als erste Redeübung vor Publikum gestalten,

- als gegenseitige Vorstellung vom Platz aus oder
- als gegenseitige Vorstellung vor der Gruppe.

Manche Trainer nehmen dies bereits auf Video auf und schließen eine Bewertung an. In Seminaren, die „mit Vorkenntnissen" ausgeschrieben sind, wähle ich diese Einzelvorstellung vor der Gruppe gerne als Einstiegsübung. Da die Teilnehmer in einem Grundlagenseminar jedoch noch keine Feedback-Kompetenz haben und somit auch die Feedback-Regeln noch nicht kennen und/oder sie nicht methodisch sicher anwenden können, halte ich diese Vorgehensweise in einem Einstiegsseminar für wenig geeignet.

Eine sinnvolle Alternative gibt es allerdings: Ich vereinbare mit den Teilnehmern, das Videoband laufen zu lassen, keine Bewertung anzuschließen, sondern lediglich die Aufzeichnung als Vergleichsmöglichkeit (vorher/nachher) zu nutzen. Dann kann jeder für sich sein eigenes Fazit ziehen und die enormen positiven Veränderungen von Rede zu Rede selbst feststellen.

Erwartungen und Teilnehmerziele visualisieren

Im Anschluss an das Partnerinterview fordere ich die Teilnehmer auf, reihum ihr Ziel zu nennen und an einem konkreten Beispiel zu erläutern. Unmittelbar danach bitte ich **alle** gemeinsam aufzustehen und ihr Ziel an die Zielwand zu pinnen (siehe Abb. S. 100). Bitten Sie alle Teilnehmer, gleichzeitig nach vorne zu kommen und ihre Karte zu befestigen und weisen Sie gegebenenfalls nochmals darauf hin, dass die Ziele als konkrete, beschreibende Frage oder

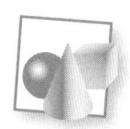

Aussage formuliert sein müssen. Das Ziele-Chart bleibt bis zum Seminarende stets sichtbar im Raum hängen (Credo: „Halte Dir das Ziel stets vor Augen!" Auch Rhetorik ist stets zielgerichtet.).

Wichtig: Die Teilnehmer müssen ihr Ziel als konkreten Satz formulieren.

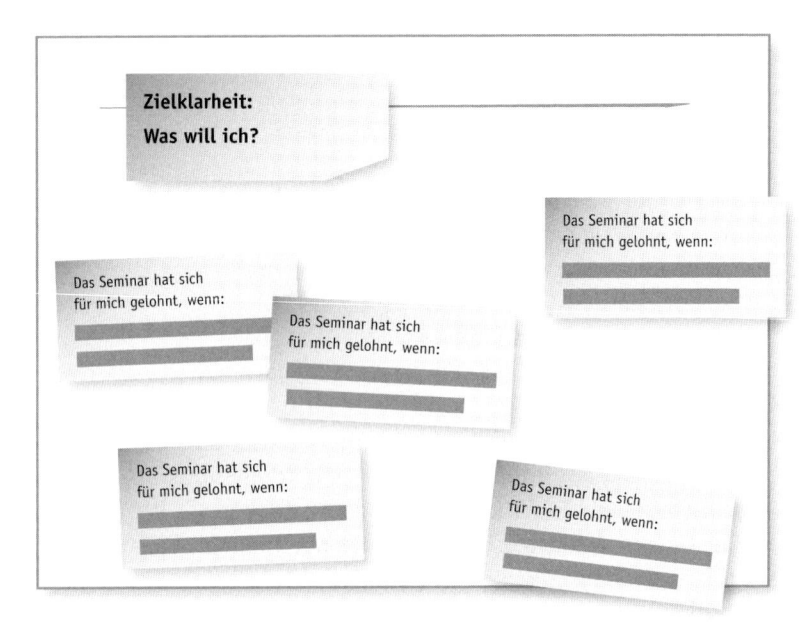

Zielklarheit: Was will ich?

Das Seminar hat sich für mich gelohnt, wenn:

Das Seminar hat sich für mich gelohnt, wenn:

Das Seminar hat sich für mich gelohnt, wenn:

Das Seminar hat sich für mich gelohnt, wenn:

Das Seminar hat sich für mich gelohnt, wenn:

Kommentar/Hinweise

In einem Grundlagenseminar zur Rhetorik erwarte ich nicht, dass Teilnehmer Ziele bereits angemessen formulieren. Ich achte jedoch darauf, dass auf den Karteikarten jeweils ein Ziel als konkreter Satz formuliert ist. Das hat mehrere Gründe:

▶ Anders als ausformulierte Sätze lassen Stichworte uns zu viel Spielraum für Interpretationen. Was bedeutet es beispielsweise, wenn ein Teilnehmer auf eine Karteikarte das Stichwort „Lampenfieber" schreibt? Will er eine Definition? Geht es ihm um den Umgang mit Lampenfieber? Will er sein Lampenfieber abstellen oder den Nutzen von Lampenfieber erklärt bekommen? Werden solche Stichworte an eine Pinnwand geheftet, weiß nach einer Stunde niemand mehr, was sich dahinter verbirgt.

▶ In ganzen Sätzen formuliert, machen sich die Teilnehmer intensiver Gedanken über die Wichtigkeit ihres Themas. Falls nicht schon vor der Anreise zum Seminar geschehen, setzen sie sich spätestens jetzt ein oder mehrere konkrete Ziele. Kurz und prägnant formuliert, kann das so aussehen: „Wie gehe ich mit Lampenfieber um?" oder „Das Seminar hat sich für mich gelohnt, wenn ich weiß, wie ich mit Lampenfieber richtig umgehe."

▶ Aus eben diesen Gründen ist die Zielabfrage durch ein Partnerinterview wesentlich effizienter und effektiver als konventionelle Erwartungsabfragen durch Brainstormings in der Gruppe. Letztere kosten meiner Erfahrung nach unnötig Zeit und nutzen wenig. Partnerinterviews liefern dem Trainer einen Überblick über den Leidensdruck und die Themenwünsche sowie das, was der Einzelne damit verbindet. Zudem übernimmt jeder Teilnehmer auf diese Weise Verantwortung für sich (persona) und „seine" Sache (pragma) im Seminar. Wenn er am Ende die Maßnahme bewertet, kann er dies an der Zielerreichung messen. Wer übrigens kein Ziel nennt, hat ebenfalls eine Entscheidung getroffen, für die er die Verantwortung trägt!

Thematisches Ziele-Chart erläutern

Neben die von den Teilnehmern definierten Ziele hängen Sie anschließend ein thematisches Ziele-Chart (siehe Abb. unten).

Unsere Ziele

- ▶ Wir gestalten Präsentationen teilnehmerorientiert.
- ▶ Wir wissen, wie wir tatsächlich wirken.
- ▶ Wir agieren selbstsicher trotz Lampenfieber.
- ▶ Wir kennen Techniken, um lebendig und frei zu reden.
- ▶ Wir kennen die Wirkung von Körpersprache.
- ▶ Wir bereiten eine Meinungsrede effizient vor.
- ▶ Wir wenden Techniken an, um auch in schwierigen Fragesituationen zu bestehen.

Das Ziele-Chart dient als roter Faden durch das Seminar.

Wording: *„Diese Ziele habe ich für unser Seminar angedacht. Dieses Ziele-Chart dient als roter Faden, der sich aber in erster Linie an Ihren Zielen orientieren wird. Das Wichtigste ist, dass Ihre Fragen beantwortet und Sie am Ende genau das können werden, was Sie sich als Ziel für den heutigen Tag vorgenommen haben."*

Kommentar/Hinweise

Als erfahrene Trainerin weiß ich natürlich, dass mein Leitfaden mit großer Sicherheit beibehalten werden wird, eben weil sich die Ziele der Teilnehmer darin wiederfinden.

Damit die Teilnehmer dies auch selbst nachvollziehen können, verweise ich bei den jeweiligen, thematischen Bausteinen auf die ausdrückliche Erwartung eines Teilnehmers. Auch runde ich die Zielerreichung am Ende des Seminars ab, indem ich alle Erwartungskarten noch einmal vorlese, die Antwort in einem Satz gebe und den gesamten Seminarverlauf dadurch noch einmal zusammenfasse. Wie in einem guten Vortrag ist das zu Beginn genannte Ziel gleichzeitig auch die Zusammenfassung. Dieses Vorgehen ermöglicht eine klare Bewertung des Seminars nach Inhalt und Methode.

Mit dieser Methode signalisiere ich auch, dass es mir immer um die Interessen der Teilnehmer geht. Sie bekommen gewissermaßen genau das geliefert, was sie am ersten Seminartag bestellt haben. Ich bitte darum, weitere Fragen zu stellen. Erfahrungsgemäß ist jedoch alles geklärt, und die Teilnehmer erkennen durch die Zusammenfassung, wie viel Input sie bereits bekommen haben.

> *„Klarheit geht vor Schönheit,*
> *denn Klarheit ist immer auch schön."*
>
> Heinrich Fey

Exkurs zur Sprache

Die Sprache ist unser Werkzeug: Ein Rhetoriker weiß, dass er sein Werkzeug, die Sprache, angemessen und stets zum Wohle der Klarheit einsetzen muss.

Wenn wir die „ars bene dicendi", die Kunst des guten Redens, lehren, haben unklare Bezüge wie „man" statt „ich" keinen Platz. Ein Redner wird dadurch unglaubwürdig.

Nehmen Sie ruhig in Kauf, dass Sie von ihren Teilnehmern als „Pedant" bezeichnet werden, wenn Sie bei allen Arten von Gruppenarbeiten jedes „man" kommentieren: „Meinen Sie sich selbst, die Gruppe oder eine bestimmte Person?" Der Nutzen für die Teilnehmer ist, dass sie präziser formulieren und sich dadurch häufig schon selbst die Antwort auf ihre Frage geben.

Durch genaues Formulieren übernimmt der Einzelne zugleich Verantwortung für sein Handeln; er kann sich nicht mehr hinter dem Nebel seiner Aussage verstecken. Firmen könnten viel Geld sparen, Projekte effizienter abwickeln und viele Besprechungen vermeiden, wenn sie sich das zu Herzen nehmen und eine Übereinkunft zur gelebten Kommunikation installieren würden. Eichen Sie Ihre Teilnehmer daher von Anfang an konsequent auf das Prinzip: „Klar im Ziel und konkret in der Formulierung!"

Trainervorstellung, Organisatorisches, Themenüberblick

9:50 Uhr bis ca. 10:00 Uhr

Im Anschluss an das Partnerinterview und die Visualisierung der Teilnehmerziele stelle ich mich selbst vor. Da die Zuhörer jetzt erfahrungsgemäß entspannt und aufnahmefähig sind, verweise ich noch einmal auf die Agenda (siehe Abb. unten) und sage, dass ich mich an der Zielvorgabe der Teilnehmer orientieren und in jedem Fall alle Zielkarten besprechen werde.

Die Agenda wird mit Blick auf die Zielvorgaben der Teilnehmer nochmals kurz erläutert.

Agenda

▶ Die Aufgaben eines Redners

▶ Vor-Durch-& Nachdenken:
  – Das rhetorische Dreieck

▶ Wirkungsfaktoren

▶ Lebendigmacher einer Rede

▶ Vorbereitung einer Meinungsrede

▶ Brücken bauen zum Publikum

▶ Praktische Übungen:
  – Pause-Übung
  – Szenarien-Technik
  – Zitat-Übung
  – Meinungsrede

Nach der Erläuterung der organisatorischen Fragen sowie der Pausenregelung – und ggf. der weiteren Spielregeln – geht das Seminar direkt in die Themenbesprechung über.

Pausenregelung

Eine heitere Art, eine ernste Regel zu etablieren, ist die Pausenregelung mit Hilfe des Namensschildes[5].

Wording: *„Meine Damen und Herren, wir haben vormittags und nachmittags eine feste Kaffeepause eingeplant. Sollten Sie im Laufe des Seminars das Bedürfnis nach einer kurzen (5-Minuten-)Pause haben – ich denke hier an Nikotinliebhaber ebenso wie an Sauerstoffliebhaber – dann stellen Sie Ihr Namensschild senkrecht. Ich sehe dies von meinem Platz aus sehr gut. Ab vier Schildern gönnen wir uns eine spontane Kurzpause."*

Kommentar/Hinweise

Diese Regel wird immer gerne angenommen und erfahrungsgemäß auch nicht überstrapaziert oder ausgenutzt. Wichtig für Sie als Trainer ist:

- Die Verantwortung fürs Wohlfühlen liegt ab jetzt bei den Teilnehmern. Keiner kann sich später über zu wenig Pausen beklagen.
- Sie tun sich selbst einen Gefallen, denn die spürbare Unruhe, die von Rauchern ausgehen kann, wenn diese ihrer Sucht nicht frönen können, wirkt sich auf die gesamte Gruppe aus.
- Es ist eine partnerschaftliche Regel, die gemeinsam, sprich im Team, festgelegt wird. Somit setzen Sie als Trainer wieder einen Impuls hin zum partnerschaftlichen Miteinander und weg von einer hierarchisch bestimmten Lernsituation.

Spielregeln der Zusammenarbeit

Das Chart mit den Spielregeln (siehe Abb. S. 106) lese ich in Rhetorikseminaren selten vor und wenn, dann wirklich nur sehr kurz.

---

5 Gesehen beim Trainerkollegen Klaus Steinke, Stuttgart, – und seitdem adaptiert.

Spielregeln

- Wir tragen gemeinsam Verantwortung für das gemeinsame Ziel.
- Chairman/Chairwoman-Regel.
- Alles darf, nichts muss sein.
- Fragen jederzeit und gern.
- Es kann eine andere Art geben, die Dinge zu sehen.
- Alles bleibt im Raum.
- Schweigen bedeutet Zustimmung.
- Respektvoller, offener Umgang.

In der Regel reicht ein kurzer Hinweis auf die Spielregeln – das Chart wirkt durch seine Präsenz.

Als Impuls-Chart wirkt es für sich allein. Die Chairman-Regel ist Bestandteil der Begrüßung und wurde bereits erläutert. Danach hängt das Chart im Raum und ist „Rettungs-Anker" in schwierigen Situationen, wenn es in der Gruppe zu Konflikten und lautstarken Auseinandersetzungen kommt. Denn Spielregeln, die zu Beginn des Seminars gemeinsam vereinbart werden, gelten auch für alle. Ein Trainer kann sich darauf berufen, wenn er in die Rolle des Mediators oder Schiedsrichters schlüpfen muss.

Je nach Teilnehmer und nach Seminarthema widme ich den Spielregeln unterschiedlich viel Aufmerksamkeit. In einem Rhetorik-Grundlagenseminar sind diese Regeln – bis auf die Selbstverantwortungsregel (Chairman/-woman) – nicht wirklich wichtig. Beim Thema Moderation oder bei Maßnahmen zur Teamentwicklung, in denen ich schon im Vorfeld auf mögliche Eskalationen hingewiesen werde, sind sie es dagegen von Anfang an. Ich hole mir dann von jedem Teilnehmer ein Ja als Bestätigung ab, füge auf Wunsch weitere Regeln hinzu oder streiche von meinen Vorschlägen welche weg.

Wie viel Zeit und Raum ein Thema braucht, hängt stets mit dem Ziel, dem Kontext und den sonstigen Bedürfnissen der Teilnehmer zusammen. Viel Seminarerfahrung als Trainer ist hier hilfreich. Wenn wir als Trainer jeweils das Warum, Was, Wie und Wann eines Inputs kennen, sind wir auf der sicheren Seite und kommen auch mit Störungen zurecht.

Grundlagen der Rhetorik

Der folgende Baustein beinhaltet mehrere Themenpunkte und wird in Form eines offenen Dialogs mit den Teilnehmern gestaltet. Ergebnisse werden teils auf Flipchart entwickelt (freies Schreiben), teils wird ein vorbereitetes A1-Chart durch eine Art „Rätselraten" Stück für Stück aufgedeckt.

10:00 Uhr bis 10:15 Uhr

1. Was ist Rhetorik? (Gegenstand)

Die Fragestellung „Was ist Rhetorik?" wird im interaktiven Dialog gemeinsam mit den Teilnehmern erarbeitet und am Flipchart visualisiert (siehe Abb. S. 109 f.).

- **Ziel:** Definition(en) kennen und ein „Kunst-Verständnis" entwickeln

- **Metapher/Merkhilfe:** „Kunst-Geschichte"

- **Docere:** Theorie und Praxis. Eine Kunst ist ein Handwerk, das jeder kann, wenn er bereit ist, zu lernen und zu üben. Das Nebeneinander zweier Zitate – ein kompliziert-komplex und ein einfach formuliertes – verdeutlicht den Teilnehmern spielerisch, wie wichtig Einfachheit bei gesprochener Sprache ist. Im schriftlich-wissenschaftlichen Bereich mag Komplexität eher angemessen sein.

- **Delectare:** Das integrierende Lehrgespräch macht Spaß und motiviert zum Mitmachen.

- **Movere:** Das Lehrgespräch lockert auf und fördert die Gruppendynamik. Außerdem ist es vorgelebte, dialogorientierte Rhetorik und von seinem Wesen her das Gegenteil von einem *Lehrer*gespräch mit einem „Besser-Wisser" und vielen „Nicht-Wissenden".

Ablauf/Vorgehen

Wording: *„Meine Herren, meine Damen, was ist Rhetorik? Was würden Sie sagen?"* – Teilnehmer: „Frei reden."
„Aha, frei reden lautet auch unser Seminarthema. Was ist Rhetorik noch?" – Teilnehmer: „Körpersprache."
„Sie meinen reden mit Händen und Füßen? Ja, auch ein wichtiger Bestandteil der Rhetorik. Was fällt Ihnen noch spontan ein?" ...

Damit sich ein offener, direkter Dialog entwickeln kann, bewege ich mich unmittelbar bei den Teilnehmern (im Stuhlhalbkreis) und setze mich auch zwischendurch auf meinen Stuhl. Somit bin ich auch räumlich in die Gruppe integriert. Da die Namen nun bekannt sind, spreche ich die Teilnehmer auch hin und wieder mit Namen an.

Ich wiederhole Gesagtes, bestätige es und ordne es mit einer Geste dem jeweiligen Bereich auf dem Flipchart zu. Definiert jemand beispielsweise die Rhetorik als „Manipulation", dann gehört dies für alle nachvollziehbar zum Punkt „Rhetorik ist ziel- und ergebnisorientiertes Sprechen", und sie wird gleichzeitig als „Handwerkszeug" zum Abwägen unterschiedlicher Ansichten genutzt.

Ich ergänze gegebenenfalls, dass die Rhetorik sich versteht als „Kunst des guten Redens" (Ars bene dicendi), wobei „gut" im Sinne von rednerisch gut und ethisch gut verstanden wird. Die Rhetorik an sich ist weder gut noch schlecht; entscheidend ist, wie jemand mit dem Handwerkszeug umgeht und welche Ziele er damit verfolgt. – Das gilt auch, wenn jemand den Begriff Manipulation mit einbringt.

Der Umgang mit dem Flipchart

Ich klappe das Chart zunächst nur so weit auf, dass die Überschrift lesbar ist. Sobald mit dem Chart gearbeitet wird, öffne ich es je nach Thema entweder ganz oder in Abschnitten, die nacheinander erläutert werden. So wird das Flipchart spielerisch in die Arbeit mit dem Publikum integriert: Hier gibt es etwas zu entdecken! Ist das Flipchart „abgearbeitet", ist es ein weiteres sichtbares Merk-Mal im

Was ist Rhetorik?
– eigene Definition –

- Rhetorik ist (mehr) als nur Körpersprache.
- Rhetorik ist Persönlichkeitsbildung.
- Rhetorik ist ziel- und ergebnisorientiertes Sprechen.
- Rhetorik ist Sprechen auf Wirkung.
- Rhetorik ist Du-zentriertes Sprechen.
- Rhetorik ist die Kunst des guten Redens („Ars bene dicendi").
- Rhetorik ist ein Handwerkszeug.

Die Punkte auf dem Chart sind verdeckt und werden erst bei der Diskussion mit den Teilnehmern enthüllt.

Bildungsraum, gegebenenfalls ergänzt um die Antworten der Teilnehmer.

Jedes Flipchart schließe ich mit einem Wording wie diesem ab: *„Wir wissen nun, was … ist und werden uns jetzt dem nächsten Thema/ der nächsten Übung zum Thema zuwenden."*

Zum Abschluss dieses Seminarabschnitts biete ich den Teilnehmern zwei Rhetorikdefinitionen an, eine des Wissenschaftlers Walter Jens und eine des Praktikers Hellmut Geißner. Beide Definitionen sind richtig und berechtigt – und doch wird sofort deutlich, dass die Formulierung des Praktikers „einfacher" und „leichter verstehbar" ist und uns für die praktische Rhetorik als Orientierung dienen wird.

Was ist Rhetorik?
– eine Definition –

- „Rhetorik: Sagen, was man meint, so, dass der andere
  - zuhört,
  - versteht,
  - annimmt und
  - danach handelt. *Hellmut Geißner*

Rhetorik – eine praktische …

> **Was ist Rhetorik?**
> – eine Definition –

... und eine wissenschaftliche Definition

▸ „Rhetorik ist die Kunst des guten Redens im Sinne einer

- von Moralität zeugenden,
- ästhetisch anspruchsvollen,
- situationsbezogenen und
- auf Wirkung bedachten Äusserung,

die allgemeines Interesse beanspruchen kann.

Sie umfasst sowohl die Theorie (Ars rhetorica, Redekunst) als auch die Praxis (Ars oratoria, Eloquenz, Beredsamkeit) und hat damit zugleich den Charakter von Kunstlehre und Kunstübung."

Walter Jens: Rhetorik. In Merkler/Stammler: Reallexikon der deutschen Literaturgeschichte Bd. III. S. 432

Wording: *„Erst das Ganze ist das Wahre. Und nicht immer ist es leicht, wissenschaftliches Wissen einfach und doch inhaltlich gehaltvoll umzusetzen. Unser Weg sollte der sein, die Dinge klar und einfach zu sagen. Kurz und prägnant."*

Kommentar/Hinweis

Wissenschaft praktisch werden zu lassen ist leider ein Ansatz, vor dem viele Akademiker und Professoren zurückschrecken. Vielleicht glauben Sie, dass die häufig notwendige Vereinfachung immer auch mit einer unverantwortlichen Verfremdung einhergeht. Das nehme ich durchaus ernst, entscheide mich aber doch für den mutigen Schritt von der Wissenschaft in die Praxis, wenn ein Modell sich dort bewährt und Nutzen schafft. Denn möglicherweise bestätigt die Praxis dann wieder die Theorie und ermöglicht die weitere Reflexion des methodischen und sprachlich-didaktischen Vorgehens. Wir bleiben dadurch ergebnisorientiert kritisch und können methodisch sinnvoll nachsteuern, wenn wir von der Vereinfachung tatsächlich zu sehr in die Verfremdung (meint in diesem Zusammenhang: unwissenschaftlich, ungenau, nicht mehr methodisch nachweisbar) übergehen sollten.

Grundlagen der Rhetorik

2. „Ist Rhetorik gut oder schlecht?" (Bewertungs-/Geschmacksfrage)

Auch diese Frage nach der persönlichen Meinung der Teilnehmer wird im interaktiven Dialog erarbeitet.

- **Ziel:** Vorurteile abbauen, Transparenz schaffen
- **Metapher/Merkhilfe:** „Die Kunst mit dem Messer!"
- **Docere:** Die Teilnehmer lernen, dass Rhetorik an sich weder gut noch schlecht ist, sondern erst der Gebrauch darüber entscheidet.
- **Delectare:** Geschichte erfreut.
- **Movere:** Die Teilnehmer werden durch eine kurze Geschichte zum Transfer geführt.

Ablauf/Vorgehensweise

Auch diese Frage lassen Sie von den Teilnehmern beantworten. Diese nennen in der Regel Beispiele, die Rhetorik bewerten: der Blick in die deutsche Geschichte; unser demokratisches, politisches Verständnis, das von Meinungsvielfalt und Toleranz ausgeht etc. Im Plenum macht sich – wie dies bei Bewertungsfragen meistens der Fall ist – Unbehagen breit, weil es keine allumfassende Antwort zu geben scheint. An diesem Punkt können Sie als Trainer einhaken.

Wording: *„Stellen Sie sich vor, es ist Nacht und Sie werden im Nachbarhaus Zeuge folgender Szene: Sie scheint nicht schlafen zu können. Sie geht in die Küche, holt ein Fleischermesser aus der Schublade, löscht das Licht und schleicht zurück in das Schlafzimmer. Sie nähert sich dem Ehebett, das Messer in der rechten Hand. Sie holt schwungvoll aus, und ihr Mann, der erschrocken hochfährt, stößt einen Schrei aus. Sie trifft zielgenau – den vertrockneten, hin und her schwingenden Zweig des Gummibaums, dessen Geräusch sie keine Sekunde hat schlafen lassen. – Meine Herren und Damen, ich gebe zu, es hätte durchaus auch ein Mord geschehen können.*

Warum diese Geschichte? Die Rhetorik ist vergleichbar mit einem Messer. Sie können ein Messer benutzten, um einen Baum zu stutzen, ein Stück Fleisch zu schneiden – oder um einen Menschen damit zu töten. Das Messer ist und bleibt ein Werkzeug. Entscheidend ist, was der Einzelne daraus macht, wie er damit umgeht.

Wir wissen nun, dass die Rhetorik eine Kunst ist und somit eine praktische Angelegenheit, die gelernt werden kann. Sie ist an sich weder gut noch schlecht. Lassen Sie uns im Folgenden der Frage nachgehen, welche Aufgaben ein Redner hat. Nach Cicero sind es drei Aufgaben, die jeder, der vor Publikum spricht, berücksichtigen sollten. Was glauben Sie?"

Mit Hilfe eines vorbereiteten Flipcharts (siehe Abb.) wird dieser Themenpunkt zügig besprochen. Mit Ausnahme der drei lateinischen Begriffe ist der übrige Text mit Karteikarten verdeckt und wird erst nach und nach enthüllt. Das stückweise Aufdecken des Charts fördert dabei den Dialog zwischen Trainer und Teilnehmer. Durch zielgerichtetes Fragen schafft der Trainer eine Rätselsituation und ermöglicht spielerisch einen hohen Grad an Aufmerksamkeit.

Nutzen Sie im Folgenden ruhig die Möglichkeit, die Teilnehmer direkt anzusprechen. Im Sinne des rhetorischen Taktes sollten Sie aber darauf achten, durch eine direkte Aufforderung niemanden in Verlegenheit zu bringen. Mit der Zeit bekommen Sie als Trainer ein Gespür dafür, wer eher bereit ist zu antworten. Falls jemand nicht

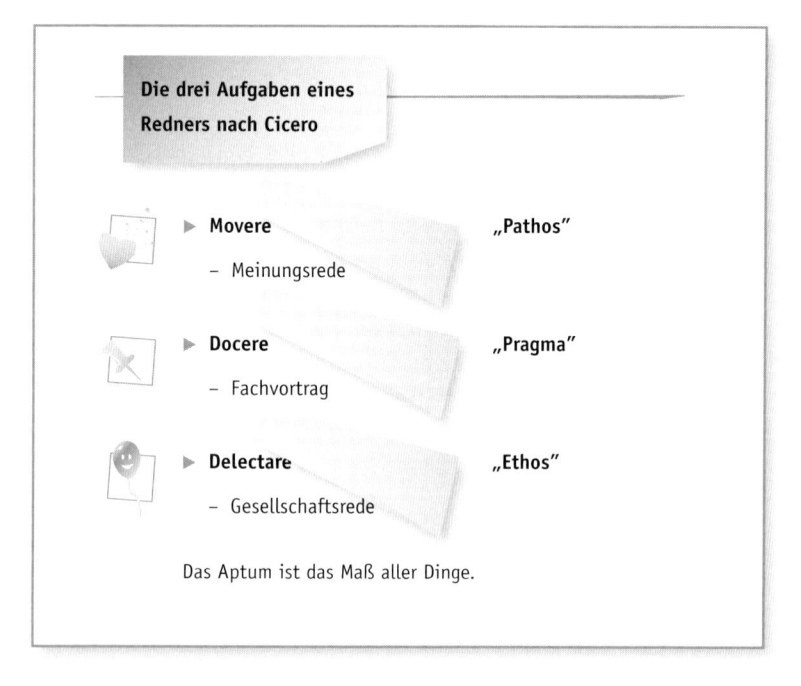

Mit Ausnahme von „Pathos", „Pragma" und „Ethos" bleibt der übrige Text verdeckt und wird erst im Dialog mit den Teilnehmern enthüllt.

Die drei Aufgaben eines Redners nach Cicero

▶ **Movere** — „Pathos"
  – Meinungsrede

▶ **Docere** — „Pragma"
  – Fachvortrag

▶ **Delectare** — „Ethos"
  – Gesellschaftsrede

Das Aptum ist das Maß aller Dinge.

sofort reagiert, geben Sie das Wort einfach an den nächsten Teilnehmer weiter.

Wording: *„Was glauben Sie, sind die drei wichtigsten Aufgaben des Redners vor Publikum?* (Antworten abwarten, gegebenenfalls das Wort erteilen durch eine freundliche Aufforderung an Herrn ... oder Frau ... – und schließlich das Gesagte zusammenfassen). *Nach Cicero sollten wir drei Aufgaben ständig im Blick haben.*

- **Docere** *heißt Lehren und Belehren, also Klärung der Inhalte und des Sachverhalts* (Aufdecken des entsprechenden Abschnittes auf dem Flipchart). *Auch die Aufgabe für Struktur zu sorgen, gehört zu Docere.*
- *Die zweite Aufgabe des Redners ist zu überzeugen und zu motivieren (***„Movere"***-Abschnitt aufdecken).*
- *Und schließlich ist die dritte Aufgabe, die leider häufig in Vorträgen vernachlässigt wird, zu erfreuen. Das Wort dazu heißt* **Delectare** (entsprechenden Abschnitt aufdecken).

Sollten Sie diese lateinischen Worte vergessen, ist das nicht schlimm, aber denken Sie bitte daran, dass informieren alleine nicht genug ist. Wir überzeugen unsere Zuhörer vor allem, wenn wir deren Geist bewegen und ihr Gemüt erfreuen.

Anhand dieser Begriffe können wir auch gleich die wichtigsten rhetorischen Redegattungen verinnerlichen. Je nach Hauptaufgabe – Docere, Movere oder Delectare – entscheidet sich, zu welcher Gattung Ihre Rede gehört. Was für eine Rede werden Sie vermutlich hören, wenn deren Schwerpunkt auf Docere, also Informieren liegt? (Machen Sie eine Pause und sammeln Sie Antworten ein.) *– Stimmt: Wir sind damit bei einem Fachvortrag.*

Welche Redegattung liegt vor, wenn es darin hauptsächlich um Movere, also um Überzeugen und Motivieren geht? (Machen Sie erneut eine Pause und sammeln Sie Antworten ein.) *Wenn uns jemand zu seiner Meinung bewegen möchte, sind wir im Bereich der Überzeugungsrede wie vor Gericht, der politischen oder im Extremfall der Agitationsrede.*

Die dritte Redegattung haben Sie wahrscheinlich schon öfter erlebt und möglicherweise immer wieder vergeblich gehofft, dass sie mehr Delectare enthält, also mehr Inhalte, die erfreuen. (Machen Sie wie-

der eine Pause und sammeln Sie Antworten ein. In der Regel haben die Teilnehmer Schwierigkeiten, hier ein Beispiel zu finden, also improvisieren Sie gegebenenfalls eine Fest- oder Gesellschaftsrede.)
Oma Erna wird 90, der Herr oder die Dame des Hauses schlägt mit dem Löffel ans Sektglas und erbittet das Wort … Wir sind hier bei der Fest- oder Gastrede, die in erster Linie erfreuen soll."

Alle Elemente (Docere, Movere und Delectare und die Redegattungen) sind damit auf dem Flipchart aufgedeckt.

Fortsetzung des Wordings: *„Die Schwerpunktsetzung innerhalb dieser Kategorien ist für Ihre Zielführung als Redner wichtig. Daher kommen wir immer wieder darauf zurück, denn Rhetorik ist stets zielgerichtet. Eine wirklich exzellente Rede berücksichtigt übrigens stets alle drei Eigenschaften: Sie informiert, sie bewegt und sie erfreut."*

Damit ist dieser Abschnitt beendet. Die Teilnehmer werden mit einer kleinen Aufgabe in die Kaffeepause entlassen, nämlich im Gespräch bewusst den Blickkontakt mit den anderen Teilnehmern zu suchen, da der Blickkontakt die unmittelbare Brücke zum Gegenüber und später zum Publikum ist.

*10:30 Uhr bis
10:45 Uhr*

– Kaffeepause –

Aktivierendes Rätselspiel für zwischendurch: „Die Telepathie"

In der Pause nehme ich die schüchternste Person des Kurses beiseite und weihe sie in „die Magie der Telepathie" ein (Quelle: Cornelia Topf, in: Axel Rachow, Spielbar, Bonn 2000). Das Spiel bietet sich immer dann an, wenn die Teilnehmer etwas müde zu werden drohen. Die schüchternste Person wähle ich, weil sie durch diese Übung spielerisch vor die Gruppe geholt wird und sich auf diese Weise daran gewöhnen kann, auch einmal im Mittelpunkt stehen zu müssen. Die Übung macht jedoch immer Spaß.

Bei dem Spiel einigen sich die Teilnehmer auf einen bestimmten Gegenstand im Raum, den der Proband anschließend erraten muss. Die übrigen Teilnehmer müssen wiederum herausfinden, worin meine „telepathischen Fähigkeiten" bestehen, die mein Proband stets den richtigen Gegenstand erraten lässt. Auf diese Weise schulen die Teilnehmer gleichzeitig alle möglichen Beobachtungskriterien, die bei einer Feedbackrunde von Bedeutung sind.

Spiel zur Schulung der Beobachtungsgabe

Häufig nennen die Teilnehmer beispielsweise folgende Lösungen:

▶ ein Augenzwinkern, ein mimischer Code oder eine Handbewegung,
▶ Betonung und Lautstärke der Stimme,
▶ Körpersprache/Gestik (auf einen Gegenstand deuten, auf etwas zugehen etc.),
▶ eine bestimmte Anzahl von Fragen (z.B. jede fünfte Frage) oder
▶ eine bestimmte Formulierung.

Die Vereinbarung mit der „Telepathin" lautet nunmehr, dass die flüchtige Berührung des unmittelbar vorhergehenden Gegenstands darauf hinweist, dass der nächste genannte Gegenstand der gesuchte ist. Beispiel: Angenommen die Seminarteilnehmer bestimmen den Beamer als Gegenstand, der erraten werden soll. Anschließend frage ich einige Gegenstände im Raum ab. Bei der Frage „Ist es der Flipchartständer?" berühre ich diesen gleichzeitig mit der Hand oder einem Finger. Die Telepathin weiß nun, dass der nächste Gegenstand die Lösung ist. Und in der Tat wird meine nächste Frage lauten: „Ist es der Beamer?"

Aufgelöst wird das Rätsel erst am Ende des Seminars, falls es nicht vorher von den Teilnehmern erraten wird.

Übung: „Das schaff' ich mit links!"

Kommentar/Hinweis vorab

10:45 Uhr bis 11:15 Uhr

Nach der Kaffeepause sorgt eine kleine Aktionsübung dafür, dass alle Teilnehmer wieder gut in die Themenphase finden. Gleichzeitig wird damit der Weg für ein weitgehend widerstandsfreies Seminar geebnet, indem spielerisch das Einlassen auf Neues und somit die eigene Verantwortung für den Lernprozess eingefordert wird. Methodisch führe ich dabei vor Augen, dass Lernen grundsätzlich mit Anstrengung verbunden ist und dass nur derjenige echte Erfolge haben wird, der bereit ist, den ersten, aufkommenden Widerstand auszuhalten und „dranzubleiben".

Zielklarheit und das Wissen darüber, wie neuronale Strukturen im Gehirn aufgebaut werden, erleichtern den Umgang mit dem eigenen Widerstand und der eigenen Ungeduld beim Erlernen von neuen Fähigkeiten. Zudem braucht Lernen Zeit und ständige Übung, somit ist Selbstdisziplin und echter Wille erforderlich. Die folgende Übung „Das schaff' ich mit links" ist seither fester Bestandteil (fast) aller meiner Seminare. Kennengelernt habe ich sie 1998 in einem Praxisseminar von Gudrun Fey, die sie „Mit der anderen Hand schreiben" nennt.

Kurzbeschreibung

Die Teilnehmer schreiben ein Wort mit der „falschen" Hand.

- ▶ **Ziel:** Bewusstmachung für Lernprozesse, Umgang mit Widerständen erleichtern
- ▶ **Metapher/Merkhilfe:** „Stift in der Hand"
- ▶ **Docere:** Lernen ist ein Prozess, der mit anfänglichen Misserfolgen zu tun hat. Wer durchhält, erreicht sein Ziel und wird

Übung: „Das schaff' ich mit links!"

belohnt, weil er eine neue Technik beherrscht, die ihn vor anderen auszeichnet und ihm am Ende sogar Zeit sparen hilft. Auf diese Weise ist die Motivation geweckt, sich wieder einem neuen Lernprozess zu stellen. Es wird auch gelernt, dass ohne ein klares „Wozu?", ohne ein konkretes Ziel vor Augen, dem auftretenden Widerstand nicht angemessen begegnet werden kann.

- **Delectare:** Die Übung ist anspruchsvoll. Trotzdem lachen die Teilnehmer, sobald sie ihre eigenen Schnörkel sehen und dann erkennen, dass es dem Nachbarn genauso ergangen ist.

- **Movere:** Die Übung soll die Teilnehmer motivieren, sich auf „Ver-rücktes" einzulassen, auf eine neue Methode, Spiele und Ideen sowie auf das Lernen mit allen Sinnen.

Ablauf/Vorgehen

Wording: *„Wer von Ihnen ist Rechtshänder?* (Die Teilnehmer melden sich.) *Dann bitte ich nun alle Rechtshänder und Rechtshänderinnen, für eine Übung ihren Kugelschreiber in die linke Hand zu nehmen. Linkshänder nehmen den Stift in die rechte Hand. Bitte nehmen Sie nun Ihr Namensschild und schreiben Sie in die Innenseite das Wort ‚Trainingseffekt'."*

Meistens stöhnen die Teilnehmer und murmeln wertvolle Eindrücke wie „Das geht nicht", „Oje, wie das aussieht" etc. Manche fragen nach, ob sie in Druckbuchstaben oder in Schreibschrift schreiben sollen. Als Trainerin weise ich dann darauf hin, dass es weniger auf das „Wie?" als vielmehr auf die Umsetzung an sich ankommt. Wenn alle fertig sind, fordere ich die Teilnehmer auf, die Übung nun mit der „gewohnten" Hand durchzuführen.

Wording: *„Damit Sie nach der Übung das Ergebnis besser vergleichen können, bitte ich Sie, das Wort neben oder unter das erste Wort zu schreiben."*

Dieser Durchgang geht erfahrungsgemäß sehr schnell. Die Teilnehmer vergleichen und amüsieren sich mit dem Nachbarn über die Ergebnisse. Ich stelle folgende Fragen, um den Transfer für das Thema „Lernen" herzustellen:

- *„Wie zufrieden sind Sie mit Ihrem Ergebnis?"*
- *„Haben Sie beim ersten Durchgang Ihr Ziel erreicht?"*

© managerSeminare

- *„Was fällt Ihnen im Hinblick auf die benötigte Zeit auf?"*
- *„Warum machen wir diese Übung an dieser Stelle?"*

Die letzte Frage beantworte ich selbst, sichere in meiner Zusammenfassung den Transfer und ende stets mit dem Appell:

„Ich freue mich, wenn Sie sich auch im Laufe unseres Seminars – besonders dann, wenn manches „ungewohnt" oder gar „ver-rückt" erscheint – an diese Übung erinnern. Bleiben Sie dran, auch wenn der Erfolg nicht sofort eintritt. Ich garantiere Ihnen, morgen gehen Sie aus dem Seminar und setzen die Dinge fabelhaft um. Die Voraussetzung ist allerdings Ihre Bereitschaft, sich auf das Training, auf neue Sichtweisen, Übungen und Meinungen einzulassen."

Übung: „Wirkungsvolle Augenblicke"

Kurzbeschreibung

Die Teilnehmer treten einzeln vor und versuchen, allein über den Blick Kontakt zum Publikum aufzubauen, dessen Aufmerksamkeit auf sich zu ziehen und die daraus resultierende Spannung auszuhalten.

- **Ziel:** Einen Spannungsbogen aufbauen und Ruhe ausstrahlen lernen.

- **Metapher/Merkhilfe:** Spannungs-Bogen

- **Docere:** Führung mittels Standhaftigkeit; Wirkung erzielen mittels Pause; Wissen, wann eine Rede beginnt und endet. Die Teilnehmer bekommen ein Zeitgefühl und erkennen die Diskrepanz von gefühlter Zeit (unter Stress) und tatsächlicher Zeit (Publikumserwartung).

- **Delectare:** Die Übung fällt zunächst schwer, da sie ungewohnt ist.

- **Movere:** Jeder Teilnehmer erlebt, wie wichtig und gleichzeitig schwierig eine Pause vor Beginn einer Rede ist. Auch machen die Teilnehmer die Erfahrung, wie schwer es zunächst ist, Applaus „standhaft und gelassen" anzunehmen. Sie erleben am eigenen Leib, wie stark es uns nach dem Schlusswort zurück an unseren Platz zieht.

Ablauf/Vorgehen

Wording: *„Ich lade Sie nun zu einer spannenden und gleichermaßen ungewöhnlichen Übung ein, die ich „Wirkungsvolle Augenblicke" nenne. Sie treten nun vor das Publikum und bauen nonverbal eine Brücke zum Publikum. Und erst, wenn Sie der Ansicht sind, dass es*

zeitlich angemessen ist, Ihre Rede zu beginnen, sagen Sie die Worte ‚Vielen Dank' und bleiben stehen.

Ungewöhnlich ist diese Übung, weil wir die Rede komplett verkürzen. Der Beginn (der 1. Eindruck) und der Abschluss (der 2. Eindruck) einer Rede fallen hier zusammen. In beiden Situationen haben wir die absolute Aufmerksamkeit. Genau hier sollten wir Souveränität zeigen, Ruhe und Selbstsicherheit ausstrahlen. Genau das trainieren wir im Folgenden.

Sobald Sie wieder an Ihrem Platz sitzen, werde ich Sie fragen, ob die gewählte Zeit für uns als Zuhörer angemessen, zu lang oder zu kurz war. Weiteres Feedback geben wir nicht. Es geht uns nur um die Zeit und den Spannungsbogen. Alles Weitere besprechen wir noch."

Diskussionspunkte zur Reflexion

Aus dieser Übung ergeben sich erfahrungsgemäß folgende Überlegungen und Fragestellungen:

- Was tun mit den Händen? Die Schwierigkeit, vor einer Gruppe zu stehen und zu Beginn den „geballten" Blickkontakt auszuhalten, zieht die Frage nach „richtiger" Körpersprache und dem Einsatz der Hände nach sich.
- Warum renne ich am Ende der Übung geradezu an meinen Platz zurück ohne es zu merken bzw. obwohl ich mir vorher fest vorgenommen habe, stehen zu bleiben?
- Wieso ist meine Zeitwahrnehmung eine andere?
- Wie kommt es, dass ich mich anders einschätze, als die Zuhörer es tun? Dies berührt die Frage nach der Eigen- und Fremdwahrnehmung.
- Wie kann ich die Anfangsnervosität gering halten?
- Es wird auch deutlich, dass es uns sogar guttut, wenn wir „reden" dürfen, statt schweigend vor einer Gruppe stehen zu müssen. Denn beim Reden und Gestikulieren bauen wir die Energie automatisch über die Hände und Füße ab.
- Einzelnen wird an dieser Stelle bereits deutlich, dass der Einstieg bei einem Vortrag mit einem auswendig gelernten bzw. wohlüberlegten Satz von Vorteil ist, weil die Nervosität zu Beginn am höchsten ist. Dies gilt auch für das Ende des Vortrags, an dem die Aufmerksamkeit des Publikums noch einmal gefesselt werden will.

Übung: „Wirkungsvolle Augenblicke"

Kommentar/Hinweis

Da bei dieser Übung viele Fragen aufgeworfen werden und eine hohe Sensibilisierung und Bewusstmachung bei jedem einzelnen Teilnehmer stattfindet, können Sie von einem hohen Aufmerksamkeitsgrad und einer intensiven Arbeitsatmosphäre ausgehen.

Varianten

Um Mut als solchen und den Mut zur eigenen Meinung zu thematisieren, können die Teilnehmer vor dem Publikum auch ein Zitat vortragen. Jeder Teilnehmer kann hierzu auf eine im Raum befindliche laminierte Zitat-Karte zurückgreifen, die ihm besonders gut gefällt, oder auch alternativ seine eigene Lieblingsthese wählen.

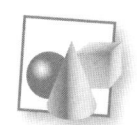

Die Übung zielt darauf, die Teilnehmer zu sensibilisieren, dass ein Zitat einerseits ein guter Einstieg sein kann (!), dass wir uns damit aber andererseits hinter einer anderen Person verstecken. Es erfordert Mut, eine eigene These in den Raum zu stellen und diese als Einstieg mit Bezug zum dann folgenden Thema zu wählen.

Bei dieser Variante gewöhnen sich die Teilnehmer bereits an die noch folgende Arbeit mit Karteikarten. Spätestens nach dieser Übung weiß jeder Teilnehmer, dass es wichtig ist, Kartenmaterial stets in die „ruhige" Hand (vgl. S. 147 ff.) zu nehmen, um der anderen Hand das Spiel mit der Gestik zu ermöglichen. Da Sie die Karten bereits als „Deko" zur Gestaltung des Bildungsraums verwenden, haben Sie zusätzlich den Vorteil, dass die Impulse von den Teilnehmern gelernt werden, ohne dass Sie extra darauf verweisen müssen. Das ist ein mnemonikfreundlicher, spielerischer Nebeneffekt.

Aufkommende Fragen beantworte ich an dieser Stelle entweder unmittelbar, sofern dies in einem Satz möglich ist. Ansonsten führen uns genau diese Fragen zum nächsten Themenbaustein: „Wirkungsfaktoren und das Handwerkzeug eines Redners".

Wirkungsfaktoren eines Redners

Kurzbeschreibung

11:15 Uhr bis 12:15 Uhr

Die Teilnehmer lernen mit Körpersprache, Inhalt und Stimme die drei Faktoren kennen, die den Redner vor Publikum selbstsicher, glaubwürdig und überzeugend wirken lassen. Sie spielen bewusst mit diesen Faktoren und erleben sie am eigenen Leib in ihrer Relevanz und (Wechsel-)Wirkung.

▶ **Ziel:** Selbstbewusst Wirkung erzielen.

▶ **Metapher/Merkhilfe:** „Herzblatt"

▶ **Docere:** Woraus setzt sich die Gesamtwirkung zusammen, und wie kann die Wirkung der Gestik und des Stands optimal und angemessen eingesetzt werden?

▶ **Delectare:** Die Übung im Stehen aktiviert, gleichzeitig wird viel gelacht, wenn man sich und die anderen einerseits in einer „Kleinmädchen-/Kleinbub-Haltung" erlebt, andererseits in der „John-Wayne-Haltung", in der wir uns groß und mächtig geben.

▶ **Movere:** Die Übung überzeugt, da Unterschiede spürbar und erlebbar werden. So merken die Teilnehmer, dass sie in der „kleinen" Haltung Füllworte und sprachliche „Weichmacher" – also Worte wie: eigentlich, irgendwie, also, mmh, äh, eventuell etc. – verwenden, während in der großen Haltung die Sprache ökonomisch, fordernd und auf das Ziel hin orientiert ist. Motivierend im Sinne von bewegt ist die Übung, weil das Thema Körpersprache im Stehen, also in Bewegung durchgeführt wird.

Ablauf/Vorgehen

Diesen Baustein leite ich methodisch über ein Quiz ein.

Wording: *„Bereits vor über 30 Jahren hat sich Professor Albert Mehrabian mit der Frage beschäftigt, wie Wirkung entsteht und ab wann wir eine Person als selbstsicher und glaubwürdig einstufen. Mehrabian hat in seiner Studie drei Faktoren berücksichtigt: erstens die Körpersprache, zweitens den Inhalt und drittens die Stimme eines Redners. Das Thema Kleidung ordnet er dem Faktor Körpersprache zu.* (An dieser Stelle öffne ich das Chart Körpersprache. Die Prozentzahlen sind verdeckt. Lediglich das Prozentzeichen ist sichtbar – siehe Abb. unten)

Ich bin gespannt, wie Sie entscheiden. Ich gebe Ihnen jetzt 100 Prozent (meist mache ich eine gebende Gestik). *Ich bitte Sie nun, die Zahlen spontan zu verteilen. Sagen Sie mir bitte, wie Sie diese 100 Prozent auf Körpersprache, Inhalt und Stimme verteilen."*

Die Teilnehmer nennen in der Regel sehr unterschiedliche Zahlen und erkundigen sich, ob die Werte sich auf den ersten Eindruck ändern bzw. dann, wenn eine Person bereits bekannt ist. Die Fragen beantworte ich jeweils. Auch weise ich darauf hin, dass es je nach Kontext Unterschiede geben kann. So ist die Erwartung an Inhalt

Wie entsteht Ausstrahlung?
– Kriterien für Wirkung –

▶ **Inhalt** **7**%

▶ **Stimme** **38**%
 – Geschwindigkeit
 – Lautstärke
 – Formulierung
 – Betonung

▶ **Körpersprache** **55**%
 – Mimik: LMAA? (= **L**ächle **m**ehr **a**ls **a**ndere!")
 – Gestik: Krieg oder Frieden?
 – Stand: Hektisch oder entspannt?

Die Prozentzahlen sind verdeckt und werden erst nach Einschätzung der Teilnehmer enthüllt.

Quelle: Prof. Albert Mehrabian, in: Silent messages, 1971

Prof. Albert Mehrabian, Ph.D.

und Fachwissen an der Universität verständlicherweise höher als in einer Roadshow.

Danach decke ich die Prozentwerte auf. Die Teilnehmer sind meist entsetzt. Als Wissenschaftlerin weise ich darauf hin, dass Mehrabians Studie lediglich eine Teilstudie und dennoch lehrreich ist. Sie verdeutlicht nämlich auch, dass wir uns von selbstbewussten Menschen und ihrer Körpersprache nicht einschüchtern lassen und mit unseren Fragen mutig den Faktor „Inhalt" und damit ihre Fachkompetenz überprüfen sollten. Gleichzeitig lernen wir auch, dass der gute, schlüssige und wissenschaftlich fundierte Inhalt bei der Vorbereitung nicht alles ist und wir auch die Wirkfaktoren Stimme und Körpersprache berücksichtigen sollten.

Kommentar/Hinweise

Bei Physikern und Naturwissenschaftlern wurde mir schnell deutlich, dass sie sich in Rhetorik-Seminaren ungern auf das Thema „Wirkung mit und durch Äußerlichkeiten" einlassen. Ich kann das gut nachvollziehen, da es mir als Lehrende ebenfalls auf die Inhalte ankommt und ich – insbesondere in meinen ersten Trainerjahren – Mehrabians[6] Statistik sogar boykottieren wollte. So kleidete ich mich bewusst unscheinbar und setzte mir eine eher akademisch statt modisch wirkende Brille auf – als junge Akademikerin wollte ich schließlich aufgrund meiner inhaltlichen Leistung beurteilt werden.

Inzwischen habe ich verstanden, dass dieser Kampf gegen Windmühlen überflüssig ist. Die meisten Menschen sind nun einmal stark visuell geprägt, weshalb „das Sichtbare" zwangsläufig in ihre Bewertung einfließt. Gerade in größeren Unternehmen ist die Kleiderordnung, der „Businessdress", ein Faktor ohne inhaltlichen Bezug – sie ist vielmehr eine normative Vereinbarung wie das Füsseabtreten vor dem Besuch einer fremden Wohnung. Die Kleiderordnung zu berücksichtigen vereinfacht die Dinge, sobald man sich einfach darauf einlässt.

---

6 Albert Mehrabian: Silent messages. 1971. Die Studie wird in fast allen Kommunikations- und Rhetorikseminaren zitiert.

Das „Herzblatt" als Metapher – zur vertiefenden Diskussion

Um den Teilnehmern zu verdeutlichen, wie wir unbewusst Sympathie und Kompetenz bewerten und wie die Faktoren Körpersprache und Auftritt, Gesagtes (Inhalt) und Stimme (Lautstärke, Tonfall, etc.) dabei wirken, arbeite ich gerne mit dem „Herzblatt". Diese erfolgreiche Sendung ist fast jedem Teilnehmer bekannt, und sie bietet sich als „merk-würdiges" Beispiel zu den Wirkungsfaktoren geradezu an. Das Chart zu den Wirkungsfaktoren (siehe S. 126) gibt den Teilnehmern Orientierung und ist Hilfsmittel für die vertiefende Diskussion.

Wording: *„Kennen Sie die Sendung ‚Herzblatt'?* (Dies ist eine rhetorische Frage. Sie können davon ausgehen, dass die Teilnehmer die Sendung alle kennen. In wenigen Ausnahmefällen beschreibe ich die Sendung kurz). *Ja? Es fällt auf, dass die Herzblattsuchenden ihren Favoriten nach dem Kurzinterview, also wenn der Inhalt hinzukommt, häufig noch einmal ändern. Wir erleben damit die Wirkung der Analysekriterien von Professor Mehrabian hautnah.*

Den ersten guten Eindruck machen sich die Zuschauer über das Auftreten eines Kandidaten: Wie betritt dieser Mensch die Bühne? Wie setzt er sich auf den Barhocker? Welche Kleidung trägt er? Ist er stilsicher? Gut in Form? etc. Wenn alle Teilnehmer Platz genommen haben, lernen sie über das Kurzinterview die Stimme und die Ansichten der Kandidaten kennen. Der Kandidat hinter der Wand hat natürlich einen entscheidenden Nachteil: Er kann seine Sympathie nur an den Wirkungsfaktoren Stimme und Inhalt festmachen und über das Aussehen seines Favoriten nur spekulieren."

Ich warne mit diesem Beispiel davor, zu sehr auf die Äußerlichkeiten zu fokussieren, denn das wäre der Rhetorik nicht angemessen. Zudem berücksichtigt Mehrabian in seiner Studie lediglich Eindrücke aus Begegnungen zwischen einzelnen Menschen (Face-to-face-Kontakte), so dass sie auf Gruppen nur bedingt übertragbar ist. Sich gut anzuziehen und „einfach drauflos zu labern" reicht also nicht und geht langfristig auf Kosten der Glaubwürdigkeit.

Dem Transfer aus der Erfahrung mit der Mehrabian-Studie räume ich in jedem Fall genug Zeit ein. Die Teilnehmer sollen verstehen, dass langfristiger Erfolg sich vor allem in Klarheit in Wort und Tat

> Erst im stimmigen Zusammenspiel von Inhalt, Körpersprache und Stimme erzielt der Redner die Wirkung, die er beabsichtigt.

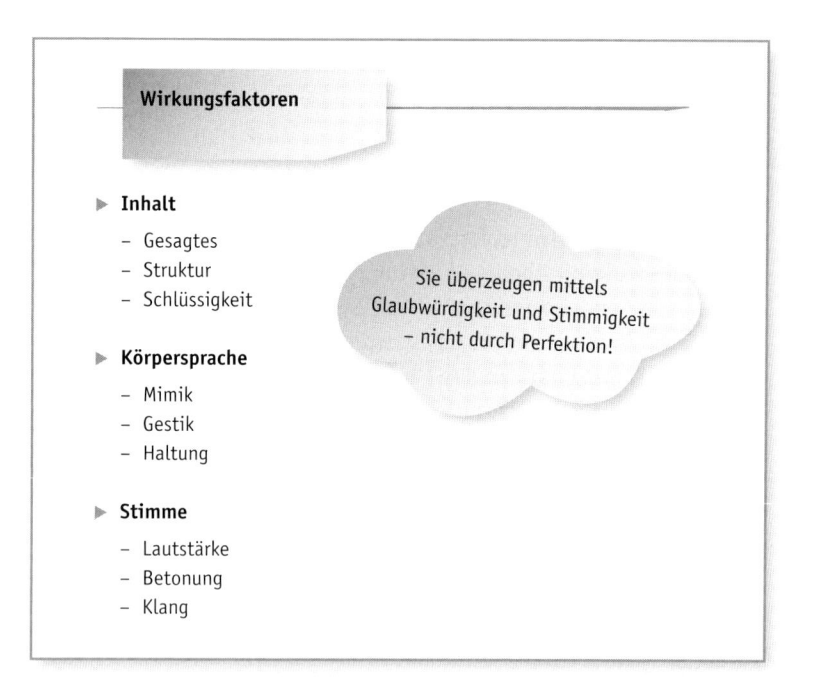

Wirkungsfaktoren

- ▶ **Inhalt**
  - Gesagtes
  - Struktur
  - Schlüssigkeit

- ▶ **Körpersprache**
  - Mimik
  - Gestik
  - Haltung

- ▶ **Stimme**
  - Lautstärke
  - Betonung
  - Klang

Sie überzeugen mittels Glaubwürdigkeit und Stimmigkeit – nicht durch Perfektion!

zeigt und die Reduktion der Wirkung auf Körpersprache auf jeden Fall zu kurz greift, sobald sie sich in einem Umfeld befinden, in dem es um Inhalte geht.

Da mein rhetorischer Ansatz mit Mündigkeit und dem Mut zu eigenen Aussagen zu tun hat, hebe ich deutlich hervor, dass Kleidung auf den Moment, Inhalt und Kongruenz jedoch auf langfristige Änderungen und dauerhaftes Be-Wirken zielen. Die Kleidung gehört also zur angemessenen Wirkung dazu und unterstützt den Rapport zum Publikum – danach muss allerdings auch Inhalt folgen.

Übung: Wann überzeugen John Waynes Argumente?

Nachdem in der Auseinandersetzung mit der Statistik Mehrabians der Kopf der Teilnehmer beschäftigt wurde, leite ich nun zu einer Übung über, um das Zusammenspiel von Körper, Stimme, Inhalt und Gesamtwirkung auch körperlich erlebbar zu machen. Die Übung wird folgendermaßen angeleitet:

Wording: *„Ich lade Sie nun zu einem kleinen Experiment ein, zu einer Übung, die erlebbar macht, wie sehr Körpersprache, Stimme und das, was wir wie sagen, zusammenhängen und sich gegenseitig beeinflussen. Hierzu bitte ich Sie kurz aufzustehen. (Alle stehen auf.) Jetzt brauchen wir als Erstes ein gemeinsames Ziel. Bitte überlegen Sie, von was Sie in Ihrem Leben mehr gebrauchen könnten und sich gleich an unterschiedlichen Orten einfordern werden. (Die Teilnehmer nennen meistens sehr schnell „mehr Geld" oder „mehr freie Zeit".) Da wir ein gemeinsames Ziel für diese Übung brauchen, entscheiden Sie sich jetzt für eines der Ziele."*

Wenn sich die Gruppe beispielsweise für mehr Geld entschieden hat, lasse ich das folgende Szenario entstehen: *„Nun marschiert jeder für sich zu seinem Ansprechpartner. Sie haben Ihr Ziel klar vor Augen, treten vor diesen Entscheider/diese Entscheiderin und legen Ihr Ziel klar dar.*

Bevor Sie jedoch jetzt Ihren Wunsch laut äußern, stellen Sie sich folgendermaßen hin: Füße geschlossen nebeneinander, Sie kreuzen die Arme vor dem Oberkörper und lassen den Oberkörper hängen. Beugen Sie die Knie leicht und halten Sie den Kopf schief. Jetzt sagen Sie bitte laut und deutlich, was Sie sich wünschen."

Als Trainerin mache ich selbstverständlich die körpersprachliche Haltung mit. Ich formuliere allerdings nicht mit, weil die Teilnehmer selbst merken sollen, wie kleinmütig sie formulieren, wenn sie sich körpersprachlich „klein machen". Sobald einige Teilnehmer ihre Forderung laut und in etwa wie folgt formuliert haben „Eigentlich hätte ich gern irgendwie mehr Geld. Wenn möglich, ähm, äh ...", stimme ich den Skeptikern zu, die zu Recht äußern, so würde sich keiner hinstellen.

„Sicher ist dies ein Extrembeispiel, aber da Sie daran erkennen können, was angemessen ist, bitte ich Sie nun, mit mir gemeinsam ein anderes Extrem zu versuchen. Achten Sie darauf, was die Körpersprache in Ihrem Denken und sprachlichen Handeln bewirkt und beim anderen auslöst."

Ich stelle mich nun breitbeinig und gut geerdet vor die Teilnehmergruppe und leite wie folgt an: *„Stellen Sie sich bitte nun gut geerdet hin. Kopf gerade, mit stechendem Blick geradeaus und die Hände in die Hüften gestemmt."*

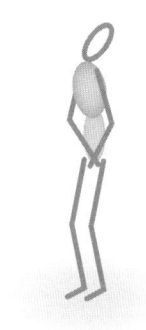

Beispielhafte Körperhaltungen:

▶ typische Unterwerfungs-Haltung (oben)

▶ „John-Wayne"-Haltung (unten)

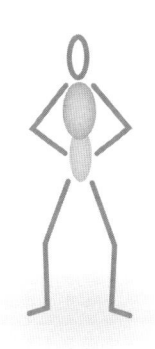

Die häufig von Teilnehmerseite spontan geäußerte „John-Wayne-Haltung" greife ich dabei gerne auf: *„Ja, genau. Wie fühlen Sie sich als John Wayne? Und vor allem: Wie lautet jetzt Ihre Forderung? Bitte überprüfen Sie auch, ob Sie Ihre Forderung durchsetzen können."*

Erkenntnis: Körpersprachliche Dominanz beeindruckt, aber überzeugt nicht.

Die Teilnehmer merken, dass ihre Formulierung stark verkürzt auf das Ziel hin ausgerichtet ist („Mehr Geld!", „Geld her, aber dalli!" etc.). Auch der Tonfall ändert sich und wird laut, deutlich, fordernd bis hin zu drohend. Gefühlt werden Stärke und Erdung. Das schafft Sicherheit im „Standing". Aber so gut sich der Einzelne auch fühlen mag und so klar er auch argumentiert – jeder merkt, dass er wegen der dominant-provozierenden Cowboy-Haltung außer einem blauen Auge (Aggression) nichts zu erwarten hat.

Auswertung: *„Gerne können Sie jetzt wieder Platz nehmen. Sie haben soeben an zwei extrem unterschiedlichen Körperhaltungen gesehen, wie eine Kleinmach-Haltung Hilflosigkeit in uns aufkommen und unsere Sprache unklar sein lässt: mit viel sprachlichem, nichtssagendem Beiwerk und leiser, kaum hörbarer Stimme. In der starken Haltung fühlen wir uns mächtig, sprechen laut, klar, mit deutlicher Stimme und nennen ohne ‚Weichmacher' unser Ziel. In beiden Fällen bewirken wir unterschiedliche Reaktionen. Im ersten Fall bringen wir uns selbst in eine unterlegene Position und appellieren an den Helfer und seinen guten Willen: ‚Ich bin unterlegen, tu mir nichts und entscheide Du für mich!' Im anderen Fall positionieren wir uns selbst in die überlegene Position und fordern Gehorsam ein. Da wir in beiden Fällen nicht bekommen, was wir wollen, brauchen wir eine angemessene Haltung, die irgendwo dazwischen liegt. – Bitte stehen Sie noch einmal kurz auf."*

Übung: Sicher stehen vor Publikum

Ein kleiner Trick mit enormer Wirkung

Der Stand zu Beginn einer Rede entscheidet darüber, ob jemand auch unter Stress sicher vor Publikum steht. Bewegt sich jemand vor Aufregung vom Publikum weg, was häufig unbewusst geschieht, schafft er nicht nur wortwörtlich, sondern auch emotional Distanz. Damit genau das nicht passiert, gibt es einen kleinen körpersprachlichen Trick mit enormer Wirkung: Mit leichter Schrittstellung und dem Gewicht auf dem vorderen Bein, gehen die Teilnehmer bei einem Adrenalinschub automatisch auf ihr Publikum zu.

Die folgende Übung hilft den Teilnehmern, dieses Phänomen selbst zu erleben und in der Praxis zu nutzen. In meinen Seminaren heißt diese Übung auch „Zu Dir oder zu mir", weil sie dadurch noch merk-barer wird und die bewusste Entscheidung, auf das Publikum zuzugehen, in den Vordergrund rückt. Die Teilnehmer erwähnen diese Übung gerne als besonders hilfreich in den Feedbackrunden.

- **Ziel:** Teilnehmer wissen, dass das Zugehen auf das Publikum auch unter Stress möglich ist, wenn das Gewicht auf den Ballen verlagert wird.
- **Metapher/Merkhilfe:** „Zu Dir oder zu mir?"
- **Docere:** Zur Pause am Beginn einer Rede kommt nun ergänzend die Bedeutung des richtigen Stehens vor Publikum zu Beginn und am Ende einer Rede hinzu. Die Teilnehmer erfahren, dass der Brückenschlag zum Publikum von Anfang an von der akkuraten Haltung abhängt.
- **Delectare:** Die Übung ist amüsant, da wir uns selbst und die anderen dabei beobachten, wie wir bei der Gewichtsverlagerung auf der Ferse nach hinten „fallen". Witzig auch, wenn die Teilnehmer bei anderen sehen, wie komisch eine übertriebene Schrittstellung (wie vor dem Startschuss auf der Rennbahn) anzusehen ist.
- **Movere:** Die Teilnehmer sind schnell überzeugt und motiviert, bei nächster Gelegenheit das „Standing" angemessen und unauffällig anzuwenden.

Ablauf/Vorgehen

Wording: *„Ich lade Sie ein, kurz aufzustehen und die Theorie um die Praxis zu erweitern: Generell gibt es zwei Möglichkeiten zu stehen: mit paralleler Fußstellung oder in der Schrittstellung. Spüren Sie dem einmal kurz nach und entscheiden Sie, welche Sie mehr mögen.*

Ich selbst bevorzuge die Schrittstellung und erkläre Ihnen auch, warum die Schrittstellung die bessere körpersprachliche Brücke zum Publikum und zum direkten Dialog ist. Stellen Sie bitte ein Bein vor und verlagern Sie dann Ihr Gewicht auf das hintere (!) Bein. Sehen Sie jetzt Ihr Publikum vor sich und lassen Sie Ihren Adrenalinpegel steigen: Sie werden aufgeregt – und gehen automatisch zurück. Manche Redner bewegen sich auf diese Weise so lange nach hinten, bis sie mit Teilen der Dekoration kollidieren. (Als Trainer demonstrieren Sie das am besten, indem Sie rückwärts ans Flipchart stoßen. Das ist deutlich und voll Delectare!)

Und jetzt verlagern Sie Ihr Gewicht auf den vorderen Fuß. Auch hier wird Ihre Nervosität über die Füße abgeleitet. Jetzt jedoch werden Sie automatisch nach vorne getrieben, bewegen sich also wie von selbst auf Ihr Publikum zu. Das wirkt mutig und selbstbewusst."

Schrittstellungen:
- parallel (oben)
- Schrittstellung mit Gewicht auf dem vorderen Fuß (unten)

Die Teilnehmer machen an dieser Stelle häufig sehr auffällige, große Bewegungen mit weiten Schritten. Das wirkt komisch und künstlich, deshalb ergänze ich hier:

„Zum Üben können Sie heute gerne auch große Bewegungen machen. Bitte beachten Sie jedoch, dass Sie am Ende bei einer dezenten (!) Schrittstellung landen, damit das Publikum nicht befürchten muss, dass Sie ein Leichtathlet sind und Anlauf zum Dreisprung nehmen …

Für die parallele Schrittstellung sollten Sie inhaltlich und geistig gut geerdet sein. Auch wenn das Publikum es nicht wahrnimmt, gilt auch hier, dass das Gewicht tendenziell eher auf den Vorderfüßen liegen sollte, damit Sie jederzeit einen Ausfallschritt auf Ihr Publikum zu machen können."

Kommentar/Hinweis

Die Thematik Stehen, Gestik sowie körpersprachlicher Bezug zum Publikum kann auch als Auswertungs- bzw. Themenpunkt nach dem Spiel „Telepathie" angesprochen werden.

Übung: Was tun mit den Händen?

Mit dieser Übung lernen die Teilnehmer, Spannung über die Hände abzubauen. Angemessen eingesetzt, sind die Hände ein Wirkungsfaktor für die freie Rede; über die Gestik können wir zum Beispiel Passagen betonen, beschwichtigen und inszenieren. Redner, die zur Monotonie neigen, verbessern über die Bewegung der Hände ihren Ausdruck. Mit Hilfe einer Karteikarte in der richtigen Hand erfahren die Teilnehmer zudem, dass ein „Spickzettel" als Hilfsmittel die freie Rede sogar unterstützen kann.

- **Ziel:** Teilnehmer wissen, wo die Hände hingehören und dass eine Hand stets frei sein sollte.

- **Metapher/Merkhilfe:** „Bonbons verteilen"

- **Docere:** Es wird deutlich, wie unsichere Wirkung entsteht und wie wichtig der bewusst gesteuerte Spannungsabbau über die Hände funktioniert. Auch lernen die Teilnehmer, dass eigene Handbewegungen nicht kontrolliert und beachtet und somit auch nicht vor dem Spiegel trainiert werden sollten. Wir trainieren die Kunst, das eigene Temperament und die eigene Dynamik stimmig und wirkungsvoll nach außen zu transportieren. Die Teilnehmer erfahren auch, dass eine Karte mit Notizen kein Widerspruch zu einer „freien" Rede ist und der souveräne Umgang damit über authentisches Redeverhalten entscheidet.

- **Delectare:** Das Ausprobieren und Testen einer Rede mit und ohne Karte macht Spaß. Die Übung wird im Stehen durchgeführt. Dies unterstützt die Lernfreude.

- **Movere:** Die Teilnehmer erleben, dass eine Karte, die mit beiden Händen gehalten wird, den unerlässlichen Abbau von Dynamik blockiert. Das Ergebnis ist eine hektische Wirkung vor Publikum, die nun bewusst nachvollzogen und verhindert werden kann.

Ablauf/Vorgehen

Wording: *„Unsere Hände sind unsere Freunde, tagtäglich tun sie etwas für uns. Und gerade bei einer Rede wird es uns lästig, dass sie schlichtweg an uns hängen. Wir wissen nicht, wohin damit. Männer haben meistens eine Lösung dafür: Sie stecken die Hände in die Taschen. Aber das ist erstens gar nicht ‚locker' und taugt erst recht nicht für die freie Rede. Zweitens nutzen sie damit auch nicht die Möglichkeiten ihrer besten Freunde – der Hände.*

Damit Sie sicher sein können, wie Sie Ihr „Hand-Werkszeug" sinnvoll einsetzen, bitte ich Sie, noch einmal aufzustehen. Tun Sie einmal so, als würden Sie oberhalb Ihrer Körpermitte irgendetwas großzügig verteilen: Bonbons an die Kinder, Futter an die Tauben oder Ähnliches ...

Sie werden das möglicherweise als künstlich empfinden. Damit kommen wir jetzt in die zweite Phase: Wir werden Ihre Hände beschäftigen!

Nehmen Sie Ihr Namensschild in eine Hand, halten Sie es gut fest und teilen Sie wieder Bonbons und Futter aus. Probieren Sie das dann auch mit der anderen Hand.

Entscheiden Sie sich nun, welche Hand Ihre Kartenhand sein wird: Es sollte die ruhigere der beiden sein. Denn die andere Hand, die bewegtere, spricht ohnehin für sich; sie kann und darf frei gestikulieren. Ab jetzt können Sie sie vergessen, denn sie macht ihren Job, auch ohne dass Sie an sie denken!"

Meistens kommen die Teilnehmer an dieser Stelle von selbst auf die Frage, warum die Karte nicht mit beiden Händen gegriffen werden soll. Falls nicht, nehmen Sie die Frage an dieser Stelle vorweg.

„Probieren Sie zum Schluss aus, wie es ist, Ihr Namensschild mit beiden Händen zu halten. Bleiben Sie dabei fest stehen und stellen Sie sich vor, Sie präsentieren gerade eine schwierige Passage. (Rückmeldungen der Teilnehmer abwarten!) Sie merken, dass die gestaute Energie ins Papier „fließt" und Sie es am liebsten zerknüllen möchten. Sprechen Sie nun innerlich die gleiche Passage mit der Karte in nur einer Hand und gestikulieren Sie mit der anderen frei. (Auch hier Rückmeldungen der Teilnehmer abwarten!) Sie erkennen, dass Ihre Nervosität automatisch in einen engagierten, natürlichen Redefluss mündet."

Nach der Übung nimmt sich jeder Teilnehmer vor, diese Haltung gleich bei der nächsten Übung vor Publikum auszuprobieren (= Transfer: Ich weiß etwas und nehme mir die konkrete Umsetzung für das nächste Mal bewusst vor).

Kommentar/Hinweise

Mir ist beim Thema „Wohin mit den Händen?" der Hinweis an die Teilnehmer wichtig, dass die Hände „vergessen werden sollen". Entscheidend ist, dass die Hände in der Körpermitte sind und nur **eine Hand** eine Moderations- bzw. Stichwortkarte greift, während die andere frei bleibt. Danach denken wir über unsere Hände nicht mehr nach. Sie sprechen von selbst und wirken damit in jedem Fall authentisch. Ganz Aktive können auch über das Laufen Spannungen abbauen, indem sie auf ihre Zuhörer zugehen.

Manche Teilnehmer fragen, ob es hilfreich sei, Gestik vor dem Spiegel zu trainieren, weil sie das in irgendwelchen Büchern gelesen haben. Ich lehne das im Hinblick auf unser Redeziel ab, frei vor Publikum zu sprechen und verweise darauf, dass wir authentisch wirken wollen. Einstudierte Gesten amüsieren uns beim Theater, aber nicht bei einem frei sprechend handelnden Redner.

Hier noch einmal die Gründe, warum die Hände von der Körpermitte aus agieren sollen:

▶ Sie bauen innere Spannungen ab, ohne hektisch zu wirken.
▶ Sie betonen Gesagtes, sofern man die Hände sprechen lässt.
▶ Sie können ohne viele Worte Dinge zeigen und unterhalten somit das Publikum auf eine locker-heitere Art und Weise.

Die Funktion der Hände bei der Rede

Je nach Zeit und Bedarf schließe ich an dieser Stelle den Baustein „Das rhetorische Dreieck" (siehe S. 134) oder alternativ die vorhin erwähnte Kurzübung „Zitate vorlesen" an (siehe S. 121, Varianten).

Varianten

Je nach Bedarf und Teilnehmergruppe behandle ich diesen Punkt auch kürzer, indem ich zeige, wie Moderatoren, Politiker und andere Personen der Öffentlichkeit die Hände halten.

Oder ich friere Gesten ein (Hände vor dem Körper, hinter dem Körper, Hände oder Arme verschränkt) und lasse die Teilnehmer sagen, was sie dabei jeweils empfinden. Das Fazit wird sein, dass frei vor dem Körper agierende Hände natürlich und sympathisch wirken.

Lassen Sie die Teilnehmer nach dem Namensschild in Karteikartengröße ihre Seminarunterlagen oder ihre Schreibblöcke in Größe DIN A4 in die ruhige Hand nehmen und die Übung wiederholen. Den Teilnehmern wird sofort deutlich, dass ein Block als Skript für einen freien Vortrag absolut ungeeignet ist: das ideale Hilfsmittel sind Karteikarten der Größe DIN A5.

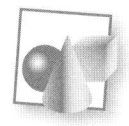

Das rhetorische Dreieck

Kurzbeschreibung

12:15 Uhr bis 12:45 Uhr

Nacheinander werden die beiden Charts „Das rhetorische Dreieck" sowie „Der Profi überlegt im Vorfeld" (siehe Abb. S. 136) besprochen. Letzteres wird Schritt für Schritt offengelegt und erläutert.

- ▶ **Ziel:** Orientierung schaffen. Wissen um die Kraft der Zielklarheit.

- ▶ **Metapher/Merkhilfe:** Dreieck

- ▶ **Docere:** Wissen, dass das Gelingen einer guten Rede von der Publikumsanalyse und von der eigenen Zielklarheit abhängt. Auch das Lampenfieber wird reduziert, wenn im Vorfeld über die wesentlichen Punkte Klarheit herrscht. Die Teilnehmer lernen, dass die vorab besprochene Glaubwürdigkeit, Angemessenheit und gute Wirkung von der Analyse im Vorfeld abhängen.

- ▶ **Delectare:** Der Gedanke, Zeit zu sparen und sich mit der Checkliste effizient vorbereiten zu können, erfreut die Ergebnisorientierten im Seminar ebenso wie die Gewissenhaften und die Methodiker. Das handgezeichnete Chart gibt meist zum Schmunzeln Anlass – eben weil es nicht so perfekt ist, aber das Wesentliche in „merk-würdiger" Form bereithält.

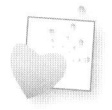

- ▶ **Movere:** Den Teilnehmern wird bewusst, wie wichtig die gute Vorbereitung ist. Ebenso wird deutlich, dass die Vorbereitung – wenn die wesentlichen Fragen geklärt werden – kurz und effizient sein kann. Auch wird aus rhetorischer Sicht verständlich, wie „rednerische Fettnäpfchen", ob eigene oder im TV gesehen, entstehen. Meist geht es um unangemessenes Verhalten, das auf einen fehlendem Abgleich von Zielen des Redners und des Publikums zurückzuführen ist.

Das rhetorische Dreieck

Ablauf/Vorgehen

Wording: *„Den dynamischen Zusammenhang von Redner, Publikum und Thema bildet in den meisten Lehrbüchern ein gleichschenkeliges ‚rhetorisches Dreieck' ab, in dem die Eckpunkte sich gegenseitig und gleichberechtigt beeinflussen.*

Um die Zielgerichtetheit einer inhaltsstarken Rhetorik, die vom Thema ausgeht, darzustellen, habe ich das Bild umgedreht: Das Thema steht an einer breiten Achse oben und führt wie ein Trichter nach unten, um in einer größtmöglichen Annäherung von Publikum und Redner zu münden. Wenn Redner und Publikum über das Thema Kontakt herstellen und über Docere, Movere und Delectare die Distanz zueinander überwunden haben, dann hat der Redner sein Ziel erreicht."

Damit die Teilnehmer einen schnellen Zugang zum Zusammenhang von Ziel, Publikum und Thema haben, zeige ich das Chart „Der Profi überlegt im Vorfeld" und weise darauf hin, dass der Erfolg einer guten Rede von der gründlichen Vorbereitung abhängt. Die Fragen auf dem Chart sind eine Checkliste, um die Rede effizient und in einem angemessenen Zeitrahmen zu durchdenken.

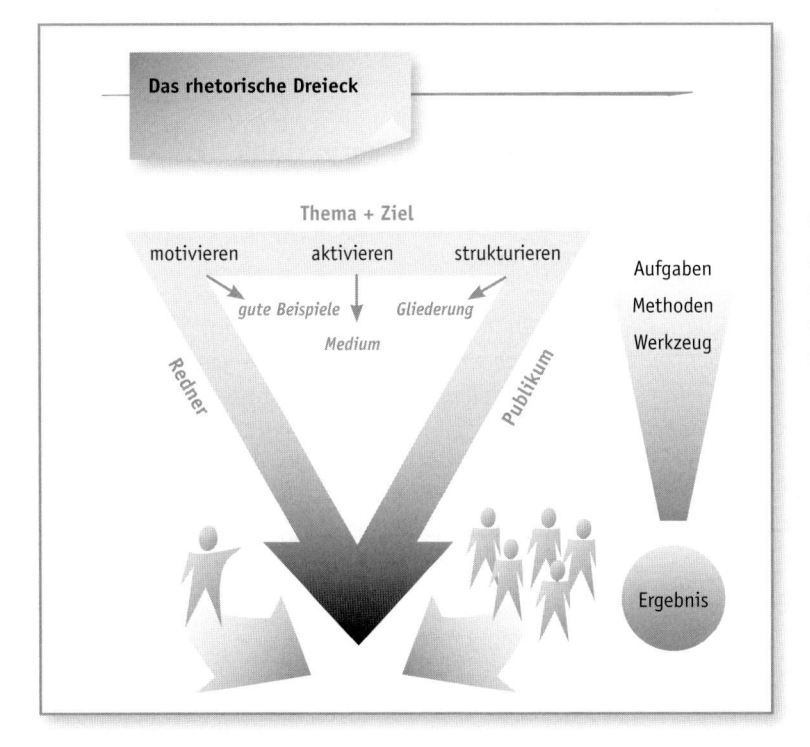

Die Ecken des rhetorischen Dreiecks stehen für das Zusammenwirken von Thema, Redner und Publikum.

> **Der Profi überlegt im Vorfeld**
> Vor-, Durch- & Nachdenken
>
> ▶ **Ziel**
> – Was ist mein Ziel?
> – Warum präsentiere ich? (Mein Zwecksatz: „Ich werde …")
> – Was will ich erreichen?
> – Was ist mein Auftrag?
>
> ▶ **Publikum**
> – Wer hört mir zu?
> – Welcher Kenntnisstand liegt vor?
> – Alter, Geschlecht, Berufe, Gruppengröße
>
> ▶ **Thema**
> – Worüber informiere ich?
> – Ist das Thema konkret formuliert?
> – Kenne ich die Quellen?
> – Art und Menge der Visualisierung
> – Welches Beweismaterial brauche ich?
> – Was muss, kann und soll mein Publikum erfahren?

Das Chart zeigt die wichtigsten Fragen, um eine Rede effizient und wirkungsvoll zu konzipieren.

Die Charts bleiben anschließend zur Ansicht im Raum hängen; sie werden wieder am Folgetag wichtig, wenn es darum geht, in möglichst kurzer Zeit eine Meinungsrede vorzubereiten.

Blitzlicht zum Abschluss des Vormittags

Vor der Mittagspause führe ich ein kurzes Blitzlicht durch. Ich bitte hierzu alle Teilnehmer aufzustehen.

Wording: *„Bevor wir nun in die Pause gehen, bitte ich Sie mir mitzuteilen, an welchem Themenpunkt Sie momentan gedanklich sind. Gern können Sie auch mitteilen, was Sie sich für die nächste Rede oder Übung vornehmen oder was Sie im Moment am meisten beschäftigt. Nach dem Blitzlicht machen wir bis 14 Uhr Pause. Den Raum schließe ich ab. Nehmen Sie daher bitte Wertgegenstände oder Mobiltelefone mit, die Sie in der Pause benötigen könnten."*

13:00 Uhr bis 14:00 Uhr

– Mittagspause –

Aktionsspiel: „Begriffe erraten"

Kurzbeschreibung

Diese Übung basiert auf dem bekannten Gesellschaftsspiel TABU. Die Mitspieler müssen dabei bestimmte Begriffe erläutern, die von den anderen Teilnehmern ihrer Gruppe erraten werden sollen. Die gängigsten Worte, um den Begriff zu umschreiben, sind dabei allerdings „tabu".

14:00 Uhr bis 14:20 Uhr

▶ **Metapher/Merkhilfe:** TABU-Spiel

▶ **Ziel:** Neben der Auflockerung nach dem Mittagessen wird mit dieser Übung spielerisch der Publikumsdialog und das angstfreie Sprechen vor Gruppen trainiert.

▶ **Docere:** Die Teilnehmer lernen authentisch und angstfrei vor Publikum zu sprechen, da die Situation als reine Spielsituation erlebt und verstanden wird. Zudem erkennen sie die Bedeutung der Pausen und lernen, wie schwierig es ist, nicht zu erstarren, wenn einem z.B. die Bewegung der Hände „unterbunden" wird. Authentizität und Natürlichkeit vor Gruppen ist dennoch möglich – Zielklarheit und etwas Distanz (Spielcharakter statt Perfektion!) erleichtern dies, wie die Übung allen vor Augen führt.

▶ **Delectare:** Das Spielerische und die Aktion erfreuen nach dem vielen Sitzen ungemein.

▶ **Movere:** Bewusstmachen von Einstellungen und dem freien Potenzial, das in jedem schlummert. Im spielerischen Kontext verlieren die Teilnehmer schnell ihre Hemmungen, sich vor der Gruppe zu blamieren und reden einfach drauflos. Die Teilnehmer erkennen, dass sie sich selbst durch negative Überzeugungen am meisten im Weg stehen. Jeder erlebt sich als freier Redner, der das Publikum mit Blickkontakt, Gestik und direkter Ansprache engagiert in den Bann zieht.

Ablauf/Vorgehen

Die Übung wird als aktives Spiel mit zwei konkurrierenden Teilnehmergruppen angeleitet. Jeder Sprecher erhält eine Karte, auf der der von seiner Gruppe zu erratende Begriff sowie die Tabu-Begriffe vermerkt sind. Deren Einhaltung kontrolliert ein vorab eingeteilter Schiedsrichter. Der Schwierigkeitsgrad lässt sich durch Spielregeln steigern, die Zusatzpunkte bringen können. Die Spielregeln zielen natürlich auf rhetorische Aspekte ab, die im Anschuss reflektiert werden.

Enterprise
Spock
Kirk
Fernsehen
Serie
Raumschiff

Dessert
Nachtisch
Essen
süß
Eis
Kaffee

Toskana
Italien
Region
Florenz
Wein
Oliven

Knacken
Tresor
Nuss
Geräusch
Rätsel
Schlafen

Honig
süß
Biene
Sammeln
Imker
Maul

Sonnensystem
Erde
Galaxie
Planeten
Drehen
Mond

Beichtstuhl
Kirche
Pfarrer
Beten
Sünde
Sitzen

Chaos
Theorie
Durcheinander
Regel
Herrschen
Ordnung

Beispiele für TABU-Karten

Folgende Spielregeln bieten sich in diesem Sinne an:

▶ Verbot von „Füllwörtern" wie „äh", „also" , „ähm", „eigentlich", „hmm")
Erleben: Bewusst Pausen machen, sich Zeit nehmen und überlegen.

▶ Gestik sowie der Einsatz der Hände sind nicht erlaubt.
Erleben: 1. Steht uns nur die Sprache zur Verfügung, müssen wir genauer nachdenken und auch die Worte genauer wählen. 2. Mit

Händen zu sprechen geht schneller und einfacher als allein mit Worten. 3. Die Notwendigkeit für den Einsatz der Hände wird deutlich: Sie unterstützen unser natürliches Engagement für eine Sache.

- Während des Vortrags darf der Teilnehmer nicht umhergehen.
  Erleben: Unterschiedlich – der ruhige Typ fühlt sich gut geerdet und sicher, der temperamentvolle Typ erlebt den Stehzwang als Starrheit.

- Die Worte auf der Karte dürfen bzw. dürfen nicht verwendet werden.
  Erleben: Animiert zum überlegten und konzentrierten Sprechen vor Publikum.

- Das Wort „und" ist nicht erlaubt.
  Erleben: Bewusst kurze Sätze bilden, Punkte machen, Hauptsatz an Hauptsatz fügen.

Bei Verstoß gegen die Spielregeln gibt es je einen Punkt für die andere Gruppe.

Wording zum Abschluss und zur Auswertung des Spiels: *„Gruppe ... hat gewonnen, aber wichtiger als das ist zum Beispiel die Frage, was genau Ihnen aufgefallen ist? Woran denken Sie, wenn Sie zielgerichtet um Ihren nächsten Punkt kämpfen? Hatten Sie überhaupt noch Lampenfieber? Haben Sie während des Spiels noch immer über Ihre Hände nachgedacht? Wie geht es Ihnen mit Ihrer Fähigkeit, auf Füllwörter zu verzichten? Wie genau haben Sie das gemacht? ... Und was lernen Sie aus alledem für Ihre nächste freie Rede?"*

Die Teilnehmer erarbeiten sich so spielerisch Antworten zu grundlegenden Fragen bei einer freien Rede. Sie haben den positiven Effekt ihres sprechenden Handelns bereits erlebt und sind mit diesen Erfahrungen für alle weiteren Übungen bestens vorbereitet.

Als Trainer können Sie durch den Bezug auf die jeweils angewendete Tabu-Regel zu jedem beliebigen Themenbaustein verzweigen – Redeziel, Lampenfieber, Pausen machen, kurze Sätze, Gestik etc. Rechnen Sie ab jetzt damit, dass Sie mit der Offenlegung des Spiels als Trainer noch ernster genommen werden: Könnte nicht auch das nächste „Spiel" eine Menge „Ernst" enthalten? Die Teilnehmer sind neugierig und werden versuchen, Ihnen weiter auf die Schliche zu kommen. Die Aufmerksamkeit ist hoch. Und das ist genau das, was Sie wollen.

Kommentar/Hinweise:

- Die Spielregeln können Sie frei variieren, je nachdem, auf was Sie als Trainer aufmerksam machen wollen.
- Bei gerader Gruppenanzahl übernimmt der Trainer die Rolle des Schiedsrichters, bei ungerader Teilnehmerzahl ernennt er eine Person zum Schiedsrichter. Nach einigen Durchgängen wird ein anderer Schiedsrichter ernannt.
- Dieses Spiel setze ich immer am ersten Seminartag nach der Mittagspause ein.

Variante

Sie lassen allgemeine Begriffe und Redewendungen ohne (!) Tabu-Begriffe erraten, wobei lediglich die Spielregeln eingesetzt werden.

Vor-, Durch- und Nachdenken – gute Planung und die Rede lebt!

Kurzbeschreibung

Mittels Charts werden die wichtigsten Aspekte und Fragestellungen für den ziel- und passgenauen Aufbau einer Meinungsrede im Dialog erarbeitet:

14:20 Uhr bis 15:05 Uhr

- Wie wird Ihre Rede lebendig?
- Wie verhindern Sie eingeschlafene Füße bei den Zuhörern?
- Im Sinne „lebendiger Rhetorik" – wie bewegen Sie Gemüter? (Pathos und Person)

Lebendigmacher einer Rede

- Erzählen Sie Geschichten, Anekdoten, Beispiele, die zum Thema passen.
- Entwickeln Sie Szenarien: „Stellen Sie sich vor, Sie sind im ..."
- Sprechen Sie Ihr Publikum direkt an.
- Bereiten Sie einen Ohröffner und ein Schlusswort vor.
- Stellen Sie rhetorische und/oder echte Fragen.
- Visualisieren Sie Eckdaten.
- Sprechen Sie über persönliche Erlebnisse und Erfahrungen.
- Bringen Sie Zitate (mit Bezug zum Thema).
- Setzen Sie Akzente durch Betonung und Pausen.

Die Liste der Lebendigmacher ist natürlich noch beliebig ergänzbar ...

Das Chart wird zur Reaktivierung der Inhalte nochmals herangezogen.

> **Der Profi überlegt im Vorfeld**
> Vor-, Durch- & Nachdenken
>
> ▶ **Ziel**
> – Was ist mein Ziel?
> – Warum präsentiere ich? (Mein Zwecksatz: „Ich werde ...")
> – Was will ich erreichen?
> – Was ist mein Auftrag?
>
> ▶ **Publikum**
> – Wer hört mir zu?
> – Welcher Kenntnisstand liegt vor?
> – Alter, Geschlecht, Berufe, Gruppengröße
>
> ▶ **Thema**
> – Worüber informiere ich?
> – Ist das Thema konkret formuliert?
> – Kenne ich die Quellen?
> – Art und Menge der Visualisierung
> – Welches Beweismaterial brauche ich?
> – Was muss, kann und soll mein Publikum erfahren?

▶ **Ziel:** Die Teilnehmer sind zielklar und sicher in Bezug auf das Publikum, das Thema und ihr eigentliches Anliegen. Sie lernen eine Priorisierungstechnik kennen und können für ihr Anliegen eine passende Redestruktur wählen.

▶ **Docere:** Wissen, wie eine Rede effizient vorbereitet werden kann und welche Fragen vorab notwendig sind, um der rhetorischen Forderung von Angemessenheit und rhetorischem Takt gerecht zu werden. Glaubwürdigkeit erzielen durch richtige Vorbereitung und kritisch sein und bleiben gegenüber allgemeinen Strukturformeln.

▶ **Delectare:** Wenn Sie amüsante Beispiele wählen, die ein Misslingen oder einen „Faux pas" vor Augen führen, um dann gemeinsam mit dem Publikum herauszufinden, welche Vorüberlegung hier nicht getätigt wurde, lockern Sie diesen Theorieblock auf.

▶ **Movere:** Die Teilnehmer wissen, worauf sie bei der vorbereiteten Rede zu achten haben. Den meisten gibt dies Sicherheit und Orientierung.

Ablauf/Vorgehen

Nach dem aktivierenden Spiel sind die Teilnehmer jetzt wieder offen für einen Theorieteil, den Sie in diesem Fall kurz halten sollten. Lesen Sie das Chart „Lebendigmacher einer Rede" nur kurz vor und verweisen Sie darauf, dass einzelne Punkte im Laufe des Seminars mit den Teilnehmern gezielt trainieren werden.

Mit dem Hinweis auf das Chart „Der Profi überlegt im Vorfeld" reaktivieren Sie den Inhalt vor der Mittagspause. Erst aus den Vorüberlegungen ergibt sich das Ziel einer Rede. Auf dieses Ziel folgen dann die Art der Rede und die Wahl einer sinnvollen Strukturformel bzw. eines sinnvollen Aufbaus. Diese Reihenfolge entspricht dem wissenschaftlichen Anspruch an die praktische Rhetorik.

Die Leitfragen zu den Eckpunkten des rhetorischen Dreiecks sollen von den Teilnehmern bei der Vorbereitung ihrer Meinungsrede im Übungsblock nach der Kaffeepause berücksichtigt werden.

Kommentar/Hinweise

Es gibt sicherlich noch mehr Lebendigmacher und natürlich lässt sich an jeden einzelnen Punkt eine Übung knüpfen. Die Themenpunkte „Geschichten/Anekdoten spannend erzählen" bzw. „Entwickeln Sie Szenarien" werden zum Beispiel mit der Übung „Bildergalerie" angeleitet, darin auch durchgeführt und ausgewertet (siehe S. 150 ff.). Während ich auf das Thema Stimmtraining nicht zwingend eingehe, greife ich den Themenwunsch jedoch bei Bedarf gerne auf und führe dann die „Kraftsprech-Übung" (siehe S. 219 f.) durch.

Varianten

Die Charts „Lebendigmacher einer Rede" und der „Profi überlegt im Vorfeld" können Sie auch in einer Gruppenarbeit diskutieren lassen – im Idealfall an bereits konkreten Themenvorschlägen. Die Auswertung und Diskussion erfolgt dann gemeinsam im Plenum.

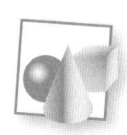

– Kaffeepause –

15:05 Uhr bis
15:20 Uhr

Methode Zwecksatz: Am Anfang steht das Ziel!

Kurzbeschreibung

15:20 Uhr bis 15:35 Uhr

Die richtige und konkrete Themenformulierung entscheidet darüber, ob eine Meinungsrede tatsächlich in maximal drei Minuten auf den Punkt kommt. Die Teilnehmer formulieren für ihre geplante Meinungsrede deshalb schriftlich auf einer Karteikarte einen klaren Zwecksatz, der sich an den Beispielen im nächsten Wording orientiert. Daraus sollte hervorgehen, was der Teilnehmer mit seinem Thema resp. Redebeitrag erreichen will. Dieser Zwecksatz hilft den Teilnehmern zudem, ihr Redethema unter eine knackige und interessante Überschrift zu stellen, die sie später auf ein Themenchart zum weiteren zeitlichen Ablauf eintragen müssen (vgl. Seite 168).

▶ **Metapher/Merkhilfe:** Zielscheibe

▶ **Ziel:** Ziel und Zweck der Rede kennen und klar als Thema formulieren.

▶ **Docere:** Rhetorik ist stets zielgerichtet. Ein rhetorisch Handelnder will etwas Bestimmtes erreichen. Erst wenn der Einzelne sich sein Ziel („Ich will Anhänger für das Projekt xy gewinnen!") klarmacht und in der Lage ist, dieses in einen Zwecksatz zu packen, kann er seinen Redebeitrag konkret, kurz und prägnant formulieren. Auch wird den Einzelnen bewusst, dass es zwar mühevoll ist, sich die Zeit für einen Zwecksatz zu nehmen; ist dieser allerdings gefunden, so ergibt sich die Argumentation wie von selbst.

▶ **Delectare:** Die in der Variante beschriebene „Aufsteh-Methode" erheitert. Da sich jeder darauf freut, wieder sitzen zu können, werden auch ziemlich schnell Zielsätze formuliert, die allerdings meistens hinterfragt und (mit der Gruppe und der Hilfe des Trainers) optimiert werden müssen.

▶ **Movere:** Die Teilnehmer erleben, dass sie selbst häufig für ein Redechaos verantwortlich sind, wenn sie ohne Ziel reden und überzeugen wollen.

Ablauf/Vorgehen

Wording: *„Sie wissen, dass Sie in diesem Seminar eine Meinungsrede halten werden. Ich gehe deshalb auch davon aus, dass Sie schnell und flexibel ein Meinungsthema finden. Schreiben Sie bitte in den nächsten drei Minuten ein mögliches Thema für Ihre Meinungsrede auf eine Karteikarte. Danach finden Sie innerhalb von 60 Sekunden Ihren Zwecksatz zu diesem Thema. Damit Sie diese Aufgabe schaffen, helfen Ihnen folgende Satzanfänge.*

▶ *‚Ich werde mein Publikum davon überzeugen, dass …'*
▶ *‚Ich will, dass meine Zuhörerschaft …'*
▶ *‚Wenn mein Publikum …, dann habe ich mein Ziel erreicht!'*

In einen davon packen Sie Ihr Anliegen. Und es darf wirklich nur ein Satz sein! Sie dürfen diesen Satz natürlich auch anders formulieren. Wichtig ist jedoch, dass wir ein klares Anliegen erkennen können: Was genau wollen Sie mit dem Thema erreichen? Gehen Sie dieser Aufgabe allein oder im Gespräch mit Seminarteilnehmern nach. – Anschließend geht es hier weiter."

Kommentar/Hinweise

Aus wissenschaftlicher Sicht ist der Zwecksatz ein zentraler rhetorischer Gesichtspunkt und aus didaktischer Sicht zeigt die Erfahrung auch, dass es viel sinnvoller ist, zunächst die Grundfähigkeit „Wie formuliere ich mein Ziel?" und erst dann die Redestruktur anzuschließen. Diese ergibt sich danach in der Regel fast von selbst. Wenn Redestrukturen ohne den Verweis auf Ziel- und Zwecksatz verteilt werden, dann wird die Vorbereitung langwierig und im schlechtesten Fall ergebnislos. Heinrich Fey hat vermutlich als einziger praktischer Rhetoriklehrer stets auf dem Zwecksatz beharrt und seinen Studenten klargemacht[7]: Erst die Redeabsicht entscheidet darüber, welche Gliederung für die effiziente Vorbereitung nützlich ist.

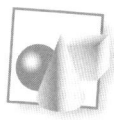

Varianten

▸ Um möglichst schnell den „Zwecksatz" zu formulieren und nicht zu viel Zeit zu verlieren, können Sie auch die „Aufsteh-Methode" einsetzen. Alle Teilnehmer erheben sich von ihren Plätzen. Wer seinen Zwecksatz gesagt hat, kann sich wieder hinsetzen. Diese Variante funktioniert prima als Beschleuniger.

Spannende Übung zum Vertiefen: „Wenn's heiß hergeht", S. 206

▸ Steht Ihnen ein dritter Schulungstag zur Verfügung, so bietet sich als ergänzende Übung „Wenn's heiß hergeht" an (siehe hierzu S. 206 ff.). Damit können Sie sehr anschaulich demonstrieren, in welche Gefahr sich ein Redner begibt, wenn er sein Thema zwar konkret formuliert, seine eigentliche Redeabsicht – den Zweck – aber nicht offen zu erkennen gibt. Auf dem heißen Stuhl wird er dann mit Interpretationen, Unterstellungen und Beleidigungen konfrontiert, die bei Zielklarheit und Zwecksatznennung gar nicht erst entstehen würden – oder in jedem Fall souverän abgeschmettert werden könnten.

---

7 Zum Begriff Zwecksatz findet sich Näheres bei:
   Heinrich und Gudrun Fey: Sicher und überzeugend präsentieren, S. 10 ff. Walhalla, Regensburg 1998

Struktur für den Aufbau einer Meinungsrede – Karteikarten-Methode

Kurzbeschreibung

Die Teilnehmer bereiten anhand einer bewährten Struktur ihre persönliche Meinungsrede vor und lernen dabei die Karteikartenmethode als nützliches Vorbereitungsinstrument kennen.

15:35 Uhr bis 16:00 Uhr

▶ **Metapher/Merkhilfe:** Anwalt oder Richterhut

▶ **Ziel:** In kurzer Zeit eine dreiminütige Meinungsrede vorbereiten, die das Publikum beeindruckt und überzeugt.

▶ **Docere:** Die Teilnehmer lernen eine schlüssige Gliederung für eine Meinungsrede kennen und wissen, wie sie Karteikarten als effizientes Instrument in diesem Sinne nutzen können.

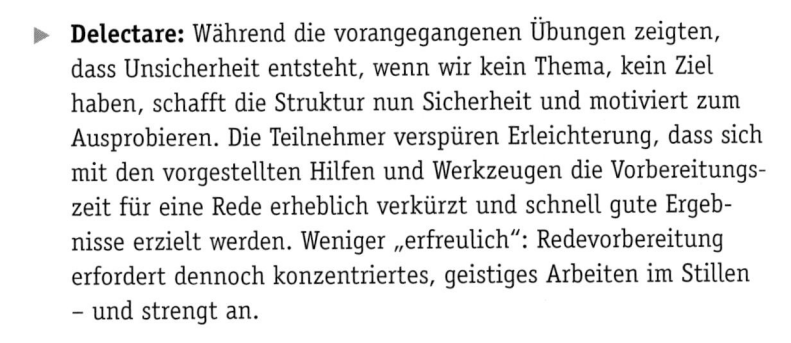

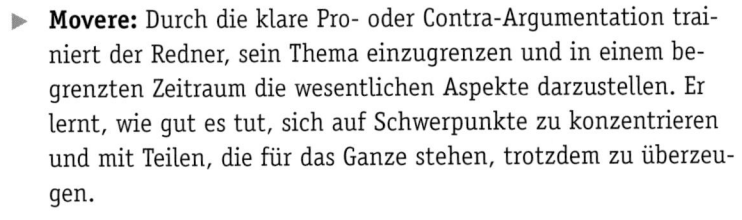

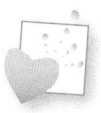

▶ **Delectare:** Während die vorangegangenen Übungen zeigten, dass Unsicherheit entsteht, wenn wir kein Thema, kein Ziel haben, schafft die Struktur nun Sicherheit und motiviert zum Ausprobieren. Die Teilnehmer verspüren Erleichterung, dass sich mit den vorgestellten Hilfen und Werkzeugen die Vorbereitungszeit für eine Rede erheblich verkürzt und schnell gute Ergebnisse erzielt werden. Weniger „erfreulich": Redevorbereitung erfordert dennoch konzentriertes, geistiges Arbeiten im Stillen – und strengt an.

▶ **Movere:** Durch die klare Pro- oder Contra-Argumentation trainiert der Redner, sein Thema einzugrenzen und in einem begrenzten Zeitraum die wesentlichen Aspekte darzustellen. Er lernt, wie gut es tut, sich auf Schwerpunkte zu konzentrieren und mit Teilen, die für das Ganze stehen, trotzdem zu überzeugen.

Ablauf/Vorgehen

Mit Blick auf das Chart machen Sie die Teilnehmer mit der Redestruktur vertraut und erklären die einzelnen Strukturpunkte. Die Instruktion zum Aufbau einer Meinungsrede sollten Sie kurz halten, da sie einfach und im Skript nachlesbar ist.

Das Chart visualisiert die wichtigsten Strukturpunkte zum Redeaufbau.

```
        Meine Meinung:
        Klar und überzeugend


▶ Ohröffner (ggf.)

▶ Thema nennen
   – „Ich bin für/gegen …"

▶ Sachargument I            „Pragma"
   – beispiel- und bildhaft!

▶ Sachargument II           „Pragma"
   – beispiel- und bildhaft!

▶ Gefühlsargument           „Pathos"

▶ Zusammenfassung

▶ Schluss-Satz oder ein: „Vielen Dank!"
   – bewusste Pause: Stehen bleiben!

▶ Ohrschließer (ggf.)
```

Damit die Vorbereitungszeit von nur 30 Minuten ausreicht, werden die Teilnehmer noch mit folgenden Informationen zur effizienten Nutzung der Karteikartenmethode vertraut gemacht:

Tipps zum Einsatz der Karteikartenmethode

- ▶ Pro Karteikarte genau ein Strukturpunkt!
- ▶ Gliederung durch Farben
- ▶ Nur Stichpunkte notieren statt ganzer Sätze (Haupt- und Nebenstichworte)!
- ▶ Mit fetten Markern schreiben lassen, damit zusammenhängender Text verhindert wird.
- ▶ Dicke Stifte und Stichpunkte garantieren Lesbarkeit.
- ▶ Nur Vorderseite beschriften
- ▶ Karten durchnummerieren
- ▶ bevorzugtes Kartenformat: DIN A5

Auch wenn Sie als Trainer einmal nicht alle Punkte erwähnen, können Sie sicher sein, dass jeder Teilnehmer den notwendigen Umgang mit den Karten schnell erlernt. Vieles passiert eben genau aufgrund der „Fehler", die erst später erkannt und dann in Form von Vorsätzen optimiert werden.

Kommentar/Hinweis

„Ich finde kein passendes Thema ..." – Es kommt immer wieder vor, dass Teilnehmer sich mit der Themenfindung schwer tun. Für mich hat sich in diesem Fall folgendes Vorgehen bewährt:

- ▶ Ich verweise auf mitgebrachte Zeitungsartikel und Themenvorschläge, die ich stets dabeihabe.
- ▶ Ich verweise auf die in der Vorstellung genannten Hobbys, die gute Argumente für eine Meinungsrede liefern.
- ▶ Ich habe eine Themenliste dabei. Die Themen sind bereits so formuliert, dass sie für die Strukturformel der Meinungsrede passen (Pro- oder Contra-Formulierung).

Es kann sein, dass ein Teilnehmer die Methode ausprobiert und erkennt, dass die Karten ihn mehr einschränken, als dass sie ihm nutzen. Weisen Sie in diesem Fall darauf hin, dass bei einer Beamerpräsentation die einzelnen Folien die Karteikarten ersetzen können. Häufig neigen vor allem initiativ-extrovertierte Persönlichkeiten, die tendenziell viel Platz zum Agieren brauchen, dazu, sich lieber mehr Raum zu nehmen und die Karteikarten durch die Folien zu ersetzen. Für alle gilt: Eine Karteikarte sollten sie in jedem Fall für den Einstieg dabeihaben. Weglegen können sie die Karte dann jederzeit.

Für den extrovertierten Redner: Beamer statt Karteikarte

Variante

Der Karteikartenmethode können Sie auch ein Trockentraining vorschalten. Aus Zeitgründen ist dies allerdings nur bei kleiner Gruppengröße zu empfehlen oder als Methode für einen dritten Seminartag (siehe hierzu S. 216 ff.). Beim Vorformulierungstraining lernen die Teilnehmer, dass Stichpunkte tatsächlich ausreichen, wenn der Kopf weiß, was er den Stichpunkten zuzuordnen hat. Wenn ich die Rede im Vorfeld dreimal laut spreche, dann verfestigen sich die Kerngedanken automatisch. Diese Kerngedanken sind es, die dann auf die Karteikarte geschrieben werden.

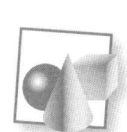

Übung: „Bildgalerie öffne Dich!"

Kurzbeschreibung

16:00 Uhr bis 16:30 Uhr

Die Methode des Geschichtenerzählens wird trainiert, um die Zuhörer mit einer spannenden Geschichte fesseln zu können.

- ▶ **Ziel:** Spannung erzeugen, unterhaltsam referieren, Aufmerksamkeit wecken.

- ▶ **Metapher/Merkhilfe:** Kunstgeschichte

- ▶ **Docere:** Technik lernen und trainieren, um die Gefühls- und Bildwelt des Einzelnen zu aktivieren und damit Spannung zu erzeugen.

- ▶ **Delectare:** Die Technik ist ungewohnt. Je nach Darbietung der Einzelnen wird viel gelacht und der Mut steigt, sich auf diese „ver-rückte" und „verspielte" Technik einzulassen.

- ▶ **Movere:** Wenn Sie als Trainer zwei Varianten der gleichen Geschichte erzählen und die Teilnehmer auswählen lassen, welche sie spannender finden, dann steigern Sie die Motivation der Einzelnen, diese Technik auch anwenden zu wollen.

Ablauf/Vorgehen

Wording: „Ich werde Ihnen nun zwei Geschichten erzählen. Bitte sagen Sie mir im Anschluss, welche Sie spannender fanden und worauf dies zurückzuführen ist."

Szenario (1): „Stellen Sie sich vor, was ich gestern erlebt habe. Um meine Seminarunterlagen rechtzeitig fertigzustellen, bin ich in den Copyshop in meiner Nachbarschaft gegangen. Ich fragte den Berater, ob er mir die Seminarunterlage 30-mal kopieren würde. Er hat gesagt, dass ich das ruhig selbst machen soll und dass Apparat 1

Übung: „Bildgalerie öffne Dich!"

freigeschaltet sei. Ich solle einfach das Skript mit dem Bild nach oben einlegen und auf Start drücken. Was passiert? Der Kopiervorgang beginnt und hört nicht mehr auf. Als mein Blick dann auf dem Display landet, lese ich: Anzahl Kopien: 1.200. In Zukunft traue ich den „Freischaltungsaussagen" von Angestellten im Copyshop nicht mehr ..."

Szenario (2): *„Stellen Sie sich vor, was ich gestern erlebt habe! Ich gehe schnurstracks in den Coypshop ums Eck. Die Seminarunterlagen sollen schließlich für meine Teilnehmer bereitstehen. Ich gehe zu dem jungen Mann an der Kasse und sage freundlich: ‚Bitte kopieren Sie das Skript doch 30-mal.'*
Er: ‚Das können Sie selbst machen. Apparat 1 ist freigeschaltet. Legen Sie das Skript mit dem Bild nach oben ein und drücken Sie die grüne Starttaste.'
Doch was passiert? (Pause)
Der Kopierer kopiert, kopiert, kopiert immer weiter. Mein Blick wandert auf das Display und was sehe ich? (Pause)
1.200! 1.200 Kopien – das hatte mein Vorgänger wohl eingegeben. Was lerne ich daraus? Ich traue ab jetzt nicht mehr blindlings der Freischaltungsaussage des Angestellten in meinem Copyshop."

Gemeinsam mit den Teilnehmern erarbeiten Sie anschließend, mit welchen einfachen sprachlichen Mitteln sich Spannung erzeugen lässt, indem bei den Zuhörern das Denken in Bildern aktiviert wird. Die Ergebnisse werden auf Flipchart notiert:

▶ Einstieg mit Betonung: „Stellen Sie sich vor ..."
▶ Möglichst schnell in die Gegenwartsprache wechseln!
▶ Frage und Wirkpause am Ende ermöglichen Spannung.
▶ Publikumsansprache, direkter Bezug („Man"-Formulierung vermeiden)
▶ Ein persönliches Erlebnis macht sympathisch. (Stellen Sie sich vor, was mir gestern passiert ist ...)
▶ Kurze, ganze Sätze bilden
▶ Direkte Rede („Ich frage ..." – „Er sagt ...") statt indirekte Rede (Ich will wissen, ob ... Er teilt mir mit, dass ...) nutzen.

Als Redner zum Denken in Bildern animieren

Danach bitten Sie reihum jeden Teilnehmer, eine kleine Geschichte zu erzählen. Im Laufe der Übung wird jedem deutlich, dass Pausen wichtig und Geschichten, im Präsens erzählt, spannend sind. Als spannungssteigerndes Moment erweist sich die „Frage an die Zuhörer" – mit der kurzen und auflösenden Antwort als Höhepunkt.

Wenn alle Teilnehmer die Methode des Geschichtenerzählens trainiert und reflektiert haben, bitten Sie sie im Anschluss, sich als Einstieg (Attentum parare) und als Ausstieg (Zirkelschluss) ein kleines Szenario auszudenken und diese Technik gleich in ihre Rede zu integrieren.

Bilder machen schwierige Sachverhalte anschaulich.

Weisen Sie darauf hin, dass diese „Szenarientechnik" auch innerhalb des Hauptteils der Rede Platz haben kann – nämlich dann, wenn die Teilnehmer Beispiele erläutern und anschaulich erklären wollen: „Die Funktionsweise des neuen Dieselmotors ist vergleichbar mit …" Auch ohne Bildmaterial lassen sich auf diese Weise komplizierte Vorgänge für die Zuhörer plastisch und nachvollziehbar darstellen.

Kommentar/Hinweis

Der Hinweis, dass die „Story" kurz und prägnant sein und eine Überleitung zum Thema haben muss, ist meistens überflüssig. In seltenen Fällen fragt ein Teilnehmer danach, und nur dann gebe ich ein konkretes Beispiel.

Quelle

Die Übung wurde von mir entwickelt, um den „Ohröffner" zu trainieren und um auf diese Weise das Handwerkszeug für das Geschichtenerzählen auch praktisch zu liefern.

Redevorbereitung: Jeder für sich

Kommentar/Hinweise

Sollten einige Teilnehmer das gleiche Thema als Meinungsrede bearbeiten wollen, so ermuntere ich sie dazu. Denn daran können wir gut erkennen und analysieren, dass jeder Mensch einen eigenen Stil hat. Mag das Thema auch gleich sein: Der Stil ist individuell und entscheidend ist, ob wir den Redner als glaubwürdig und überzeugend einstufen.

Als Trainerin bleibe ich zunächst im Raum und stehe als Ansprechpartner bei Fragen zur Verfügung. Erst wenn ich nach zehn Minuten merke, dass alle konzentriert arbeiten, kümmere ich mich um die weitere Organisation, installiere die Kamera und richte den Raum für die nachfolgenden Präsentationen her.

Je nach Kursgröße und Seminarlänge können Sie die Vorbereitung der Meinungsrede auch auf den zweiten Tag legen. Bei einer Gruppe mit zwölf Teilnehmern ist es mir persönlich lieber, bereits am Vortag Thema und Vorbereitung zu klären. Sollte die Vorbereitungszeit für eine Rede nicht ausreichen, gebe ich entweder noch zusätzliche Zeitpuffer (z.B. am nächsten Morgen oder nach der Mittagspause am nächsten Tag) oder ich ändere in Absprache mit den Teilnehmern kurzfristig die an der Moderationswand festgelegte Reihenfolge. Wichtig ist, dass die geplanten drei Reden am folgenden Seminartag durchgeführt werden können.

Nach meinen bisherigen Erfahrungen ist eine Vorbereitungszeit von 20 Minuten vollkommen ausreichend. Allerdings rate ich jedem Trainer, besonders in diesem Tool keinerlei Zeitdruck auszuüben. Denn das könnte als Bumerang in der Form zurückkommen, dass ein unzufriedener Teilnehmer die zu kurze Vorbereitungszeit als Grund für die verpatzte Rede wertet. Und damit haben Sie als Trai-

16:30 Uhr bis 16:50 Uhr

Wichtig: Kein Zeitdruck bei der Redevorbereitung!

ner den Schwarzen Peter und der Teilnehmer ist fein raus. Daher lieber die besten Voraussetzungen für eine gute Vorbereitung schaffen, so dass jeder für seine Leistung auch selbst verantwortlich ist. Als dritte Möglichkeit – wenn Ihnen Ihr Zeitplan verrutscht – bietet sich an, dass Sie nur zwei Reden vor dem Mittagessen besprechen und alle weiteren danach.

Fragen klären und Abschlussrunde: Was haben wir getan?

Die Zusammenfassung des Tages kann seitens des Trainers auf unterschiedliche Weise erfolgen:

16:50 Uhr bis 17:00 Uhr

- mittels einer Entspannungstrance (siehe S. 191 ff.),
- sachlich, kurz und prägnant mit Verweis auf die im Bildungsraum hängenden DIN-A1-Charts oder
- die besprochenen Charts werden der Reihenfolge nach an die Moderationswände gehängt, die Zielewand wird hinzugezogen und beides wird vor dem Plenum zusammengefasst.

Danach schließen sich das Blitzlicht sowie die Abschlussrunde (siehe S. 64 f.) an.

Kommentar/Hinweise

Sollte ich im Seminarverlauf von der Gliederung abweichen, weil es die Situation erfordert, dann fasse ich in eigenen Worten zusammen, was besprochen wurde und erwähne den jeweiligen Transfer der Übungen stichpunktartig.

Ich beende das Seminar stets mit einem Dank und dem Hinweis, dass die Rhetorik ein Handwerkszeug ist, dass mit viel Training schnell gelernt werden kann, wie die Teilnehmer heute bereits alle erfahren konnten. Ich bedanke mich auch stets für die aktive Mitarbeit und die Bereitschaft sich auf „Merk-würdiges" und auf den ersten Blick „Ver-rücktes" einzulassen.

Variante

Alternativ können Sie die einzelnen Teilnehmer kurz vortreten lassen, um den Tag in ihren Worten zusammenzufassen. Das hat für die Teilnehmer einen zusätzlichen Übungseffekt und jeder gibt auf diese Weise seinen persönlichen Impuls. Falls notwendig, können Sie als Trainer zusätzliche Punkte ergänzen.

Merkbar

- Rhetorik ist die Kunst des guten Redens.
- Rhetorik ist mehr als Körpersprache.
- Rhetorik ist ein Werkzeug, z.B. wie ein Messer.
- Wirkpausen zu Beginn und am Ende einer Rede machen den Profi aus.
- Rhetorik ist weder gut noch schlecht.
- Rhetorik ist stets zielgerichtet.
- Das „Standing" ist entscheidend: Der Trick ist die „Gewichtsverlagerung".
- Lernen heißt Widerstände überwinden.
- Teilnehmer, Situation und Ziel im Blick behalten.
- Angemessenheit ist entscheidend.
- Punkten mit klarem Zwecksatz.
- Lebendige Rhetorik ist in erster Linie eine Frage der Technik, nicht (nur) des Temperaments.
- Kartenmethode spielerisch trainieren und thematisieren.

Kapitel 3

MachBAR

Der 2. Seminartag

MachBAR – der 2. Seminartag

Der 2. Seminartag im Überblick

	Vorab: Worauf Sie als Trainer achten sollten 159
9:00 – 9:20 Uhr	**Zum Einstieg: Stimmungsbarometer und eine kleine Geschichte** 160
	▶ Eine Geschichte aus dem Talmud: „Was ist Dialektik?"
9:20 – 9:40 Uhr	**Rhetorik-Quiz** 164
9:40 – 10:00 Uhr	**Themenwand und Persönlicher Coach („Methode PC")** 167
10:00 – 10:30 Uhr	**Geschenke verteilen: Feedback geben, Feedback nehmen** 171
	Alternativ: Themenbaustein Lampenfieber 175
10:30 – 10:40 Uhr	– Kaffeepause –
	Die Meinungsreden 179
10:40 – 11:10 Uhr	▶ Aufzeichnung und Besprechung von drei Meinungsreden
11:15 – 11:45 Uhr	▶ Aufzeichnung und Besprechung von drei Meinungsreden
11:50 – 12:20 Uhr	▶ Aufzeichnung und Besprechung von drei Meinungsreden
12:25 – 13:00 Uhr	▶ Aufzeichnung und Besprechung von drei Meinungsreden mit Blitzlicht
13:30 – 14:30 Uhr	– Mittagspause –
14:30 – 14:40 Uhr	**Teamknobeln mit Ritter, Löwe und Hexe** 184
14:40 – 15:15 Uhr	**Videoansicht und Fragen notieren** 186
15:15 – 15:30 Uhr	– Kaffeepause –
15:30 – 16:15 Uhr	**Umgang mit Fragen aus dem Publikum** 188
16:15 – 16:30 Uhr	**Zusammenfassung und Hinführung zum Abschluss** 190
16:30 – 17:00 Uhr	**Abschluss-Feedback und Evaluation** 194
	▶ Gehaltvolles bis zum Schluss

Vorab: Worauf Sie als Trainer achten sollten

Dient der erste Tag dazu, ein Grundverständnis vom rhetorischen Handeln zu bekommen, Sprechhemmungen abzubauen und sich häufig in kleinen Übungen vor der Gruppe auszuprobieren, so ist der zweite Tag dazu da, eine vorbereitete Rede zu halten und ein ausführliches (Video-)Feedback zu bekommen. Zwölf Reden abzunehmen und zu bewerten erfordert eine konsequente, strukturierte Vorgehensweise. Damit der Zeitrahmen eingehalten werden kann, müssen Sie als Trainer den Tag konsequent und dabei so elegant moderieren, dass er den Teilnehmern als spielerisch in Erinnerung bleibt. Sie sollten auch einige Kurzübungen oder mehrfach anwendbare Rateübungen im Gepäck haben, um die Atmosphäre zwischendurch aufzulockern.

In Firmen und bei bestimmten Anbietern arbeite ich inzwischen mit Kameras, die die Einzelbeiträge auf DVD aufzeichnen. Somit hat jeder Teilnehmer seinen Beitrag auf DVD und kann ihn sich nach dem Seminar in aller Ruhe ansehen. Um Transfererfolg und Nachhaltigkeit zu sichern, biete ich den Teilnehmern zudem an, auch das anschließende Feedback-Gespräch im Plenum mit aufzuzeichnen. Hierzu müssen Sie die Zustimmung von allen Teilnehmern einholen. Bis dato sind aber alle Teilnehmer auf diesen Vorschlag gerne eingegangen.

Die Chancen des Video-Feedbacks nutzen

Zum Einstieg: Stimmungsbarometer und eine kleine Geschichte

Ablauf/Vorgehen

9:00 Uhr bis 9:20 Uhr

Um herauszufinden, wie das Energieniveau der Teilnehmer unmittelbar nach dem Frühstück ist, starten Sie mit einer kurzen Abfrage in das Seminar, indem Sie die Teilnehmer reihum Ihr Energielevel auf einer Skala von 1-10 bewerten lassen.

Wording: *„Guten Morgen, ich begrüße Sie herzlich zum heutigen Seminartag. Ich gehöre zu den Frühaufstehern und bin als Frühstücksmensch jetzt auf einem hohen Energieniveau: eine glatte 10. Mich interessiert, wie es Ihnen geht. Wir gehen kurz reihum und Sie ordnen Ihre Befindlichkeit auf einer Skala von 1–10 ein. 1 bedeutet ein sehr niedriges Energieniveau und die 10 bedeutet, Sie könnten Bäume ausreißen!"*

Kommentar/Hinweise

Diese Abfrage ist auch zwischendurch von Vorteil, wenn Sie als Trainer eine gewisse Unruhe oder Spannung wahrnehmen und diese nicht zuordnen können. Oder wenn Sie starke Stimmungsänderungen im Vergleich zum Vortag wahrnehmen.

Beispiel: Zu Beginn des zweiten Tages eines Seminars saß die am Vortag aktivste und temperamentvollste Teilnehmerin mit strengem Blick und verschränkten Armen auf dem Stuhl. Durch diese Abfrage erfuhr ich, dass sie in der Nacht das Zimmer wechseln musste, weil der Zimmernachbar den Fernseher laut eingestellt hatte. Danach schlug bei ihr eine Art Magen-Darm-Grippe voll durch, die sie die ganze restliche Nacht beschäftigte. Wenn Sie das wissen, können Sie als Trainer damit umgehen und auch Rücksicht nehmen. In diesem konkreten Fall legte ich der Teilnehmerin nahe, abzureisen statt sich durch den Tag zu quälen und unter Umständen noch andere Teilnehmer anzustecken. Das Wohlbefinden der Gruppe hat eindeutig Vorrang.

Ein anderes Mal erfuhr die Gruppe durch solch eine Abfrage: „Ich bin echt sauer heute. Mein Kollege macht auf krank und ich soll ihn morgen vertreten, statt in den Urlaub zu fahren." Positiv an solchen Abfragen ist, dass Sie die Morgenmuffel und Nachteulen identifizieren und deren Verhalten besser einordnen können. Und sobald jemand beispielsweise seinen Ärger aussprechen darf, ist dieser „raus" – und der Teilnehmer kann sich wieder besser auf das Seminargeschehen konzentrieren.

Nach dieser Abfrage beginnt der Einstieg in das Seminar mit folgender Geschichte.

Eine Geschichte aus dem Talmud: „Was ist Dialektik?"

- ▶ **Ziel:** Ohröffner für den zweiten Tag; Wiederholung des Prinzips „Attentum parare" wie am ersten Tag (siehe S. 91 f.).

- ▶ **Metapher/Merkhilfe:** Die Geschichte ist als solche eine Metapher für die Berechtigung unterschiedlicher Sichtweisen auf die gleiche Sache.

- ▶ **Docere:** Die Teilnehmer lernen, verschiedene Meinungen nebeneinander bestehen zu lassen.

- ▶ **Movere:** Wir können geduldig auch Gegenargumente annehmen, ohne von unserer Meinung abzulassen und kommen dadurch mit Kritik und Widerspruch besser zurecht.

- ▶ **Delectare:** Die Geschichte erfreut, weil sie Spannung aufbaut, lustig ist und in einer pfiffigen Pointe mündet. Gleichzeitig ist die merkwürdige Geschichte „merk-würdig".

Ablauf/Vorgehen

Wording: *„Meine sehr verehrten Damen und Herren, was ist Dialektik?* (In der Regel herrscht erst einmal Schweigen.) *Sie wissen es nicht? Dann lassen Sie uns dies kurz klären …*

Eine Geschichte zum Delektieren …

*Zwei Juden gehen zum Rabbi und fragen ihn, was Dialektik sei.
Der Rabbi überlegt und sagt: „Das muss man klären."*

Es gibt stets mehrere Möglichkeiten zu argumentieren!

*Nach einiger Zeit stiller Meditation und des Gebetes antwortet er:
„Zwei Juden stehen vor der Mikwe (dem Badhaus).
Der eine ist schmutzig, der andere sauber.
Wer wird baden?"*

Die Zuhörer: „Der Schmutzige!"

*Rabbi: „Nein, der Saubere! Er badet gerne.
Wer also wird baden?"*

Zuhörer: „Der Saubere!"

*Rabbi: „Nein, der Schmutzige! Er muss sich reinigen.
Wer also wird baden?"*

Zuhörer: „Der Schmutzige!"

*Rabbi: „Nein, beide! Der Saubere badet gerne.
Und der Schmutzige muss sich reinigen.
Wer also wird baden?"*

Zuhörer: „Beide!"

*Rabbi: „Nein keiner! Der Schmutzige ist das Baden nicht gewöhnt.
Und der Saubere braucht es nicht.
Wer wird also baden?"*

Die Zuhörer erbost: „Du red'st grad', wie Du's brauchst!"

Rabbi: „Und das ist Dialektik."

Diese Geschichte[8] schließe ich mit den Worten ab: „Wenn Sie heute eine Meinung zu Ihrem Thema vertreten, wundern Sie sich nicht, wenn andere Teilnehmer anders denken. Wie Sie gemerkt haben, gibt es stets mehrere Möglichkeiten zu argumentieren. Und die Kunst, das gut und schlüssig zu tun, werden wir heute lernen."

---

8 Entnommen aus: Heinrich und Gudrun Fey: Redetraining als Persönlichkeitsbildung. Walhalla, Regensburg 2002

Nutzen Sie die Aufmerksamkeit nach der Geschichte, um die Agenda zum zweiten Seminartag vorzulesen und die Seminar- und Pausenzeiten zu erläutern. Das Chart zur Agenda ist selbstverständlich zunächst verdeckt und wird danach für alle gut sichtbar im Raum aufgehängt.

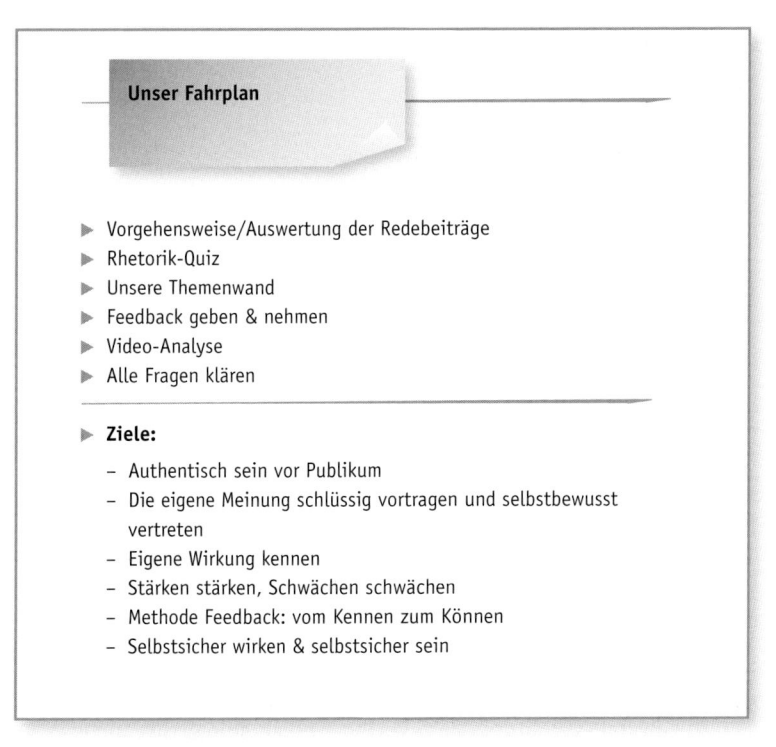

Unser Fahrplan

- Vorgehensweise/Auswertung der Redebeiträge
- Rhetorik-Quiz
- Unsere Themenwand
- Feedback geben & nehmen
- Video-Analyse
- Alle Fragen klären

- **Ziele:**
    - Authentisch sein vor Publikum
    - Die eigene Meinung schlüssig vortragen und selbstbewusst vertreten
    - Eigene Wirkung kennen
    - Stärken stärken, Schwächen schwächen
    - Methode Feedback: vom Kennen zum Können
    - Selbstsicher wirken & selbstsicher sein

Es gibt stets mehrere Möglichkeiten, die Agenda zu gestalten.

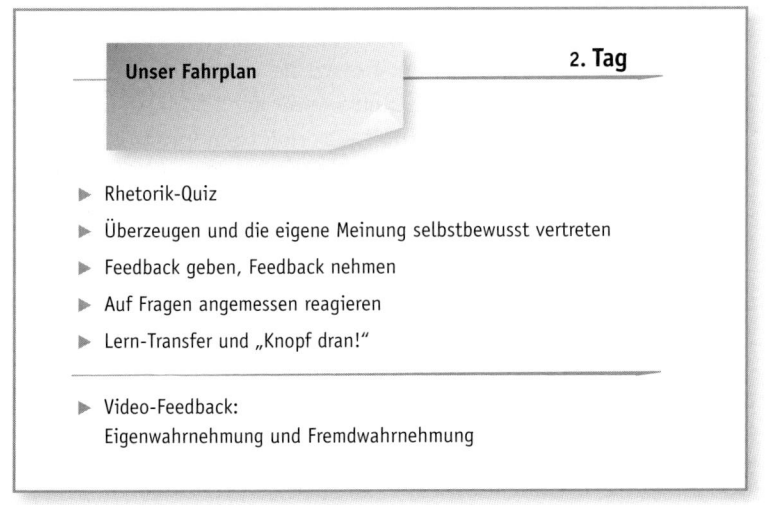

Unser Fahrplan — **2. Tag**

- Rhetorik-Quiz
- Überzeugen und die eigene Meinung selbstbewusst vertreten
- Feedback geben, Feedback nehmen
- Auf Fragen angemessen reagieren
- Lern-Transfer und „Knopf dran!"

- Video-Feedback:
  Eigenwahrnehmung und Fremdwahrnehmung

Rhetorik-Quiz

9:20 Uhr bis
9:40 Uhr

Kurzbeschreibung

Die Teilnehmer treten vor das Publikum und müssen aus einer vom Trainer zugeteilten Frage das Beste machen. Entweder beantworten sie diese selbst oder sie moderieren ein Gespräch mit dem Publikum, um gemeinsam die Antwort finden.

▶ **Metapher/Merkhilfe:** „Rate-Karte" (Hinweis: die „Merk-würdig"-Geschichte berücksichtigt Elemente zum Aufbau einer Rede, nicht jedoch die Spiele und Transferhilfen.

▶ **Ziel:** Erkenne, dass die Gedankenfokussierung entscheidend ist! Wenn Du Deine Sache gut machen willst, nimm es spielerisch und mit dem Ziel, zu gewinnen. Der Gedanke daran, was alles nicht passieren darf und schiefgehen könnte, zieht Unsicherheit nach sich. Die Teilnehmer erleben, dass authentisch sein vor Publikum möglich ist und mit Zielklarheit und Selbstbewusstsein zu tun hat. Die Inputs vom Vortag werden spielerisch umgesetzt.

▶ **Docere:** Transfer vom Vortag: Was wir bis jetzt alles über die angewandte Rhetorik wissen und worauf wir achten. Alle wichtigen Punkte werden wiederholt, es erfolgt ein unmittelbarer, aktiver Einstieg ins Thema Rhetorik. Das am ersten Tag Gelernte – Wirkpause, Blickkontakt zum Publikum, Karte in der richtigen Hand (!), Karteikarten-Methode allgemein, Wirkung von Fragen und Pausen, Einsatz und Thematisierung von Ohröffnern, der selbstbewusste Abschluss einer Rede – wird umgesetzt. Trainer und Teilnehmer nehmen den Lernfortschritt wahr.

▶ **Delectare:** Freude am Spiel: Die Quiz-Atmosphäre fördert den Spaß am Ausprobieren. Die Teilnehmer denken nicht an Blamage oder Blackouts, sondern daran, welche Frage sie wohl ziehen werden und wer womit anfängt.

▶ **Movere:** Körperliche und geistige Flexibilität werden trainiert. Die Teilnehmer merken, wie wichtig Fragen als Methode des Lehrgesprächs sind. Sie erleben, dass sie sich inzwischen sicher vor Publikum fühlen und dass sie bei Wissenslücken jederzeit die Zuhörer mit einbeziehen können. Sie erkennen, dass eine Einstiegsfrage langsam und überlegt vorgetragen werden muss und ein guter Ohröffner sein kann. Auch wird deutlich, dass Pausen wirkungsvoll sind und die Zuhörer viel mehr Zeit brauchen, als der Redner in seiner Zeitwahrnehmung meistens bereit ist zu geben. Die Karteikarten-Methode – „In welcher Hand halte ich meine Karte?" – wird spielerisch trainiert.

Ablauf/Vorgehen

Wording: *„Ich lade Sie jetzt zu unserem Rhetorik-Quiz ein. Sie sehen hier in meinen Händen zwölf Quizkarten (bei zwölf Teilnehmern). Auf jeder Karte finden Sie eine Frage zum Thema „Rhetorik". Die Antworten kennen Sie alle – denn Sie waren ja gestern anwesend. Ich bitte also den ersten Redner, sich eine Karte zu ziehen und nach vorne zu gehen. Lassen Sie sich Zeit, lesen Sie uns die Frage vor und versuchen Sie dann möglichst entspannt, das Beste aus der Frage- und Redesituation zu machen. Sie können die Frage selbst beantworten. Sie können die Frage auch an das Publikum weitergeben und die Antworten zusammenfassen. Nutzen Sie Ihre Möglichkeiten und denken Sie bitte daran, dass Sie die Rede eröffnen und auch wirkungsvoll – mit einer Schlusspause – beenden. Wenn wir Ihr Schlusswort vernommen haben, dann werden wir applaudieren, und Sie werden souverän und entspannt diesen Applaus entgegennehmen."*

Beispiele für (laminierte) Karten mit Fragen zum Thema „Rhetorik":

▶ Was sind die drei Aufgaben eines Redners nach Cicero?
▶ Was heißt „frei" reden?
▶ Was ist mit Wirkungsfaktoren gemeint?
▶ Spricht der Körper wirklich Bände?
▶ Sprechen mit Hand und Fuß? Was tun die Hände?
▶ Kartenhand – Gestikhand, was ist damit gemeint?
▶ Wann beginnt, wann endet die Rede?
▶ Was ist Lampenfieber und wie gehen Sie damit um?

Fragen für eine kurze Rede zum Thema „Rhetorik"

- ▸ Was ist ein Ohröffner und Ohrschließer?
- ▸ Was ist die so genannte „Pausenübung" und welchen Schluss ziehen wir daraus?
- ▸ Was passiert bei einem Blackout?
- ▸ Welche Bedeutung haben „Bilder" in der Rhetorik?
- ▸ Wie können wir die rechte Gehirnhälfte der Zuhörer ansprechen?
- ▸ Was ist mit dem Hemisphärenmodell gemeint?
- ▸ Die Walnuss – an was erinnert uns der innere Kern?
- ▸ Was sind Brückenworte und was sind Grabenworte?
- ▸ Was ist der Nachteil an einem Rednerpult?
- ▸ Wie wichtig sind Fragen in einem Vortrag?

Es gibt kein offizielles Feedback. Der Trainer weist aber darauf hin, dass die Teilnehmer am Ende der Rede stehen bleiben sollen und den „Knopf dran" machen – beispielsweise mit einem „Vielen Dank!".

Kommentar/Hinweise

Die Karten sollten DIN-A5-Format haben, damit die Teilnehmer auch hier gleich mit der richtigen Technik vertraut werden. Die laminierten Karten haben den Vorteil, dass Sie diese als Spiel-Equipment dabeihaben und immer wieder verwenden können. Diese Übung ist eine Eigenentwicklung. Ich fand sie nahe liegend, da sie Inhalte wiederholt, aktiviert und den notwendigen Transfer für weitere Schritte beinhaltet. Auch hier wird der Umgang mit Karten spielerisch trainiert.

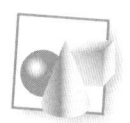

Varianten

- ▸ Sie bitten alle Teilnehmer aufzustehen und erklären, dass wieder Platz nehmen kann, wer einen Themenpunkt vom vorhergehenden Tag, der ihm besonders wichtig ist, zusammengefasst hat. Damit Sie zügig vorankommen und niemanden in Verlegenheit bringen, dem nichts mehr einfällt, was nicht bereits schon gesagt wurde, können Sie eine Karte aus Ihrem Fragenvorrat zuteilen, die erklärt werden soll.

- ▸ Nicht ganz so spontan ist folgende Variante: Sie pinnen alle Quizkarten gut lesbar an eine Moderationswand. Dann bitten Sie die Teilnehmer nach vorne, um sich eine Karte zu nehmen und die Redeübung durchzuführen.

Themenwand und Persönlicher Coach („Methode PC")

Kurzbeschreibung

Die Teilnehmer ziehen ihren „Persönlichen Coach (PC)" als Feedbackgeber für ihre Meinungsrede.

9:40 Uhr bis 10:00 Uhr

- **Metapher/Merkhilfe:** „Das Spieglein an der Wand"
- **Ziel:** Ausführliches und schriftliches Feedback geben können.
- **Docere:** Die Methode des Feedbackgebens wird trainiert. Die Teilnehmer kennen nun die Wirkungskriterien und lernen diese methodisch anzuwenden. Je ein Teilnehmer ist aktiviert, somit verhindern Sie als Trainer, dass sich die Teilnehmer nur auf sich selbst konzentrieren.
- **Delectare:** Die Teilnehmer sind neugierig, weil die Abkürzung „PC" befremdlich wirkt. Durch das Ziehen der Karten wird Spannung aufgebaut.
- **Movere:** Selbst Feedback zu geben erfordert Konzentration und zwingt automatisch zur Nachsicht, wenn die Rollen vertauscht sind. Das Feedbackgeben ist bei der Arbeit genauso wichtig wie im privaten Leben. Die Teilnehmer lernen durch die vielen erteilten Feedbacks, wie eine Rückmeldung sprachlich und methodisch optimal formuliert sein kann. Es wird bewusst, wie wichtig die exakte Beschreibung und die positive Formulierung hierbei sind. (Dem anderen **erst** ein Bild geben, **dann** eine Bewertung/Einordnung vornehmen.)

Ablauf/Vorgehen

Während die Teilnehmer vor der Themenwand stehen und ihre Themen für die Meinungsrede eintragen (siehe Abb. unten), legen Sie zwölf Karteikarten oder ovale Moderationskarten in die Mitte des Stuhlkreises. Es sind 6 mal 2 Farbkarten, die sich jeweils zu einem Pärchen ergänzen. Sobald die Teilnehmer von der Themenwand zurück sind, bitten Sie sie, noch einmal aufzustehen und sich eine Karte zu nehmen.

Wording: *„Sie haben soeben Ihren PC, Ihren ‚Persönlichen Coach' gezogen. Je zwei Farben ergeben ein Feedback-Team. Konkret bedeutet das für Sie: Wenn Sie Ihre Rede halten, beobachtet Ihr Coach Sie intensiv und notiert Details auf die Karteikarte oder in Ihr Skript. Er schreibt auf:*

1. *Was gefällt mir gut?*
2. *Was würde ich anders machen (mit konkretem Verbesserungsvorschlag)?*
3. *Gesamteindruck*

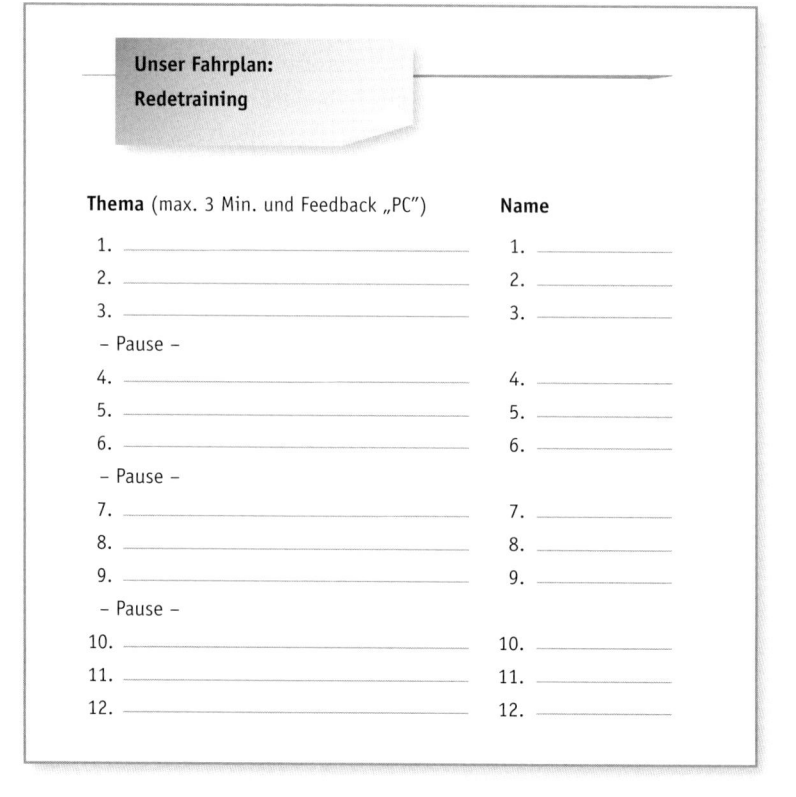

Unser Fahrplan: Redetraining

Die Themenwand strukturiert den Ablauf der Meinungsreden.

Thema (max. 3 Min. und Feedback „PC")   **Name**

1. _____   1. _____
2. _____   2. _____
3. _____   3. _____
– Pause –
4. _____   4. _____
5. _____   5. _____
6. _____   6. _____
– Pause –
7. _____   7. _____
8. _____   8. _____
9. _____   9. _____
– Pause –
10. _____   10. _____
11. _____   11. _____
12. _____   12. _____

Themenwand und persönlicher Coach („Methode PC")

Umgekehrt übernimmt der andere die Beobachterrolle, wenn Sie vor die Gruppe treten. Unmittelbar nach der Rede werde ich den Redner nach seiner Wahrnehmung fragen. Wir hören damit die so genannte Eigenwahrnehmung. Danach hat Ihr ‚Persönlicher Coach' das Wort und gibt Ihnen Rückmeldung. Im dritten Schritt meldet sich das Plenum zu Wort, und erst nach diesem Feedback darf der Redner/die Rednerin das Fazit ziehen. Sie können noch eine Frage stellen, einen ‚Knopf dran machen' oder sich auch nur bedanken – wie es Ihnen beliebt. Der Ablauf wird immer gleich sein."

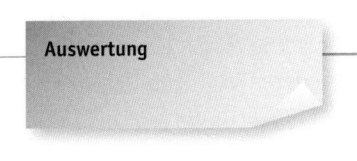

Auswertung

- Der Redner notiert/beschreibt seine Eigenwahrnehmung
- Feedback „Persönlicher Coach"
- Feedback Plenum
- Der Redner notiert die Fremdwahrnehmung und zieht Fazit
- Video-Ansicht
- Blitzlicht

- Feedback-Regeln beachten!

Ablauf der Auswertungsrunde nach den Reden

„Eine echte Feedbackkultur scheitert leider häufig an einer klaren Defintion von Feedback. Tatsächlich brauchen wir die Rückmeldung unserer Mitmenschen, um uns angemessen entwickeln zu können. Und nur wer angemessen handeln kann, ist auch langfristig erfolgreich. Daher werden wir uns im unmittelbaren Anschluss noch eingehend mit den Feedback-Regeln vertraut machen."

Kommentar/Hinweise

In manchen Seminaren habe ich erlebt, dass stets der Trainer das Feedback gibt und das Publikum aktiviert, um Rückmeldungen zu bekommen. Ab der dritten Rede lässt allerdings die Konzentration der Teilnehmer und auch die des Trainers nach. Somit ist die Methode des „PCs" für alle Beteiligten vorteilhafter. Die Teilnehmer tun so viel wie möglich und erleben sich als Ressourcen, der Trainer gibt Verantwortung ab und wird entlastet.

Vorsicht:
Leiten ≠ Moderieren!

Dies gelingt allerdings nur, wenn sich ein Trainer auch zurücknehmen und phasenweise eben „nur" Moderator sein kann. Wer immer anleiten will, beweist zwar, dass er es kann, hat aber am Ende des Seminars bestenfalls „Bewunderer", aber keine „Könner des Fachs". Mit Blick auf den aufklärerischen Anspruch der Rhetorik und der Erziehung zur Mündigkeit in Sinne Kants, verhindert ein Selbstdarsteller – ein Trainer, der ständig alles selbst machen und zeigen will – die Übernahme der Verantwortung durch den Einzelnen. Genau genommen entsteht dadurch ein hierarchisches Verhältnis von Lehrer zu Schüler. Wenn dies nicht Ihr Anspruch ist, sondern Sie partnerschaftlich und nach dem Prinzip der Selbstverantwortung schulen wollen, dann sollten Sie keine Möglichkeiten auslassen, die Teilnehmer entsprechend zu aktivieren und lediglich dann einzugreifen, wenn der Prozess es wirklich erfordert.

Der „PC" entlastet
Sie als Trainer.

Vorteile für Sie als Trainer: Sie brauchen das Feedback lediglich ergänzen und erkennen gleichzeitig, inwieweit die Teilnehmer Gelerntes umsetzen. Zudem halten Sie Ihren Zeitplan ein, weil nicht jeder Teilnehmer im Plenum alle Feedback-Punkte erfahren muss, sondern auf den „PC" vertrauen kann, der in den jeweiligen Pausen auch auf Detailfragen eingehen wird.

Als Trainer gebe ich pro Redner jeweils maximal die für ihn wichtigsten drei Impulse und achte darauf, dass bei jeder Rede ein zentraler Punkt für alle deutlich gemacht wird. Somit haben am Ende alle voneinander gelernt und können außerdem jederzeit bei ihrem „PC" nachfragen, wenn nachträglich noch Fragen zur Bewertung auftreten.

Weisen Sie als Trainer darauf hin, dass die Skripte getauscht werden. Wenn der „PC" seine Notizen in das Bewertungsblatt seines Coachees schreibt, hat der Teilnehmer auch nach der Veranstaltung einen Nutzen davon und kann – zusammen mit der Videoaufnahme – auch nach dem Seminar weitertrainieren.

Variante

Sie können die Karten zu einem Fächer ausgebreitet in die Hand nehmen und die Teilnehmer jeweils eine Karte ziehen lassen. Nachteil: Der Letzte kann nicht mehr wirklich wählen. Vorteil: Niemand muss sich bücken. Ich entscheide deshalb je nach Alter und Fitnessstand der Gruppe, welche Variante ich wähle.

Geschenke verteilen: Feedback geben, Feedback nehmen

Kurzbeschreibung

Die Teilnehmer lernen, positive Aussagen zu ihrer Person anzunehmen und gleichzeitig anderen Feedback so zu geben, dass es überzeugend ist, informiert und auch Spaß macht. Sie können dazu stehen, dass Rückmeldungen ihre persönliche Entwicklung beschleunigen. Selbstsicher Feedback geben und annehmen zu können und der Abgleich von Selbst- und Fremdbild führen zu einem stabilen Selbstbewusstsein.

10:00 Uhr bis 10:30 Uhr

▶ **Ziel:** Methode des professionellen Rückmeldens kennen und methodisch sicher und konsequent anwenden.

▶ **Metapher/Merkhilfe:** „Mein Geschenk"

▶ **Docere:** Die Teilnehmer lernen die Methode des Feedback-Gebens und des Feedback-Nehmens kennen und anzuwenden. Einerseits wird erkannt, wie wichtig das Feedbackgeben für die Persönlichkeitsentwicklung und das berufliche Weiterkommen ist und wie leicht die Technik fällt, wenn sie erst einmal verstanden ist. Gelernt wird zugleich, dass Eigenschaften an sich neutral sind und unbedingt ein erläuterndes Beispiel erfordern. Erst wenn eine Eigenschaft anhand einer konkreten Situation beschrieben wird, kann sich der Teilnehmer ein Bild machen und sich in die Vorstellungswelt des anderen hineinbegeben. Dass er nach Hören des Beispiels und der Eigenschaft auch wissen muss, ob dies für den anderen positiv oder negativ ist, wird ebenfalls deutlich.

▶ **Delectare:** Jeder freut sich, einen konkreten Aspekt über seine Persönlichkeit zu erfahren.

▶ **Movere:** Die Übung motiviert, weil schnell deutlich wird, wie gut es tut, auf eine annehmbare Art und Weise mehr über sich und seine Außenwirkung zu erfahren. Da dem Theorie-Input die Übung „Geschenke verteilen" unmittelbar folgt, erlebt jeder, wie die Scheu und anfängliche Unsicherheit sich wandelt in ein konkretes, beschreibendes und annehmbares Feedback. Dies überzeugt ungemein – und viele können es gar nicht erwarten, auch in ihrem Redeverhalten beurteilt zu werden.

Ablauf/Vorgehen

Die folgende „Trockenübung" erfordert von Ihnen als Trainer Standhaftigkeit, weil Ihnen die Teilnehmer zunächst mit Skepsis begegnen werden. Die ersten drei Durchgänge verlaufen erfahrungsgemäß etwas holprig. Aber wenn Sie die Übung mit aufmunternden und positiven Worten weiter begleiten, kippt die Unsicherheit schnell in echte Begeisterung um.

Das Chart mit den Feedback-Regeln (siehe Abb. rechts) können Sie zum Einstieg in die Übung kurz erläutern, in jedem Fall sollten es alle Teilnehmer während der Übung im Blick haben. Für Sie als Trainer ist es eine wichtige Hilfe, um die Teilnehmer via Fingerzeig sanft an die Einhaltung der Feedback-Regeln zu erinnern.

Wording: „*Was ist eigentlich Feedback?* (Teilnehmerantworten abwarten bzw. einholen, das Chart enthüllen und erläutern!) *Der Begriff heißt wörtlich übersetzt ‚Rückfütterung' und bedeutet Rückmeldung. Leider verbinden immer noch viele Menschen – übrigens auch viele Führungskräfte und Menschen im höheren Management – mit diesem Wort Negatives. Dies müsste nicht sein, wenn das Thema Feedback wirklich verstanden wäre und die Wirkungsaussage und die Tatsachenaussage nicht miteinander verwechselt oder miteinander vermischt würden.*

Wichtig für uns in der folgenden Übung: Wir stärken die eigene Kritikfähigkeit und üben Nachsicht mit anderen, die uns kritisieren und die Feedback-Methode eben noch nicht beherrschen.

Ihr direktes Gegenüber in diesem Stuhlkreis ist bei der folgenden Übung Ihr Feedback-Partner. Sie werden sich im Folgenden gegenseitig ein Geschenk (!) machen. Was meine ich damit? Sie haben sich bis jetzt mit Sicherheit ein Bild von Ihrem Gegenüber gemacht. Und

Feedback ist ein Geschenk
– Feedback-Regeln –

▶ **Feedback-Geber**
- Beschreiben Sie, was Sie sehen!
- Ich-Bezug statt Du-Botschaften
- Direkt an die Person!
- Ich-Bewertung statt „Man"
- Konkreter Vorschlag, wenn verbesserungswürdig

▶ **Feedback-Nehmer**
- Zuhören
- Nachfragen bei Unklarheiten
- Rechtfertigung ist nicht erlaubt!

▶ **Reihenfolge beim Feedback-Geben**
- „Was mir gut gefällt: ..."
- „Verbesserungswürdig finde ich ..."
- Gesamteindruck + Optimierungsidee

Achten Sie unbedingt auf die Einhaltung der Feedback-Regeln – damit Feedback als Geschenk verstanden wird.

Sie wissen irgendwie, was Sie an Ihrem Seminarkollegen bewundern und gut finden. Sie werden Ihrem Gegenüber nun eine positive Eigenschaft nach den gängigen Regeln des Feedback-Gebens und Feedback-Nehmens überreichen. Aufzählungen sind nicht erlaubt.

Der Feedback-Nehmer, also der Empfänger Ihres Geschenks, macht in jedem Fall das, was ein Profi immer tun sollte: Er fragt bei Unklarheiten sofort nach, wobei er sich nicht (!) rechtfertigen soll. Und falls Sie als Empfänger das Geschenk verstanden haben, bedanken Sie sich in jedem Fall dafür. Wir sind Komplimente nicht mehr sonderlich gewöhnt, daher bitte ich Sie, mutig voranzuschreiten und es auszuprobieren. Sie werden sehen, mit etwas Training fällt es uns kinderleicht, Positives angemessen zurückzumelden und Sie erfahren, wie viel Motivation ein ernst gemeintes Kompliment bewirkt.

Ein Beispiel: Frau Huber, als Sie gestern im Seminarraum erschienen, haben Sie gesagt, Sie könnten keine Rede halten und es falle Ihnen zudem schwer, Ihren Zuhörern in die Augen zu schauen. Als Sie vorhin vor der Gruppe standen, haben Sie lebendig und wirkungsvoll gesprochen und dabei Ihr Publikum fest im Blick gehabt. Das habe ich als zuversichtlich und selbstbewusst erlebt – und es hat mir sehr gut gefallen.

Der professionelle Feedback-Nehmer bedankt sich jetzt für das Feedback und fragt bestenfalls die Dinge nach, die er nicht genau verstanden hat."

Kommentar/Hinweise

Anders als beim Feedback-Spiel „Ein Korb voller Geschenke" in der Spielbar (siehe S. 209 ff.) brauchen wir für diese Übung kein Material. Als Trainer achten wir auf die Einhaltung der Feedback-Regeln für den Sender und Empfänger. Wichtig ist, dass die Teilnehmer das Geschenk annehmen, ohne es abzuschwächen. Und schon gar nicht sollen sie es kaputt kommentieren.

Greifen Sie als Trainer unbedingt ein, wenn die Feedback-Regeln gebrochen werden.

In jedem Rhetorikseminar sind die Teilnehmer gespannt darauf, wie sie auf andere wirken und ob ihre eigene – meist zu kritische – Sicht auf das eigene Präsentationsverhalten zutrifft. Da in Grundlagenseminaren meist keine Vorkenntnisse über das Feedback-Geben zu erwarten sind, möchte ich als Trainerin dieses Thema mit Leichtigkeit vermitteln. Trotzdem bestehe ich auf „beschreibende", „ich-formulierte" Rückmeldungen und greife bei jeder „Man"-Aussage ein: Feedback ist eine Ich-Botschaft und gilt für eine Person in einer bestimmten Situation zu einem bestimmten Zeitpunkt. Als Trainer verbessere ich daher stets und sofort, wenn in der „Man"-Form gesprochen wird oder wenn das Feedback allgemein statt direkt an die Person formuliert wird.

Wenn Sie als Trainer eingreifen, sobald die Feedbackregeln gebrochen werden, werden diese umso schneller verinnerlicht. Nachdem alle Teilnehmer an der Reihe waren, sind sie gut für die weiteren Feedbackschleifen vorbereitet und achten gegenseitig darauf, die Regeln auch einzuhalten. Feedback-Geben ist eine Führungskompetenz!

10:30 Uhr bis 10:40 Uhr

– Kaffeepause –

Alternativ: „Der treue Freund"

Kurzbeschreibung

Die Teilnehmer erleben einen natürlichen Schreckmoment, der sie kurzfristig lähmt und erfahren, wie sie ihn „mit Köpfchen" bewältigen können.

10:00 Uhr bis 10:30 Uhr

- **Metapher/Merkhilfe:** Mein treuer Freund, der Höhlenmensch
- **Ziel:** Gelassen-heiter dem Thema Lampenfieber und Blackout in Zukunft begegnen; eine förderliche Einstellung zum Thema Lampenfieber entwickeln; Angst vor möglichen Blackouts minimieren.
- **Docere:** Die Teilnehmer erfahren, was Lampenfieber ist, welche Einstellung dazu nötig ist und dass die Zeitwahrnehmung unter Stress verzerrt ist. Auch werden Reaktionsmöglichkeiten aufgezeigt, die auch unter Zeitdruck möglich sind.
- **Delectare:** Wenn Sie die Geschichte spannend gestalten, erfreut dies die Teilnehmer sehr. Nach dem Schreck sind alle häufig ganz guter Laune.
- **Movere:** Die Teilnehmer verfolgen gespannt die Geschichte vom Höhlenmenschen Rulaman. An einer Stelle werden die Teilnehmer mit lauter Stimme erschreckt und erleben somit den „Lähmungszustand", der weniger als eine Sekunde dauert. Nach dem Schreck erfolgt die Analyse und der Transfer zum Thema „Lampenfieber".

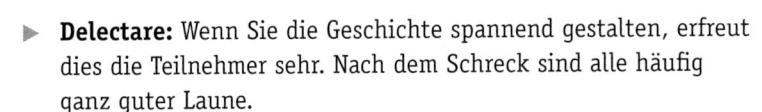

Ablauf/Vorgehen

Wording: *„Kennen Sie die Schwäbische Alb? (Pause) Wenn Sie Richtung Münsingen fahren, dann sehen Sie das Schild Rulamanhöhle. Wer von Ihnen kennt Rulaman? (Pause)*

Rulaman war ein Höhlenmensch. Auf seine Spuren begeben wir uns jetzt: Stellen Sie sich vor: Höhlenmensch Rulaman ist gerade unterwegs. Er holt Holz für ein Feuer, damit er es warm hat. Rulaman hat schon eine Menge Trockenholz und Zweige auf seine Arme gepackt. (Sie zeigen dies, indem Sie es gestisch vormachen.) Als Rulaman beschließt umzukehren, hört er plötzlich ein Geräusch. (Pause)

Uaaaaaaaaahhhh! (Sie stoßen ein lautes, gruseliges Uaaaaahhhhh aus. Die Teilnehmer erschrecken, denn damit haben sie nicht gerechnet. Sie fahren fort.) Ja, genauso geht es unserem Rulaman jetzt auch. Er ist kurz gelähmt vor Schreck. Genau genommen hat er nun drei Möglichkeiten. Er kann in der Lähmung bleiben und sich tot stellen, was er dann vielleicht auch bald wirklich sein wird. Oder er rennt in der Hoffnung davon, schneller zu sein als der hungrige Bär hinter ihm. Oder unser Rulaman ist ein erfahrener Steinzeitler: Er schnappt sich einen Stein oder Stock und greift seinerseits an."

Nach der Geschichte folgt die Analyse: *„Lassen Sie uns doch nun einmal nachvollziehen, was im Inneren von Rulaman passiert, als er dem Bären begegnet."*

An dieser Stelle decken Sie das Flipchart „Alarmprogramm" auf oder entwickeln die beiden Achsen und die Adrenalinkurve am Flipchart (siehe Abb.).

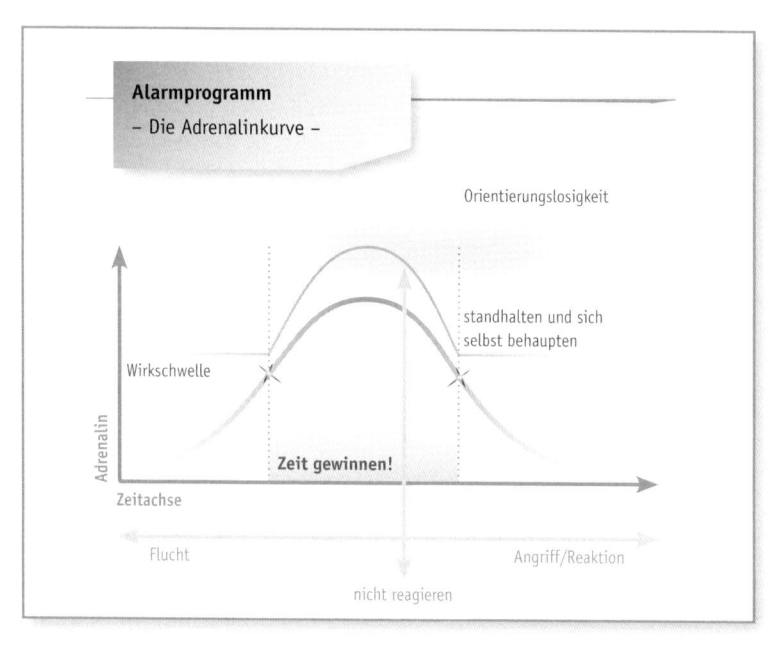

Solange das Adrenalin das klare Denken vernebelt, ist eine selbstbewusste Reaktion nicht möglich.

Alarmprogramm
– Die Adrenalinkurve –

Orientierungslosigkeit

standhalten und sich selbst behaupten

Wirkschwelle

Adrenalin

Zeit gewinnen!

Zeitachse

Flucht — Angriff/Reaktion

nicht reagieren

Alternativ: Themenbaustein Lampenfieber

Sie erklären nun anhand des Rulaman-Beispiels die Leistungskurve und erarbeiten dann gemeinsam mit den Teilnehmern Möglichkeiten, die in einer lebensbedrohlichen Situation denkbar wären, um zwei bis drei Sekunden zu überbrücken. Die Ergebnisse übertragen Sie anschließend auf die Redesituation und entwickeln mögliche Lösungsbeispiele: einen Schluck Wasser trinken, eine Pause machen, noch einmal auf die Agenda verweisen, eine Standardfrage ans Publikum richten („Gibt es bis hierher noch Fragen?") ...

„Rulaman steht für den Höhlenmenschen in uns, dessen Alarmprogramm wir geerbt haben und das uns in schwierigen Situationen Kraft verleiht. Dieses Programm wird immer dann ausgelöst, wenn ein Mensch eine Situation subjektiv als lebensbedrohlich einstuft. Die Betonung liegt aber gerade im Hinblick auf das Thema Lampenfieber auf subjektiv: Was den einen erschreckt, ist für den anderen das größte Vergnügen. So präsentieren Kinder arglos Kunststücke, tanzen spontan auf der Straße und spielen Zirkus. Kinder sind – je nach Alter und Erziehungseinfluss – frei von Konventionen und fürchten auch nicht die Bewertung anderer. Sie gehen im Spiel auf und sind stets die Person, die sie sein wollen. An Kindern erkennen wir häufig erst unsere Scheinfreiheit und dass wir uns zu viel Gedanken darüber machen, was andere Menschen über uns denken könnten. Die anderen denken sowieso, was sie wollen, warum also hier nicht die Heiterkeit und Freude von Kindern als oberste Prämisse ansetzen?! Kurz: Lampenfieber ist keine Angst vor der Rede, sondern eine gedachte Angst, vor dem Publikum zu versagen.

Heinrich Fey sagte: ‚Lampenfieber ist dein treuester Freund. Er kommt immer dann, wenn's drauf ankommt!'"

Kommentar/Hinweise

Das Thema „Blackout" und „Lampenfieber" ist besonders am ersten Tag ein großes Anliegen. Da dort durch zahlreiches Üben und viele Spiele vor der Gruppe die Redehemmung nahezu völlig abgebaut wird, ist das Thema am zweiten Tag erfahrungsgemäß gar nicht mehr so wichtig. Besonders das AHA-Erlebnis des am Vortag durchgeführten „TABU-Spiels" (Transfer: „Wenn Ihr Anliegen größer ist als Ihre Redeangst, dann fließt Ihr Engagement in die Rede mit ein.") sorgt für Selbstbewusstsein. Daher halte ich das Thema kurz und verweise auf das Skript zum Nachlesen.

Zum Hintergrund der Übung: Die Geschichte von Rulaman habe ich vor vielen Jahren in einem Seminar mit Klaus Steinke gehört – und nie wieder vergessen. Die Teilnehmer gehen mit der Geschichte mit und erschrecken. Danach sind sie wunderbar wach und aufnahmefähig für den Theorie-Input „Adrenalinkurve und: Was tun bei einem Blackout?"

Varianten

Sie können das Thema auch ohne Geschichte als Theorieblock direkt nach dem TABU-Spiel am ersten Tag anschließen.

10:30 Uhr bis 10:40 Uhr – Kaffeepause –

Die Meinungsreden

Aufzeichnung und Besprechung von drei Meinungsreden	*ca. 10:40 Uhr bis 11:10 Uhr*
Aufzeichnung und Besprechung von drei Meinungsreden	*ca. 11:15 Uhr bis 11:45 Uhr*
Aufzeichnung und Besprechung von drei Meinungsreden	*ca. 11:50 Uhr bis 12:20 Uhr*
Aufzeichnung und Besprechung von drei Meinungsreden mit anschließendem Blitzlicht	*ca. 12:25 Uhr bis 13:00 Uhr*

Kurzbeschreibung

Die Teilnehmer halten ihre Meinungsrede vor Publikum und agieren in der Rolle des „Personal Coach" als Feedback-Geber für einen anderen Redner.

- **Metapher/Merkhilfe:** Sanduhr

- **Ziel:** Eine dreiminütige vorbereitete Rede halten. Redegattung: Meinungsrede mit dem rhetorischen Ziel, das Publikum vom Für oder Wider eines Themas zu überzeugen – bei Umsetzung des bisher Gelernten.

- **Docere:** Eine Meinungsrede effizient vorbereiten und seine Meinung vor Publikum vertreten. Eigenwahrnehmung und Fremdwahrnehmung abgleichen; evtl. blinde Flecken erkennen und verändern; die Karteikartenmethode ausprobieren und trainieren.

▶ **Delectare:** Die Freude am Zuhören, die der Persönliche Coach erlebt, wird gefördert. Er weiß, dass auch er Feedback bekommen wird – und zwar von dem Redner, den er gerade beurteilt und coacht. Die Redner werden sich meistens erst nach der Rede freuen können, davor sind sie erfahrungsgemäß spürbar angespannt.

▶ **Movere:** Die Teilnehmer probieren aus, was sie zuvor in Kurzübungen gelernt haben und lernen den Unterschied von Eigen- und Fremdwahrnehmung kennen. Sie erleben, dass sie ihre Nervosität häufig als viel stärker empfinden, als es nach außen erkennbar ist.

Ablauf/Vorgehen

Gehen Sie linear nach dem Plan vor (siehe Chart „Auswertung").

1. Unmittelbar nach der Rede notiert der Redner auf einem Formularblatt ungefiltert alles, was ihm spontan durch den Kopf geht.

Wording: *„Was Sie jetzt notiert haben, ist die so genannte Eigenwahrnehmung. Sie können diese für sich behalten und mit dem Feedback Ihrer Zuhörer und Coaches abgleichen. Das ist die Fremdwahrnehmung. Damit wir uns ein Bild von Ihren Gedanken machen können, dürfen Sie uns aber selbstverständlich auch gerne Ihre Eindrücke schildern."*

Wichtig: Die Auswertungsschritte konsequent nach jeder Teilnehmerrede befolgen!

Auswertung

▶ Der Redner notiert/beschreibt seine Eigenwahrnehmung
▶ Feedback Persönlicher Coach
▶ Feedback Plenum
▶ Der Redner notiert die Fremdwahrnehmung
▶ Blitzlicht
▶ Video-Ansicht

▶ Feedback-Regeln beachten!

In den meisten Fällen möchten die Teilnehmer ihre Eigenwahrnehmung kurz schildern.

2. Anschließend ist der persönliche Coach an der Reihe, wobei der Trainer auf die Einhaltung der Vorgehensweise achten sollte:

   - Was gefällt mir gut?
   - Was finde ich verbesserungswürdig und wie lautet mein Verbesserungsvorschlag?
   - Gesamteindruck

3. Danach gibt das Plenum Feedback.

4. Der Trainer fasst zusammen und ergänzt.

5. Das Schlusswort hat wiederum der Redner. Er kann nachfragen, ein Fazit für sich ziehen oder sich einfach nur bedanken. Rechtfertigungen sind nicht erlaubt!

An dieser Stelle bietet sich für den Trainer der Hinweis an die Teilnehmer an, dass unterschiedliche Beurteilungen normal sind und sich häufig gegenseitig aufheben. Somit ist es an uns selbst zu entscheiden, was davon wir annehmen werden. Rückmeldungen beschreiben einen persönlichen Eindruck von uns in einer bestimmten Situation und zu einem bestimmten Zeitpunkt. Sie sagen nichts darüber aus, wie wir immer und überall sind!

Sind alle Reden gehalten und Feedbacks gegeben, empfiehlt sich vor dem Mittagessen ein kurzes **Blitzlicht**. Jeder Teilnehmer antwortet auf die Fragen:

1. Wie geht es mir?
2. Wie lautet mein bisheriges Fazit?

Kommentar/Hinweise

Feedback-Regeln: Als Trainer achte ich streng auf die Einhaltung der Feedback-Regeln. Sofern der Baustein „Geschenke verteilen" vorgeschaltet war, muss ich allerdings in der Regel nur selten eingreifen. Falls anstelle des Bausteins „Geschenke verteilen" die Übung „Der treue Freund" vorgeschaltet war, erläutere ich die Feedback-Regeln (Ich-Aussagen, direkte Ansprache, „man" vermeiden etc. – siehe hierzu auch Chart auf S. 173) vor Beginn der ersten Rede und korrigiere danach den Persönlichen Coach sofort, wenn er dagegen verstößt. Die Feedback-Regeln sind dadurch von der gesamten Gruppe schnell gelernt.

Vermeiden Sie im Interesse der letzten Redner unbedingt Hektik und Zeitdruck.

Zeitpuffer: Großzügige Zeitpuffer verhindern Hektik – und dafür sollten wir als Trainer sorgen. Planen Sie rund 30 Minuten von Beginn an ein. Bleibt Zeit übrig, lässt sie sich immer gut mit Transferimpulsen, Fragerunden und Spielen (siehe hierzu Kap. SpielBAR ab S. 202) ausfüllen. Ich habe in meinem Sortiment Spiele ohne Material, Spiele mit verbindlichem Material und Spiele mit Material, das spontan auch im Seminar erstellt werden kann. Sprachspiele haben den Vorteil, dass sie in den meisten Fällen ohne Material auskommen und natürlich eine große Nähe zum Thema Rhetorik haben.

Zur Auflockerung für zwischendurch:

- „Telepathie" wurde schon am Vortag eingeführt und lässt sich immer dann gut einsetzen, wenn die Konzentration nachlässt. Die Übung wird spätestens nach dem Abschluss der Videoarbeit aufgelöst.
- Die Teilnehmer zwischen den Reden den Platz wechseln lassen: Ein anderer Sitzplatz bedeutet immer auch eine andere Perspektive!
- Übungen mit körperlicher Aktivität ohne direkten Bezug zur Rhetorik (auch hierzu Beispiele im Kap. SpielBAR). Tipp: Nach Zielkategorien geordnet und auf Karteikarten notiert, haben Sie die passende Idee jederzeit zur Hand.

Varianten

Bei Gruppen mit bis zu sechs Teilnehmern können Sie vor der Video-Aufnahme das Spiel „Kleist lässt grüßen" durchführen (siehe hierzu auch S. 216 ff.). Vorteil: Jeder Teilnehmer hat seine Rede bereits drei Mal gehalten sowie mehrmals Feedback erhalten und gegeben. Die Teilnehmer erleben dadurch, wie schnell sie Fortschritte erzielen können, entwickeln ein Zeitgefühl für ihren Vortrag und merken, dass sie ihn durch diese Wiederholungen sich bereits einprägen und die Inhalte klarer präsentieren können. Der Mut, die Stichworte auf den Karteikarten zu nutzen, wächst ebenfalls.

Erst nach diesem Vortraining nehmen Sie die Reden auf, wobei Sie in der Regel nur noch wenig nachbessern müssen. Die Motivation der Teilnehmer, sich vor Publikum auszuprobieren, ist danach enorm.

– Mittagspause – *13:30 Uhr bis 14:30 Uhr*

– Kaffee und Small Talk (= gute Atmosphäre) – *14:30 Uhr bis 14:40 Uhr*

... sowie eine Auflockerungsübung zum Wachwerden nach dem gutem Essen ...

Teamknobeln mit Ritter, Löwe und Hexe

Ablauf/Vorgehen

14:30 Uhr bis 14:40 Uhr

Wording: „Kennen Sie Teamknobeln? Wir werden jetzt zwei Gruppen bilden. Beide Gruppen werden sich im Team besprechen. Es geht darum, zwei Punkte zu machen. Was müssen Sie wissen? Es gibt in diesem Spiel drei Figuren: einen Ritter, einen Löwen und eine Hexe.

- Der Ritter hat ein Schwert, und wenn er es zieht, sieht dies in etwa folgendermaßen aus (Sie demonstrieren mit einem lauten ‚Haaa!!!' einen Ritter mit Schwert).
- Der Löwe in Angriffshaltung sieht so aus: ‚Uaaaaaaaahhh.' (Sie demonstrieren einen brüllenden Löwen.)
- Die Hexe erhebt drohend den Zeigefinger und macht: ‚Stststs.' (Sie zeigen auch dies vor Publikum.)

Sie besprechen sich nun für den ersten Durchgang und werden sich im Team einig, welche Figur Sie darstellen wollen. Sobald Sie dies wissen, beginnt das Spiel. Beide Teams treten gegeneinander an. Ich zähle bis drei und dann präsentieren Sie alle gleichzeitig die Figur. Danach besprechen Sie sich neu. Und so kommen Sie zu Punkten:

Teamknobeln auf dem Unternehmerinnen-Kongress in Dresden, 2007

- Der Ritter schlägt den Löwen (Punkt für den Ritter).
- Der Löwe frisst die Hexe (Punkt für den Löwen).
- Die Hexe ist mit ihren Hexenkünsten dem Ritter überlegen (Punkt für die Hexe).

Wenn beide Gruppen das Gleiche machen, ist es eine Patt-Situation. Dann wird weitergespielt."

Kommentar/Hinweise

Das Spiel ist witzig und besonders nach dem Mittagessen eine gute Möglichkeit, um wieder in Schwung zu kommen. Ich führe das Spiel dreimal hintereinander durch. Entnommen habe ich das Spiel dem Buch „Games", wobei ich die Figuren etwas abgewandelt habe – in erster Linie, weil ich „die alte Dame" aus Taktgefühl meiner weiblichen Teilnehmerinnen gegenüber nicht angemessen fand.

Videoansicht und Fragen notieren

14:40 Uhr bis 15:15 Uhr

Kurzbeschreibung

Die Teilnehmer schauen sich ihre Meinungsrede auf Video an und reflektieren ihre Selbsteinschätzung sowie die Feedbacks, die unmittelbar nach der Rede gegeben wurden. Offene Fragen werden notiert.

▶ **Ziel:** Die Eigenwahrnehmung mit der Fremdwahrnehmung abgleichen und ein stimmiges Bild von sich bekommen.

▶ **Docere:** Blackouts als „wertvolle" Pausen erkennen, zu einer möglichst realistischen Selbsteinschätzung kommen, die Stärken kennen und wissen, welche Punkte noch optimiert werden können. Es wird deutlich, dass durch Einsatz der Karteikartenmethode eine Rede frei wirkt. Auch lernt der Einzelne einzuschätzen und zu entscheiden, ob die Karteikartenmethode die richtige Technik für ihn ist. Sehr lebendige, Raum nehmende Persönlichkeiten erkennen, dass sie statt der Karte eine Folie oder PowerPoint-Präsentation bevorzugen.

▶ **Delectare:** Sich auf Video zu sehen ist für viele ungewöhnlich und macht sie verlegen. Insgesamt sind jedoch alle Teilnehmer überzeugt, dass die Kamera ein unbestechliches Medium ist, um blinde Flecken zu erkennen und strittige Aspekte besser beurteilen zu können.

▶ **Movere:** Jeder notiert sein persönliches Fazit auf einer Karteikarte („Mein springender Punkt"). Häufige Erlebnisse: Die eigene Stimme klingt fremd. Die Theorie zur verzerrten Zeitwahrnehmung bestätigt sich: Der Einzelne wirkt ruhiger und entspannter auf Video als erwartet. Die eigene Sicht und Einschätzung ist meist viel kritischer als die tatsächliche Wirkung nach außen. Dies motiviert ungemein!

Ablauf/Vorgehen

Aus Gründen der Effizienz und weil die Konzentration der Teilnehmer erfahrungsgemäß spürbar nachlässt, sollten Sie das Videoband durchlaufen lassen und die Teilnehmer bitten, sich Fragen für danach zu notieren.

Mit folgenden Fragen können Sie dabei die Reflexionsarbeit der Teilnehmer unterstützen:

- ▶ Was hat mir an mir und meinem Vortrag besonders gut gefallen?
- ▶ Was habe ich von dem, was ich mir vorgenommen habe, bereits umgesetzt?
- ▶ Was könnte ich verbessern?
- ▶ Welche Nuss knacke ich beim nächsten Mal? Was also nehme ich mir für das nächste Mal vor?

Variante

Bei kleinen Seminargruppen können Sie bereits die Kurzübungen mit der Videokamera aufnehmen. Jeder nimmt sich danach vor, in der nächsten Rede einen Verbesserungsvorschlag umzusetzen und benennt ihn auch.

– Kaffee-Pause –

15:15 Uhr bis
15:30 Uhr

Umgang mit Fragen aus dem Publikum

Kurzbeschreibung

15:30 Uhr bis 16:15 Uhr

Die einzelnen Teilnehmer müssen sich mit ihrer artikulierten Meinung Fragen und Angriffen aus dem Plenum stellen und diese angemessen parieren.

- **Metapher/Merkhilfe:** „Bälle spielen"

- **Ziel:** Sicherheit im Umgang mit Fragen aus dem Zuhörerkreis gewinnen.

- **Docere:** Es wird gelernt, dass schon die Eingrenzung eines Themas im Vorfeld ein Garant für den souveränen Umgang mit Publikumsfragen ist. Die Teilnehmer lernen, den Inhalt (Pragma), die Art der Fragestellung (Pathos, der in der Stimme oder Formulierung mitschwingen kann) und die Person (Persona: Was sagt der Fragende hiermit über sich selbst aus?) zu unterscheiden. Als weiterer Punkt wird die Form analysiert: Handelt es sich tatsächlich um eine Frage, eine Aussage oder eine Beleidigung? Diese Differenzierung schafft eine Vielfalt an Reaktionsmöglichkeiten, die im Seminar spielerisch trainiert werden.

- **Delectare:** Wenn Sie als Trainer lebendige Beispiele liefern oder die Teilnehmer bitten, Sie etwas Freches zu fragen, können Sie deren Lernfreude unterstützen. Sobald ein Zuhörer sagt: „Na ja, Sie sind Experte und können das eben …", können Sie antworten: „Damit Sie sehen, wie schnell und einfach diese Techniken zu trainieren sind und Sie selbst das auch können, gebe ich Ihnen nun die Möglichkeit, sich selbst im Umgang mit den Fragen auszuprobieren."

- **Movere:** Die Teilnehmer merken, wie wichtig Fragen sind – sowohl für den Redner, der dadurch Zeit gewinnt, als auch für das Publikum, das über das Gehörte nachdenken und sich eine Meinung dazu bilden will. Es wird deutlich, dass gezieltes Nachfragen häufig auch notwendig ist, um abzugleichen, ob der Inhalt wirklich angemessen vermittelt wurde.

Ablauf/Vorgehen

Eine Person stellt sich vor die Gruppe und benennt (s)eine Meinung klar und deutlich. Dann setzt sie sich auf den Stuhl und stellt sich den Fragen und Angriffen des Plenums. Alle achten darauf, wie gut geantwortet wurde und bewerten dies auf Grundlage der bekannten Feedback-Regeln. Der Trainer notiert auf dem Flipchart, was die Zuhörer wie bewerten.

Am Ende sind die wichtigsten Möglichkeiten zum „Umgang mit Fragen aus dem Publikum" auf dem Chart festgehalten. Die Ergebnisse können dann zum Beispiel so aussehen:

▶ Eine Frage in eigenen Worten wiederholen und sich ein „Ja" abholen:
„Habe ich Sie richtig verstanden, Sie bezweifeln, dass sich die Vertriebsleute mit den Entwicklern innerhalb der Projektplanung einigen werden."

▶ Eine geschlossene Frage kurz und knapp beantworten:
„Ja." oder „Nein." – ohne wenig souverän wirkendes „Nachkleckern".

▶ Das Gesagte teilweise bestätigen bzw. relativieren, um dann die Gegenmeinung anzuschließen. Hierbei unbedingt darauf achten, dass Wörtchen „aber" zu vermeiden:
„Ja. Ich gebe zu, mein Vorhaben klingt zunächst verrückt. **Und** weil wir anders denken müssen, wenn wir die Konkurrenz mit eigenen, neuen Produkten überraschen wollen, schlage ich vor, genau hier anzusetzen und folgendermaßen vorzugehen ..."

▶ Eine Gegenfrage starten:
Frage aus dem Publikum: „Sind Sie da ganz sicher???!!" – Entgegnung: „Zweifeln Sie?"

Reaktionsmöglichkeiten auf Publikumsfragen

Quelle

Diese Übung hat sich „wie von selbst" im Laufe meiner Trainingstätigkeit ergeben und ist eine Eigenkreation.

Zusammenfassung und Hinführung zum Abschluss

Kurzbeschreibung

16:15 Uhr bis 16:30 Uhr

Die Teilnehmer erhalten einen Überblick über die behandelten Inhalte und gleichen diese nochmals mit ihren Zielen und Erwartungen vom Anfang des Seminars ab. Die Zusammenfassung unterstreicht, wie viel die Teilnehmer in den vergangenen zwei Tagen bereits gelernt haben. Jede Rede sollte eine Zusammenfassung haben, so auch jedes Seminar!

- ▶ **Metapher/Merkhilfe:** Zieleinlauf (Sport)

- ▶ **Docere:** Die Teilnehmer erkennen, was sie die letzten beiden Tagen gelernt haben. Jetzt kommt die Mnemotechnik dazu: Über Bilder, die mit Erlebnissen verknüpft werden, lässt sich vieles langfristig besser merken als rein linkshirnig analytisch.

- ▶ **Delectare:** Die Zusammenfassung in Form einer Entspannungstrance vermittelt die Inhalte nochmals auf äußerst angenehme Art.

- ▶ **Movere:** Die Entspannungstrance und die Mnemotechnik erreichen die Herzen und überzeugen dadurch. Dass der Trainer sein Versprechen vom Anfang des Seminars einlöst – aus „merkwürdig-seltsam" wird „merk-würdig-merkbar" – erfreut die Teilnehmer.

Ablauf/Vorgehen

Dieser Abschnitt des Seminars teilt sich in eine eher persönliche, innerliche Bestandsaufnahme, die durch die Trance angeleitet wird, und eine mehr konventionelle Zusammenfassung der Seminarinhalte anhand des „Merk-würdig"-Charts.

Zusammenfassung und Hinführung zum Abschluss

Die Eigenschaft einer guten Trance ist, dass sie den Teilnehmern ermöglicht, auf eine stille Weise ihre persönlichen Erfahrungen zu reflektieren. Deshalb wird sie auch sehr offen gehalten und mehr oder weniger mit Stichworten gesprochen wie in dem folgenden Beispiel. Geben Sie Ihren Teilnehmern über längere Pausen zwischen den Sätzen, Satzteilen und einzelnen Wörtern genügend Zeit, ihre Eindrücke geschehen zu lassen! Sprechen Sie klar und deutlich. Sollten Sie noch keine Erfahrungen mit dem Sprechen einer Trance haben, sprechen Sie Ihren Text auf Band und hören Sie sich danach über Kopfhörer an. Verändern Sie Ihre Sprechweise so lange, bis Sie sich sehr gut vorstellen können, dass sogar Sie selbst davon entspannt würden.

Wording: *„Bitte sammeln Sie sich noch einmal, und wenn es für Sie in Ordnung ist, setzen Sie sich entspannt hin. Sie können mir die nächsten Minuten mit offenen oder geschlossenen Augen zuhören, je nachdem, was Ihnen angenehmer ist.*

Beispiel für eine Entspannungstrance

Gestern Morgen sind Sie nach einer mehr oder weniger langen Reise von zu Hause, von Ihrer Arbeit oder von wo auch immer in diesem Raum angekommen, um gleich eine weitere Reise in ein Themengebiet anzutreten, das Ihnen jetzt schon recht vertraut ist.

Sie haben zunächst diesen Bildungsraum erkundet und in ersten Begegnungen Menschen kennengelernt, mit denen Sie das Interesse an unserem Thema verbindet. Jeder hatte seine ganz eigenen Herausforderungen mit dem öffentlichen Sprechen und gemeinsam haben Sie gelernt.

Sie haben gelernt, mit Ihren eigenen Emotionen umzugehen, angefangen von dem Schritt auf das Publikum zu und sind Rulaman, dem Höhlenmenschen begegnet. Sie wissen jetzt auch, wie Sie mit Leichtigkeit und Freude unterhalten, Ihre Zuhörer informieren, überzeugen und bewegen.

Und wie gut ist es, dass gutes Reden gelernt werden kann, so wie Sie es in diesen Tagen an den anderen und an sich selbst erlebt haben. Was genau war Ihr persönlicher Durchbruch an diesen beiden Tagen, und was fällt Ihnen schon besonders leicht, während anderes schon bald genau so normal sein wird, wenn Sie öffentlich sprechen? Und wo genau wird das sein?

Wenn Sie dann in etwas fernerer Zukunft an dieses Seminar und Ihre ersten Erfolge durch die Anwendung des Gelernten denken, woran genau möchten Sie sich dann erinnern?

Bleiben Sie noch eine Weile auf Ihrer innerlichen Bühne, genießen Sie den Applaus, wie Sie ihn gestern und heute bereits erlebt haben. Und während Sie ganz langsam und auf Ihre Weise hierher zurückkehren, sich recken und strecken, freuen Sie sich schon jetzt auf mehr."

Wie zu Beginn des Seminars zugesagt, lösen Sie jetzt Ihr Versprechen ein und verwandeln das Merkwürdig-Chart in ein „Merk-würdig"-Chart (siehe Abb. unten).

Sie rücken das „Merk-würdig"-Chart in den Mittelpunkt oder gehen gemeinsam mit der Gruppe zu der Chart-Wand im Raum. Nun lesen Sie langsam das Chart vor und lassen jeweils bei den Metaphern den Sachinhalt stichwortartig zuordnen. Somit wird auf „Geschenk" sofort die Rückmeldung „Feedback geben – Feedback nehmen" kommen und auf „schmutziger Mann – sauberer Mann" das Stich-

Beim Vorlesen der Metaphern ordnen die Teilnehmer den Seminarinhalt zu – das Chart wird „merk-würdig".

„Merk-Würdig ..."

- Ein Chairman mit einem Mikrofon in der einen und einer Walnuss in der anderen Hand wandert auf einem Elefanten durch den Bildungsraum und will Ziele von uns. Mit links erklärt er uns Kunst & Geschichte an einem Spannungsbogen und verteilt Bonbons an uns.
- Mit einem Messer in der richtigen Hand besuchen wir die Bildgalerie und genießen die Rückfütterung von Rulaman, unserem treuesten Freund.
- 3 Reaktionsmöglichkeiten, 3 Aufgaben und 3-Ecken spielen eine wichtige Rolle für uns.
- Ein lebendiger Telepath, ein echtes Herzblatt, verblüfft uns mit Wirkpausen, Geschenken und selbstbewusstem Dress-Code. Er kennt weder Tabu noch Ablenkungsmanöver und argumentiert mit Zwecksatz.
- Von einem Schmutzigen und einem Sauberen lernen wir den Umgang mit Fragen.
- Wir sind ver-rückt und bleiben es: Unbrauchbares kommt in die Tonne – Sinnvolles ab jetzt ins Gepäck.

wort Dialektik. Aus der merkwürdigen Geschichte wird eine „merkwürdige" Geschichte; die Teilnehmer sind erstaunt. Sowohl die eher verspielten Persönlichkeiten als auch die eher streng-analytischen Denker sind beeindruckt, was Sie an nur zwei Tagen Rhetorik-Seminar gelernt haben und aktiv anwenden können.

Erfahrungsgemäß finden selbst Teilnehmer mit größten Vorbehalten und solche mit einem hohen Anspruch an Logik und Schlüssigkeit die Mnemonik-Methode am Ende pfiffig. Mir bestätigt das, dass in uns allen noch das kleine Kind mit seinem Bedürfnis nach Geschichten, Spiel, Kreativität und Fantasie schlummert. Ich gehöre ganz bestimmt zu diesen Menschen dazu und wünsche mir, dass mehr dazu stehen, auf diese Weise „mitspielen" zu wollen, statt sich ihren Spieltrieb zu verbieten.

Die Zusammenfassung ist damit noch nicht beendet. Dass Rhetorik zielgerichtet ist, leben Sie vor, indem Sie die Teilnehmer zu den Zielen zurückführen, die sie am ersten Tag im Partnerinterview erarbeitet haben (siehe Abb. S. 100). Führen Sie die Teilnehmer zur Zielewand und lesen Sie die Ziele vom Vortag vor. Sie überprüfen dadurch, ob alle Themen besprochen wurden und beantworten noch offene Fragen.

Varianten

Die „Bildungs-Reise": Bitten Sie die Teilnehmer aufzustehen und allein oder zu zweit wie bei einer Vernissage in unserem Bildungsraum auf Reisen zu gehen. Dabei „durchlaufen" sie noch einmal alle Themen und klären für sich, was für sie das jeweils Wesentliche war und ist. Danach werden noch offene Fragen geklärt.

Diese Mehode führt wieder an den Anfang des Seminars und schließt die Reise im Bildungsraum ab. Auch Sokrates war mit seinen Schülern gern zu Fuß unterwegs und überzeugt, dass ein laufender Mensch auch den Geist bewegt und somit mehr aufnehmen kann. Diese Position wird durch die moderne Lern- und Gehirnforschung bestätigt.

Abschluss-Feedback und Evaluation

16:30 Uhr bis 17:00 Uhr

- **Ziel:** Bewertung der Maßnahme und Blick auf die Zielerreichung
- **Metapher/Merkhilfe:** Stethoskop als Symbol für den letzten Check-up.
- **Docere:** Inhalte bewerten
- **Delectare:** Methodik und Atmosphäre bewerten
- **Movere:** Ihre Meinung ist gefragt! – Die Teilnehmer erleben sich als kompetente Feedback-Geber und fühlen sich dadurch mit ihren erworbenen Fähigkeiten ernst genommen.

Ablauf/Vorgehen

Es gibt zahlreiche Möglichkeiten eine Maßnahme abzuschließen. Einfach und pragmatisch ist die so genannte Blitzlicht-Abfrage (vgl. S. 64 f.). Da die Teilnehmer am Ende des Seminars erfahrungsgemäß erschöpft sind, Sie als Trainer jedoch klare Aussagen haben möchten, sollten Sie mittels Chart eine Strukturierungshilfe anbie-

Die Fragen helfen, das Abschluss-Feedback zu strukturieren.

Feedback-Runde

- Wie zufrieden sind Sie mit den erzielten Ergebnissen?
- Wurden meine Erwartungen erfüllt? Sind noch Fragen offen?
- Wie zufrieden sind Sie mit der Zusammenarbeit im Team?
- Was werden Sie als Erstes umsetzen und bis wann?

ten. Auch die Fragen auf dem Chart zielen übrigens wieder auf die drei Aufgaben eines Redners: Docere, Movere und Delectare!

Wording: *„Sie haben in diesem Abschluss-Blitzlicht die Möglichkeit, Ihre Rückmeldungen abzurunden. Ob Sie nur zu einer oder zu mehreren der Fragen auf diesem Flipchart etwas sagen möchten – egal, ich freue mich auf jeden Fall."*

Varianten

▶ Die Teilnehmer erhalten eine rote und eine gelbe Karte und notieren darauf: „Was lege ich hier und für immer ab (rote Karte)?", „Worauf achte ich in Zukunft (gelbe Karte)?" Jeder Teilnehmer steht auf und erzählt der Gruppe, was er hier lässt – um es anschließend auch in einen Papierkorb oder Mülleimer in der Mitte des Stuhlkreises zu werfen – und was er mitnimmt.

▶ Statt Kartennotiz und Mülleimer arbeite ich zum Schluss gerne noch einmal mit den Walnusshälften und lasse diese füllen: „Mein Linkshirn nimmt mit ...", „Mein Rechtshirn merkt sich das Bild von ...".

▶ Zum Abschluss der Bildungsreise gehen die Teilnehmer gedanklich noch einmal die Seminarstationen durch:
 – DenkBAR: Worüber haben wir nachgedacht?
 – MachBAR: Was haben wir ausprobiert und dabei gelernt?
 – OptimierBAR: Was möchte ich in Zukunft verstärkt trainieren? Was nehme ich mir für die Zukunft vor?
 – Jeder kann zum Schluss in die BeobachtBAR gehen und seine Beobachtungen, Empfindungen etc. insgesamt mitteilen.

Kommentar/Hinweis – und ein Schlusswort!

Ein pünktlicher Abschluss ist das Sahnehäubchen des Seminars, zeugt von Organisationskompetenz und ist ein Zeichen der Wertschätzung gegenüber den Teilnehmern und ihrer (Lebens-)Zeit. Auch ist es der letzte Eindruck von der Veranstaltung. Optimal finde ich, wenn das Seminar zehn Minuten vor dem offiziellen Abschluss beendet ist, damit die Teilnehmer in Ruhe zusammenpacken und sich sowohl voneinander als auch aus diesem zweitägigen Prozess verabschieden können. Ich verabschiede mich ab fünf Minuten vor Schluss von jedem Teilnehmer per Handschlag und mit Blickkontakt. Auch das hat mit Wertschätzung und professionellem

Umgang zu tun. Das Seminar ist für mich erst beendet, wenn der letzte Teilnehmer den Raum verlassen hat. Selbstverständlich muss man bei Seminaren immer mit Pannen und Unvorhergesehenem rechnen, die den geplanten Ablauf durcheinanderbringen. Dennoch sollte das Überziehen der Zeit die Ausnahme bleiben.

17:00 Uhr bis 17:30 Uhr

Nach dem Ende ist noch nicht Schluss

Ich buche meine Abreise vom Seminarort stets so, dass noch genug Zeit zum Zusammenräumen bleibt und ich für Teilnehmer, die noch spezielle Fragen haben, als Ansprechpartner zur Verfügung stehen kann. Somit habe ich mir angewöhnt, noch eine halbe Stunde nach dem offiziellen Ende des Seminars für weitere Fragen zur Verfügung zu stehen – auch wenn mir ein Betriebswirt schon mitgeteilt hat, dies sei doch Verschwendung, weil mir diese Form von Einzelberatung nicht bezahlt wird …

Für mich gehört das zur „gelebten Kundenorientierung". Kundenorientierte Trainer halten stets ein Sahnehäubchen bereit, bieten also einen Zusatznutzen. Doch dies muss jeder für sich entscheiden. Als Trainerin aus Leidenschaft freut es mich, wenn Teilnehmer von meiner Rhetorikbegeisterung angesteckt wurden und mehr wissen wollen.

Merkbar

▶ Sie wissen erst, wie es Ihren Teilnehmern geht, wenn diese es Ihnen mitteilen (Stimmungsbarometer).

▶ Mit dem Rhetorikquiz erfahren Sie, was Teilnehmer gelernt haben und noch wissen sollten.

▶ Die Themenwand schafft Orientierung und garantiert ein gutes Zeitmanagement.

▶ Die Methode „Persönlicher Coach" trainiert Feedback-Regeln, schafft detaillierte Rückmeldung für den Einzelnen und garantiert dem Trainer den Zeitplan konsequent einzuhalten.

▶ „Geschenke verteilen" schafft eine positive Grundstimmung und trainiert die Methode des Feedback-Gebens und Feedback-Nehmens.

▶ Lampenfieber ist ein treuer Freund.

▶ Die Walnuss wird geknackt: Hirnmasse wird freigelegt.

▶ Fragen sind ein Zeichen von Interesse – nur leider oft kompliziert formuliert.

▶ Reden abnehmen mit Feedback-Schleifen:
  – erst der Redner,
  – dann der persönliche Coach,
  – das Plenum,
  – der Trainer,
  – das letzte Wort hat wieder der Redner.

▶ Die Entspannungstrance strukturiert Inhalte und entspannt Körper und Seele.

▶ Das Mnemonik-Chart: aus merkwürdig-seltsam wird merkwürdig-merkbar.

Kapitel 4

BeobachtBAR

spielBAR und variierBAR handeln

Wo stehen Sie jetzt?

Sie wissen nun, wie zwei Tage Rhetorikseminar grundsätzlich aussehen können, haben an meinen Erfahrungen teilgenommen und Anregungen daraus erhalten. Vielleicht vermissen Sie ein bestimmtes Thema oder würden andere Schwerpunkte setzen. Das ist in Ordnung, denn in der Seminargestaltung geht es weniger um ein „richtig" oder „falsch" als vielmehr um die Frage: „Was ist angemessen?"

Bleiben wir in der Hinführung zur SpielBAR und VariierBAR noch einen Moment in der BeobachtBAR:

Die Darstellung in diesem Buch ist Teil eines bewährten Prozesses, der sich ständig weiterentwickelt. Sie ist das Ergebnis aus langjähriger Trainingserfahrung und laufenden Anpassungen, um in nur zwei Seminartagen bis zu zwölf Teilnehmer so in die Grundlagen der Rhetorik einzuweisen, dass sie rhetorisch erfolgreich handeln: authentisch, selbstbewusst und sicher in der Methode.

Zu diesem Ziel gehört auch, Theorie und Praxis effizient zu verbinden. Die Teilnehmer Ihrer Seminare sollen rhetorisch spielerisch handeln, denn nur so ist es möglich, dass sie während der gesamten Maßnahme permanent lernen können, ohne wesentlich zu ermüden. Dies ist vergleichbar mit einem Läufer, der aerobisch im mittleren Pulsbereich joggt, wodurch er eine viel längere Strecke zurücklegen kann und am Ende doch erholt und erfrischt ankommt.

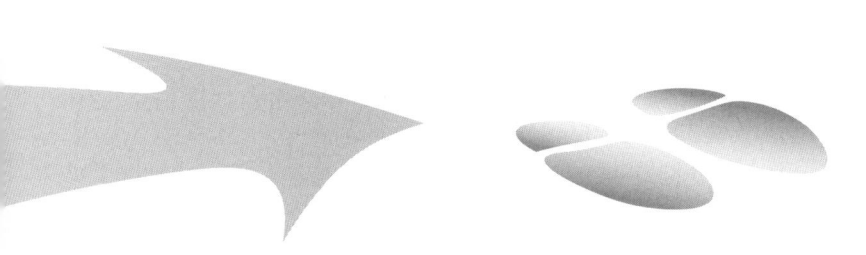

Dass die Teilnehmer am Ende Ihrer Rhetorikseminare mehr wissen als zuvor und ihre Hemmungen (weitestgehend) abgebaut haben, versteht sich eigentlich von selbst. Darüber hinaus sollte es Ihr Ziel als Trainer sein, dass Ihre Teilnehmer die vielen erlebten Impulse für ihren öffentlichen Auftritt selbstbewusst zu nutzen wissen und dabei sicher sind, sich mit jeder einzelnen Anwendung spürbar weiterzuentwickeln. In einem Seminar, das der hier geschilderten Methode folgt, sind Sie daher in erster Linie als Moderator und guter Beobachter gefordert. Achten Sie also auf die Gruppendynamik und den Stand der einzelnen Teilnehmer:

Achten Sie auf den Stand der Gruppe und der einzelnen Teilnehmer.

- ▶ Wer braucht noch einen Umsetzungshinweis?
- ▶ Wer müsste noch stärker motiviert werden?
- ▶ Wer kann sich leicht auf eine Übung einlassen oder braucht zusätzliche Unterstützung?
- ▶ Müssen die Kleingruppen neu gemischt werden?
- ▶ Brauchen die Teilnehmer eine Pause, Getränke, frische Luft etc.

Unsere Grundhaltung als Beobachter ist neutral, unsere Moderation des Ablaufs dagegen proaktiv auf das Wohlbefinden der gesamten Gruppe ausgerichtet. Je nach Ergebnis Ihrer Beobachtungen verzweigen Sie deshalb in Module, die entweder aus der nun folgenden SpielBAR oder der VariierBAR kommen.

SpielBAR: zusätzliche Delectare-Momente

Die SpielBAR ist ein Werkzeugkasten für Delectare-Momente, wenn es gerade inhaltlich passt und Sie das Energieniveau der Gruppe erhöhen möchten. Alle Vorschläge in der SpielBAR haben dabei einen unmittelbaren Bezug zu Rhetorik und Sprache. Auch hier bleiben Sie also Ihrem Anspruch treu, zielgerichtet und damit rhetorisch angemessen zu handeln.

VariierBAR: Vertiefung einzelner Themen und Aspekte

Mit den in der MachBAR beschriebenen Themenbausteinen für ein gängiges Rhetorikseminar haben Sie eine konzeptionelle Basis, von der aus Sie getrost starten können. Die VariierBAR hält nun weitere alternative bzw. ergänzende Themenbausteine für Sie bereit. Welche davon Sie einsetzen, hängt von den Schwerpunkten und Zielen des jeweiligen Trainings ab (vgl. Organisation und Vorgespräche, S. 35 f.). So kann es sein, dass das Thema Lampenfieber oder die Körpersprache einen größeren Raum einnimmt und Sie dazu weitere Übungen benötigen. Was das Wording betrifft, können Sie sich an den Vorschlägen in der MachBAR orientieren.

Wie Sie die Spiele und Themenbausteine einsetzen, hängt von mehreren Faktoren ab: von Ihrer Erfahrung als Trainer sowie den Bedürfnissen und der Tagesform der jeweiligen Gruppe in einer bestimmten Phase des Trainings.

Mit der Zeit werden Sie die Bausteine flexibler einsetzen. Genießen Sie Ihre zunehmende Meisterschaft – und erinnern Sie sich immer daran, dass die Grundform in diesem Buch Ihr inhaltlicher Maßstab ist und die Qualität Ihrer Seminare garantiert. Weniger ist häufig mehr!

Sollte im Folgenden ein Thema nicht aufgeführt sein, das Ihnen wichtig erscheint, so entwickeln Sie einfach nach der im Buch beschriebenen Methode einen eigenen Baustein (siehe S. 255). Wenn Sie möchten, schaue ich mir Ihre Eigenentwicklungen gerne an und gebe Ihnen Feedback.

Kap. 4.1

SpielBAR

SpielBARes im Überblick

I. Spiele zu Sprache, Stimme und Auftreten 203
- Astrids Hund ist arm 205
- Wenn's heiß hergeht – Entschiedenheit führt zu Gelassenheit 206
- Ein Korb voller Geschenke 209
- Geschichten ohne „und" 214
- Kleist lässt grüßen oder: Die allmähliche Verfertigung
  der Gedanken beim Reden 216
- Kraftsprech-Übung 219
- Rheinüberquerung 221
- Spontan-Rede: Geschenk auspacken 223
- Tucholsky-Sprech-Spiel 226
- Gute Reise auf leise Weise 231
- Zungenbrecher vor der Gruppe vorlesen 232

II. Spiele zur Transfersicherung 235
- Bildungsspaziergang zu zweit oder zu dritt 238
- „Ab in die Tonne!" oder: „Ich nehme mit und lasse hier" 240
- Der Kreis schließt sich oder: Strukturiertes Feedback 242
- Hirngerechter Transfer: Ich packe meine Walnuss 244
- Rhetorik von A bis Z 246
- Ein Name – ein Ziel! 248

Transfer – das Wichtigste in Stichpunkten 249

I. Spiele zu Sprache, Stimme und Auftreten

Sprachspiele, wie Sie sie auf den folgenden Seiten kennenlernen werden, fördern das Training in der Kunst des guten Redens und lassen sich gut in Rhetorikseminare einbauen – je nach zur Verfügung stehender Zeit und Anzahl der Teilnehmer.

Wie und wann setzen Sie die Spiele ein?

Für den strategischen Einsatz von Spielen gibt es in Seminaren kein streng analytisch angeordnetes „Muss". Als Trainer sollten Sie stets den roten Faden im Blick behalten sowie die Agenda und die Zielvorgabe der Teilnehmer – und dann fallweise darüber entscheiden, ob und wann es förderlich ist, ein Spiel einzubauen. Persönlich greife ich beispielsweise gerne auf ein (Sprach-)Spiel zurück, sobald die Teilnehmenden zu sehr zu „verkopfen" drohen und setze erst nach dieser kurzen Entspannung den Theorie-Teil fort. Wie viel Zeit ein Spiel einnehmen darf, hängt vom Verlauf des Seminars ab. Kurze Spiele aktivieren Geist und/oder Körper, längere Spiele sollten dagegen unbedingt einen passenden Bezug zum Thema haben, damit die Teilnehmer nicht das Gefühl beschleicht, sich „im falschen Film" zu befinden.

Längere Spiele sollten einen Bezug zum Thema haben.

Als Trainer sollten Ihnen optimale Lernbedingungen ein vorrangiges Anliegen sein, da sie der so genannten Beziehungsebene zugeordnet werden, die stimmen muss, bevor sich die Teilnehmer überhaupt auf Inhalte einlassen können. Um „verspielte" Zeit wieder aufzuholen, können Sie den nächsten Aktionsbaustein mit der Kaffeepause kombinieren oder verlängern ausnahmsweise das Seminar um eine Stunde in den Abend hinein. Aller Erfahrung nach werden Ihre Teilnehmer das nicht nur akzeptieren, sondern dankbar sein, dass sie permanent auf Trab gehalten wurden und sie am Ende feststellen, ihr persönliches Lernziel auch tatsächlich erreicht zu haben.

Spielpausen sind ein wichtiger Teil des (inter-)aktiven Lernens.

Die auf der Seite 255 beschriebenen Schritte zur Anleitung der Themenbausteine sind so aufgebaut, dass zwischen den einzelnen Schleifen nur wenig Erholungszeit erforderlich ist. Trotzdem sind Spielpausen genauso wichtig wie das eigentliche lernende Handeln und ein wichtiger Teil des (inter-)aktiven Lernens. Sie steigern damit auch die Lust auf Bildung, denn wer neugierig ist, bleibt auch schöpferisch.

Im Grunde hat ein Spiel den Charakter einer gut dosierten Pause. Einen Impuls zum Thema Pause gibt uns der deutsche Schriftsteller Heinrich Spoerl (1887-1955):

„Faulheit gehört zu den erlesensten Genüssen des menschlichen Lebens. Aber wie jede Feinkost darf man auch die Faulheit nur in kleinen Teelöffeln genießen und muss sie schlemmerhaft auf der Zunge zergehen lassen. Im Übermaß schmeckt sie widerlich, und wenn sie gar aufgezwungen ist, wird sie zur Qual."

Spiele in Seminaren zeigen jedem Leser, Trainer und angehenden Leiter einmal mehr, dass Wissenschaft durchaus praktisch sein kann, weil wir mit ihnen den Lernraum und die Lernsituation hirngerecht gestalten: Pausen helfen, den Lernstoff in kleine Häppchen zu zerteilen, ihn spannend zu verpacken und dabei stets zielgerichtet zu bleiben. Spiele motivieren. Deshalb sollten wir uns als Trainer von dem Glaubenssatz „Lehre muss ernst und ausschließlich kopflastig sein!" möglichst schnell trennen, passende Spiele in unsere Trainings einbauen und uns an deren Nutzen erfreuen.

Astrids Hund ist arm

- **Ziel:** Aktivierung, munter machen
- **Dauer:** 3-5 Minuten
- **Material:** Keines
- **Vorbereitung:** Keine

Ablauf/Vorgehen

Sie bitten die Teilnehmer aufzustehen. Dann sagen Sie den Satz „Astrids Hund ist arm". In Folge soll der Satz wiederholt werden, allerdings mit dem jeweils nächsten Buchstaben des Alphabets. Der Vorname und das Eigenschaftswort werden pro Durchgang verändert: „Bertas Hund ist bissig", „Cornelias Hund ist cholerisch" etc.)

Varianten

- Sie steigern die Dynamik und den Spaß, wenn Sie auf einen Teilnehmer zeigen, der antworten soll.
- Gemütlicher und entspannender ist es für die Teilnehmer, wenn Sie die Runde reihum ankündigen.

- **Zusatztransfer:** Keiner
- **Gruppendynamik:** Aktivierung
- **Kommentar/Hinweis:** Keiner

Quelle

Das Spielprinzip habe ich einmal in einem Seminar erlebt. Das Spiel nannte sich dort: „Annas Katze ist arm".

Wenn's heiß hergeht – Entschiedenheit führt zu Gelassenheit

Ziel

Zeit gewinnen durch Entschiedenheit und die „Wiederholtechnik", um voreilige Reaktionen zu vermeiden und auch unter Druck überlegt und souverän zu reagieren. Umgang mit Zeitdruck und Anfechtungen. Sie haben sich in Ihrer Meinungsrede für eine Position entschieden und bleiben dabei! Die Wiederholtechnik hilft Ihnen Zeit zu gewinnen und zu entscheiden, ob Sie Ihre Position erweitern, eine zweite Position neben Ihrer stehen lassen oder sie zurückweisen.

- **Dauer:** Pro Teilnehmer und Durchführung ca. 5 Minuten
- **Material:** Vorbereitetes Flipchart
- **Vorbereitung:** Beschriften Sie ein Chart wie folgt:

Nach dem Prinzip „Change it, love it, leave it" auf Publikumsfragen reagieren.

Drei Reaktionsmöglichkeiten

1. **Change it:** Sie argumentieren und erläutern Ihr Anliegen in anderen Worten.
2. **Love it:** Sie akzeptieren die Sicht des anderen und quittieren diese als weitere Position zu diesem Thema.
3. **Leave it:** Sie setzen Grenzen – z.B. bei Beleidigungen oder unsachlichen Anschuldigungen.

Ablauf/Vorgehen

1. Das Publikum darf die Person **alles** fragen.

2. Der Antwortende **muss** in eigenen, neutralisierenden Worten und stimmlich möglichst entspannt die Frage wiederholen und sich vom Gegenüber ein „Ja" abholen. („Wenn ich Sie richtig verstanden habe, dann möchten Sie von mir wissen, wie ich zu dieser für Sie zunächst irritierenden Meinung komme?" (Pause) Bei einem „Ja" geht es weiter. Der Antwortende überlegt sich während der Wiederholung eine der folgenden drei Möglichkeiten:

▶ **Change it:** Ich antworte und erläutere meine Sicht. Ich versuche eine Änderung oder Klarheit herbeizuführen: „Zum besseren Verständnis/Um es noch einmal deutlich zu machen: Mir geht es um …"

▶ **Love it:** Ich akzeptiere die Sicht des anderen: „So können Sie es auch sehen." Ein klares „Ja" oder ein klares „Nein" (ohne „Nachkleckern"). Kurzkommentare sind auch möglich: „Aha. So. So sehen Sie es, aha. Durchaus denkbar. Jetzt habe ich Ihre Sicht verstanden." etc.

▶ **Leave it:** Ich grenze mich ab: „Auf diese Anschuldigung antworte ich nicht.", „Auf Beleidigungen antworte ich grundsätzlich nicht." Sie schweigen einfach. „Ihre Sicht macht mich betroffen.", „Schade, dass Sie mich beleidigen, statt sachlich argumentieren.", „So nicht! Mäßigen Sie Ihren Ton!", „Schimpfen Sie nicht – fragen Sie lieber!", „Sie widersprechen mir lediglich, widerlegen Sie stattdessen bitte meine Meinung." etc.

▶ **Varianten:** Die Übung kann auch mit einem konkreten Thema angeleitet werden.
▶ **Zusatztransfer:** Die Themen „Reaktionsmöglichkeiten" und „Wiederholtechnik" werden vertieft.
▶ **Gruppendynamik:** Sehr gut. Spannung und Neugierde sind zu erwarten.

Kommentar/Hinweis

Eventuell müssen Sie als Trainer die Dynamik ankurbeln, da die Teilnehmer manchmal zu höflich sind. Zur Sicherheit habe ich Karten mit unangenehmen Fragen dabei, die ich verteile, um es den Teilnehmern einfacher zu machen. Sobald die Teilnehmer den Nutzen erkennen, steigt auch der Mut zur Frechheit. Bei einer sehr zurückhaltenden Gruppe habe ich mich selbst auf den heißen Stuhl gesetzt, die Teilnehmer haben dann mutig drauflos gefragt und sind durch mein Vormachen motiviert worden, es selbst zu versuchen. Da in erster Linie die Teilnehmer den Lernraum nutzen und wir uns als Trainer zurückhalten sollten, sollte dieses Vorgehen jedoch die Ausnahme bleiben.

Jeder hat die Möglichkeit, die Übung vorzeitig zu beenden. Da sich die einzelnen Teilnehmer meist nicht vorstellen können, wie ruhig Sie nach außen wirken und dass die Pausen sowie das Nachfragen tatsächlich souverän herüberkommen, nehme ich diese Übung gern auf Video auf und spiele sie kurz vor oder nach der Mittagspause ein. Dabei verzichte ich bewusst auf Feedback, denn das Video belegt meist eindrucksvoll, dass wir mit der Technik, Gesagtes in eigenen, sachlichen Worten zu wiederholen, Zeit gewinnen, um überlegt, souverän und aus dem Großhirn heraus zu reagieren – auch unter Stress.

Wenn Sie eine kleine Seminargruppe haben, können Sie dieses Spiel in den zweiten Seminartag einbauen. Es eignet sich für Rhetorik-Grundlagenseminare ebenso wie für Coachings.

Quelle

Dieses Spiel habe ich ursprünglich für ein Schlagfertigkeitsseminar entwickelt. Es passt aber ebenso gut im Rahmen eines Rhetoriktrainings. Der Ursprung des viel zitierten Dreisatzes an Reaktionsmöglichkeiten „Change it, love it or leave it" ist mir nicht bekannt.

Ein Korb voller Geschenke

- **Ziel:** Die Teilnehmer trainieren die Methode des Feedback-Gebens und Feedback-Nehmens.
- **Dauer:** Bei 10 Teilnehmern ca. 20 Minuten
- **Material:** Kleine Karten mit (positiven) Eigenschaften

Vorbereitung

- Sie breiten die Karten (siehe Abb., S. 210) auf einem Tisch aus und bitten die Teilnehmer, sich je eine Eigenschaft für ihr Gegenüber im Stuhlkreis zu suchen.
- Notieren Sie die Feedback-Regeln auf ein Chart (siehe Abb.) und stellen Sie es gut sichtbar für die Teilnehmer im Raum auf.

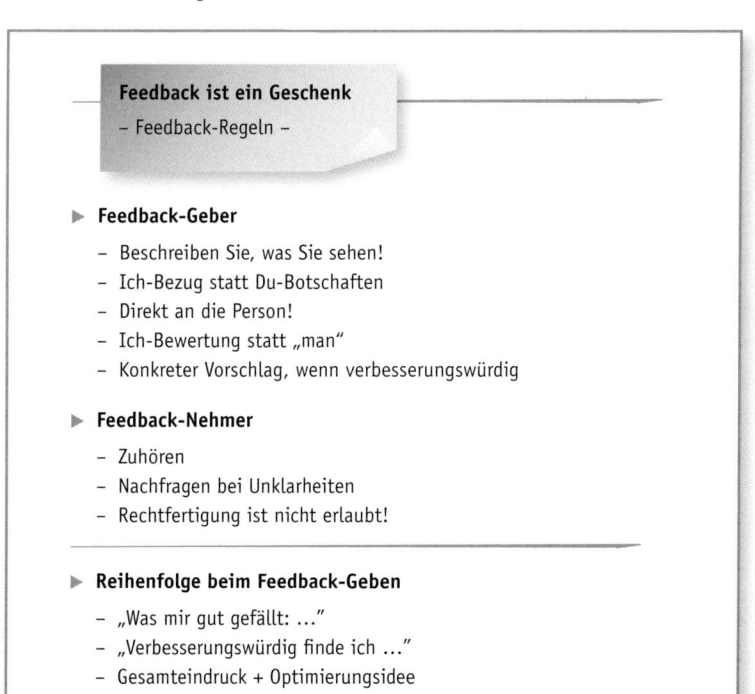

Feedback ist ein Geschenk
– Feedback-Regeln –

- **Feedback-Geber**
    - Beschreiben Sie, was Sie sehen!
    - Ich-Bezug statt Du-Botschaften
    - Direkt an die Person!
    - Ich-Bewertung statt „man"
    - Konkreter Vorschlag, wenn verbesserungswürdig

- **Feedback-Nehmer**
    - Zuhören
    - Nachfragen bei Unklarheiten
    - Rechtfertigung ist nicht erlaubt!

- **Reihenfolge beim Feedback-Geben**
    - „Was mir gut gefällt: …"
    - „Verbesserungswürdig finde ich …"
    - Gesamteindruck + Optimierungsidee

Wichtig: Achten Sie als Trainer unbedingt auf die Einhaltung der Regeln und intervenieren Sie, wenn nötig, unmittelbar.

SpielBAR

abenteuerlustig	Anteil nehmend	ausdauernd	ausgeglichen	bedächtig
begeisterungsfähig	bescheiden	direkt	diszipliniert	ehrgeizig
ehrlich	empfindsam	entscheidungsfreudig	fleißig	flexibel
geduldig	gemütlich	genießerisch	geschickt	großzügig
hilfsbereit	humorvoll	idealistisch	inspirierend	konsequent
intelligent	kreativ	lebendig	redegewandt	aufmerksam
aufgeschlossen	analytisch	aktiv zuhörend	zielstrebig	verlässlich
vermittelnd	unternehmend	tatkräftig	relativierend	einfühlsam
kann gut unterscheiden	fürsorglich	ernsthaft	freundlich	engagiert
fröhlich	gefühlvoll	ganzheitlich denkend	organisiert	sachlich
respektvoll	selbstständig	ordentlich	ruhig	optimistisch
mutig	neugierig	praktisch	sorgfältig	tolerant
zielorientiert	verantwortungsbewusst	taktvoll	vielseitig	selbstsicher
spontan	überzeugend	selbstbewusst	zufrieden	

Karten mit Eigenschaftsworten

Ablauf/Vorgehen

In der U-Form sitzend, teilen Sie die Gruppe in der Mitte und informieren die Teilnehmer, dass sie in der Übung ihrem jeweiligen Gegenüber eine positive Eigenschaft nach den Feedback-Regeln zuteilen werden. Alle Teilnehmer versammeln sich um den Tisch mit den ausgelegten Karten und wählen eine aus. Anschließend nehmen alle wieder Platz.

Vor der Übung geben Sie folgende Hinweise:

1. Wählen Sie einen direkten Einstieg mit Blick zu der Person – mit Namensnennung.
2. Beschreiben Sie eine konkrete Situation und schaffen Sie somit ein **Bild** für den anderen – so genau und ausführlich wie möglich! Erst wenn das Bild für den anderen klar ist, erfolgt die Zuordnung der Eigenschaft und die Bewertung.
3. Sie nennen ein Eigenschaftswort und betonen am Ende explizit, dass Ihnen das gefällt.
4. Der Feedback-Nehmer fragt bei Unklarheiten nach (Nachfragen statt rechtfertigen!). Ist das Feedback klar, eindeutig und somit annehmbar, sagt der Feedback-Nehmer eindeutlich: „Danke!"

Beispiel 1: „Frau Huber, als wir vorhin TABU gespielt haben, habe ich gesehen, wie Sie in aller Ruhe eine Karte gezogen haben, die Gruppe angeschaut haben und dann einleiteten mit: ‚Stellen Sie sich vor, Sie essen eine Suppe.' Für mich war das clever und intelligent in einem, weil Sie das Thema ‚Ohröffner' sofort integriert haben. Das hat mir gut gefallen."

Beispiel 2: „Frau Roth, erinnern Sie sich an die Kick-off-Veranstaltung im Januar? (Pause und „Ja" abholen) Wir waren für die Organisation zu Beginn zuständig und haben die Gäste begrüßt. Als die Namensschilder nicht auffindbar waren, schrieben Sie ans Flipchart die Worte: ‚Kommen Sie in Ruhe an und genießen Sie vorab eine Tasse Kaffee oder einen Empfangsdrink. Kommen Sie danach zu uns. 9:15 Uhr halten wir Namensschilder für Sie bereit.' Dann recherchierten Sie den Verbleib der Schilder und kurz auf knapp hatten wir diese pünktlich vor Ort. Diese Vorgehensweise war für mich selbstbewusst und souverän. Dies hat mich tief beeindruckt." Frau Roth: „Dankeschön!"

Zuteilungs-Varianten

- Sie können die Zuweisung alternativ per Kartenziehen festlegen: Je zwei gleiche Farben bilden ein Übungspaar.
- Auch die freiwillige Auswahl ist möglich. Dann müssen Sie als Trainer allerdings dafür sorgen, dass es erstens keine Doppler gibt und zweitens kein Teilnehmer „leer" ausgeht bzw. irritiert ist, weil für ihn keine Eigenschaft gefunden wird, die jemandem positiv aufgefallen ist.

Zusatztransfer

Eigenschaften am Beispiel erläutern!

Als Trainerin verdeutliche ich bei diesem Spiel, dass „beispiel-lose" Komplimente nichts bedeuten. Wenn es in Auswahlverfahren heißt: „Zählen Sie mir Ihre fünf größten Stärken und Schwächen auf!", sollten diese mit konkreten Beispielen und einer eindeutigen Bewertung genannt werden: „Und das finde ich gut (oder schlecht) daran ..."

Gruppendynamik

Das Spiel fördert die Gruppendynamik, weil die Teilnehmer in aller Offenheit und gut begründet eine positive Wertung über sich erfahren. Die eindeutigen Komplimente wirken sich sehr positiv auf die Atmosphäre im Seminar aus.

Kommentar/Hinweise

- Häufig sind die Teilnehmer anfangs noch unsicher, ihrem Gegenüber etwas Nettes zu sagen, deshalb sollten Sie als Trainer die ersten beiden Durchgänge begleiten. Ich führe das so ein: *„Wir sind leider nicht gewöhnt, Komplimente zu verteilen oder auch zu bekommen. Wir merken gerade alle, dass es an der Methode des Feedback-Gebens liegt, die den meisten nicht geläufig ist und die daher trainiert werden muss. Sie glauben nicht, wie viele Führungskräfte Mitarbeitergespräche vermeiden wollen, weil sie unsicher sind, diese Bewertungssituation zu meistern. Seien Sie also mutig. Sie werden sehen, wie uns diese Übung in Fleisch und Blut übergeht und dass sie richtig Spaß macht."*
- Den gewünschten Transfer und das Sich-Einlassen der Teilnehmer erreichen Sie nur durch klares Anleiten und indem Sie sofort berichtigend eingreifen, wenn die Regeln oder die Rei-

henfolge des Feedbacks nicht eingehalten wird. Halten Sie diese Intervention spielerisch, freundlich im Umgang, aber unbedingt konsequent durch. Das hilft allen.

▶ Wenn Sie sichergehen wollen, dass Sie nach der Veranstaltung Ihre Karten als Set wieder komplett zurückbekommen, lohnt sich der Hinweis: „Damit Sie sich nicht gegenseitig in Ihrer Auswahl einschränken, belassen Sie die Karten bitte auf dem Tisch. Da wirklich nur eine (!) Eigenschaft für diese Übung gewünscht ist, können wir uns diese sicher merken."

Quelle
Die Karten gibt es im Buchhandel mit dem Namen „Feedback-Spiel" (Peter Gerrickens: Feedback-Spiel, 2. Auflage 2002, training plus).

Geschichten ohne „und"

- **Ziel:** Die Teilnehmer werden sich bewusst, dass die Merkbarkeit von Aussagen in der Vortragssituation mit kurzen Sätzen gefördert wird.
- **Dauer:** 10-20 Minuten
- **Material:** Keines
- **Vorbereitung:** Keine

Ablauf/Vorgehen

Leiten Sie die Übung wie folgt an: „Herr/Frau ..., beginnen Sie jetzt bitte ein Szenario und erzählen Sie uns irgendetwas. Es gibt lediglich eine Spielregel: Sie verwenden kein ‚und'. Sollten Sie die Konjunktion „und" verwenden, müssen Sie von vorne anfangen. Wir gehen reihum. Jeder beginnt bei Ihrer Geschichte, wiederholt bereits Gesagtes und fügt selbst noch etwas hinzu. Ich gebe nicht vor, was oder wie viel Sie erzählen. Ich bitte alle, Schiedsrichter zu sein und darauf aufmerksam zu machen, sobald die Konjunktion ‚und' ausgesprochen wird."

Erfahrungsgemäß erzählt der Erste sehr viel und verwendet auch das „und" häufiger.

In der Mitte der Übung bitten Sie die einzelnen Teilnehmer, schon einmal darüber nachzudenken, wie es gelingen könnte, das Wörtchen „und" zu vermeiden. Auch sollen alle Beteiligten darüber nachdenken, was diese Übung mit dem Thema Rhetorik zu tun haben könnte, warum wir also diese anstrengende Übung machen.

- **Varianten:** Beginn wie oben, jedoch widersprechen die Teilnehmer, ohne das Wort „aber" zu verwenden.

Zusatztransfer

▶ Der Einsatz von Bildern, Beispielen, Übertreibungen etc. kann thematisiert werden. Je nüchterner und uninteressanter die gemeinsame, von Teilnehmer zu Teilnehmer fortgesetzte Geschichte ist, desto schlechter kann sie gemerkt bzw. weitererzählt werden.

▶ Verdeutlichen Sie, dass die Übung nur gelingt, wenn die Teilnehmer das Ziel (Hauptsätze) im Blick haben und dieses positiv formulieren müssen: Statt „und" zu sagen, ist es besser, einen Punkt zu machen und in Hauptsätzen zu sprechen.

▶ In einem Kommunikations- oder Teamseminar können Sie auch darauf verweisen, dass die Aufgabe leicht(er) gelingt, wenn auf dem gemeinsamen „Team-Ohr" gehört wird. Die Übung erfordert nicht nur den Blick auf die eigene Leistung, sondern auch auf das gemeinsame Ergebnis, wobei der erste Teilnehmer bereits an den letzten denkt und es ihm leicht macht, die Geschichte nachzuvollziehen. Nur ein einziges Wort als Ergänzung reicht, um die Aufgabenstellung korrekt auszuführen.

Das Mitdenken für den anderen erleichtert die Übung.

Beispiel:
▶ Person A: „Stellen Sie sich vor, Sie sind in der Stadt und haben Lust auf ein Eis." (Ende)
▶ Person B: „Stellen Sie sich vor, Sie sind gerade in der Stadt und haben Lust auf ein Eis. Plötzlich ..."

Kommentar: Das Wort „plötzlich" wäre ausreichend, um die Übung korrekt durchzuführen. In der Regel holen die Teilnehmer jedoch weiter aus.

▶ **Gruppendynamik:** Es wird viel gelacht, wenn die Geschichte interessant ist und ständig die Pointen wiederholt werden.

Kommentar/Hinweis:

Sollte sich die Übung zeitlich zu lange ausdehnen, können Sie auf das Wiederholen der Geschichte durch die einzelnen Teilnehmer verzichten. Sie zählen lediglich die „und", um für dieses Wort zu sensibilisieren. Falls sich ein Teilnehmer mit der deutschen Sprache schwertut, dann lassen Sie diesen beginnen.

▶ **Quelle:** Als Übung mit Transfer eine Eigenentwicklung.

Kleist lässt grüßen

oder: Die allmähliche Verfertigung der Gedanken beim Reden

Ziel

Sicherheit in Form (Sprachgewandtheit) und Inhalt (relevante Themenpunkte) erlangen und die Karteikarten-Methode (Anwendung und Beschriftung) trainieren. Mit wenigen Worten (Stichpunkte) und freier Sprechweise wird der Publikumsdialog trainiert und nicht zuletzt die realistische Zeiteinschätzung geübt.

Dauer

Bewusst knappe und strenge Zeitvorgabe für drei Minuten Meinungsrede; anschließend Feedback von maximal zwei Minuten pro Paar. Bei zwölf Teilnehmern hat die Übung eine Gesamtdauer von maximal 60 Minuten.

Material

Ausreichend viele Stichpunktkarten für die Teilnehmer; sechs große, verschiedenfarbige Kreise, um die Talk-Ecken zu markieren.

Vorbereitung

- ▶ Die Teilnehmer haben eine Meinungsrede zu einem selbst gewählten Thema auf Karteikarten vorbereitet.
- ▶ Als Trainer markiere ich die vier Ecken des Seminarraums und je nach Bedarf außerhalb des Seminarraums weitere so genannte Talk-Ecken, indem ich eine farbige Karteikarte auslege.

Ablauf/Vorgehen

1. Bilden Sie 2er-Gruppen, weisen Sie diesen je eine Talk-Ecke zu und verteilen Sie die Buchstaben A und B.
2. **Rolle A:** Redner mit dem Ziel, überzeugend, kurz und prägnant die Meinungsrede nach der vorbereiteten Struktur zu halten.

3. **Rolle B:** Persönlicher Coach mit der Aufgabe, eine Plus-Minus-Feedbackliste zu führen, um am Ende Feedback zu geben.

4. Anschließend werden die Rollen getauscht.

5. Mit dem Feedback im Gepäck wandern die Teilnehmer mit dem Buchstaben A eine Talk-Ecke weiter, um einem weiteren Gesprächspartner ihre Meinungsrede zu erzählen.

6. Achten Sie als Trainer auf die Zeitvorgabe von drei Minuten für die Meinungsrede und bringen Sie die Gruppen bewusst in eine Wettbewerbssituation. Der Zweck dahinter: Der Feedback-Geber muss sich auf das Wichtigste beschränken (max. zwei positive und zwei negative Dinge) und der Redner merkt sehr schnell, ob er seine Rede kürzen muss. Die Optimierungen erfolgen automatisch, weil der Feedback-Impuls unmittelbar in der nächsten Rederunde umgesetzt wird. Nach sechs Runden ist die Rede zum einen inhaltlich memoriert/gemerkt und zum anderen weiß der Redner, was er gut kann und worauf er achten muss.

Zeitdruck fordert die Teilnehmer, sich auf das Wesentliche zu konzentrieren.

Varianten

Wenn die schriftliche Vorbereitungszeit der Meinungsreden in der Gruppe sehr unterschiedlich ausfällt, können Sie nur die „Schnelleren" in diese Übung schicken. (Damit die anderen nicht gestört werden, erläutern Sie die Übung außerhalb des Seminarraums. Somit können die einen im Raum weiter ungestört ihre Rede vorbereiten und die Karten beschriften, währenddessen die anderen in rotierenden 2er-Teams ihre Rede üben.) Bei der späteren Auswertung (Video-Feedback) lassen Sie die Teilnehmer die Übung noch einmal stellvertretend für alle erläutern und rückmelden, wie das Vorab-Training sich auf die Redesituation vor der Kamera ausgewirkt hat. Der Transfer: Die Teilnehmer merken, dass es besser ist, von der schriftlichen Vorbereitung möglichst schnell loszukommen und sich stattdessen gezielt über lautes Sprechen mit notierten Stichpunkten vorzubereiten. Auf diese Weise kann zudem der Blickkontakt zum Publikum geübt werden.

Erkenntnis: Schriftliche Vorbereitung hat ihre Grenzen.

Zusatztransfer

▶ Die noch ungewohnten Karteikarten in der Hand werden mit dem Training spielerisch und selbstverständlich angewandt. Auch finden die Teilnehmer individuell heraus, ob sie die Karten in der Hand nicht doch besser durch eine Folie (PowerPoint) auf der Wand ersetzen. Schnell wird deutlich: Eine Karte zu Beginn ist für alle von Vorteil, um die Hände an der richtigen Stelle zu haben und in jedem Fall einen guten Einstieg zu wählen. Je nach Persönlichkeit und Dynamik zieht der eine die Karteikarten-Methode vor, während der andere die Beamer-Präsentation präferiert. Doch auch Letzterem wird bewusst, dass auf Folien ebenfalls nur Stichpunkte und Selbsterklärendes stehen sollte und der Rest persönlich vom Redner zu erläutern ist.

▶ Die Teilnehmer trainieren neben dem eigenen Vortrag auch die Feedback-Regeln. Als Trainer können Sie sicher sein, dass in der anschließenden Videofeedback-Situation jeder weiß, wie Feedback kompetent gegeben wird.

▶ Die Frage, ob vor dem Spiegel trainiert werden soll, verneine ich. Denn einstudierte Gesten brauchen wir nicht, wenn wir authentisch sein wollen. Stattdessen gebe ich den Hinweis, sich in der Praxis selbst auf Tonband aufzunehmen, um Zeit, Füllwörter und Formulierungen zu überprüfen. Sinnvoll ist es auch, sich für seinen Vortrag eine gute, kritische Bekannte als persönlichen Coach zu suchen und ihr ein kurzes Briefing zu geben, auf was sie achten soll. Die Rückmeldung erfolgt nach dem Vortrag.

Gruppendynamik

Die Übung wird gern und mit guten Ergebnissen durchgeführt, wenn sich die Gruppe bereits zusammengefunden hat. Gerade den wenig spontanen Geistern und den Skeptikern der „Karteikarten-Methode" verschafft diese Übung einen hohen Erkenntnisgewinn.

Kommentar/Hinweis

Die Teilnehmer erleben bei der Übung, dass sich Formulierungskunst und Sicherheit (weniger Lampenfieber) durch lautes Sprechen und mit Hilfe von Stichworten trainieren lässt.

Quelle

Inspiriert durch die Lektüre des Textes von Heinrich Kleist „Die allmähliche Verfertigung der Gedanken beim Reden" aus dem Jahre 1805 sowie das Thema „Vorversprachlichung" von Heinrich Fey, habe ich diese Übung mit vielfältiger Auswertung selbst entwickelt.

Kraftsprech-Übung

- **Ziel:** Lautstärke trainieren und den Zusammenhang von Betonung und präzisem Formulieren erkennen.
- **Dauer:** Max. 8 Minuten
- **Material:** Eine Zeitung oder Broschüre, die mit Klebeband zu einer Rolle fixiert wird
- **Vorbereitung:** Keine

Ablauf/Vorgehen

Sie stellen einen Tisch an den Platz des Trainerstuhls und bitten die Teilnehmer, sich einen Satz zu überlegen. Mit der Zeitungsrolle in der Hand kommen die Teilnehmer nacheinander nach Vorne und tragen ihren Satz laut und bestimmt vor. Die Worte, die im Satz betont werden sollen, werden durch einem kraftvollen Schlag mit der Zeitungsrolle auf den Tisch unterstützt.

- **Varianten:** Lassen Sie die Übung ohne Zeitungsrolle, sondern mit den Händen durchführen (siehe auch Zusatztransfer).

Zusatztransfer

Im Anschluss an die Übung bitte ich die Teilnehmer aufzustehen und die Rolle durch ihre Hände zu ersetzen. Wir sprechen gemeinsam den Text „Ich habe drei Argumente, die mir wichtig sind. Erstens, zweitens und drittens ..." Bei der Aufzählung nehmen wir die Finger zu Hilfe. Die Teilnehmer erleben durch diese Übung, wie das Betonen mit den Händen automatisch auch die Stimme lebendiger und lauter werden lässt. Auch wird das für viele Teilnehmer abstrakte und etwas theatralische Agieren mit der Zeitungsrolle in einen konkreten, anwendbaren sowie authentischen Rahmen gebracht.

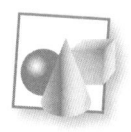

Die Hände machen die Stimme lebendiger.

▶ **Gruppendynamik:** Diese Übung fördert Spaß und Dynamik.

Kommentar/Hinweis

In seltenen Fällen kommt es vor, dass gleich mehrere Teilnehmer im Seminar extrem leise sprechen. In diesem Fall baue ich diese Übung für alle sehr früh ins Seminargeschehen ein und arbeite heraus, wie wichtig es ist, auch akustisch von den Zuhörern verstanden zu werden.

Quelle

Diese Übung wird im Theatertraining gern und oft angewandt, weil es dort in besonderem Maße auf die genaue Satzbetonung ankommt, der Schauspieler auch auf den hintersten Plätzen noch gehört werden muss und der Zuschauer dabei sogar seine Mundbewegungen (Artikulation!) noch sehen können soll. Gudrun Fey nennt diese Übung „Power-Rollen-Übung" (vgl. Rhetorik als Persönlichkeitsbildung. Wahalla, Regensburg 2002). Als „Kraft-Sprech-Übung" und in dieser abgewandelten Form lässt sie sich mit dem beschriebenen Zusatztransfer gut in Rhetorik-Seminare integrieren und auch für konkrete Vortragssituationen einsetzen.

Rheinüberquerung

- **Ziel:** Die Teilnehmer werden für das Thema „Sprache" und „Bild" sensibilisiert. Erst das richtige Bild im Kopf ermöglicht die Lösung der Aufgabe.
- **Dauer:** Ca. 5 Minuten
- **Material:** Keines
- **Vorbereitung:** Keine

Ablauf/Vorgehen

Bitten Sie die Teilnehmer, folgendes Rätsel zu lösen[*]: „*Zwei Menschen wollen den Rhein überqueren. Es gibt ein Boot, aber nur Platz für eine Person. Wie machen die das? Sie können mir nun geschlossene Fragen stellen, Fragen also, die ich mit ‚Ja' oder ‚Nein' beantworten kann.*"

Die Antwort/Lösung: Person A steigt in das Boot und übergibt das Boot an Person B. Da beide am jeweils anderen Ufer des Flusses stehen, gibt es gar kein Problem. Oft spielt uns unser Gehirn allerdings den Streich, dass es zu voreilig Bilder entstehen lässt. Es gilt also, sich im guten und genauen Zuhören zu trainieren und sich durch Nachfragen abzusichern, ob man als Empfänger tatsächlich vom gleichen Bild ausgeht.

- **Varianten:** Keine

---

[*] Originaltext von Prof. Dr. Christian-Rainer Weisbach: „Zwei Männer wollten nahe Koblenz den Rhein überqueren. Das Boot, das am Ufer lag, bot nur für einen Platz, denn es war so klein, dass es nur einen Menschen tragen konnte. Beide überquerten den Rhein in diesem Boote und setzten anschließend ihre Reise fort. Wie konnten sie das tun?"

Zusatztransfer

In Kommunikationsseminaren ist dieses Rätsel Bestandteil des Themenbausteins: „Fragetechniken". Mit Hilfe von Rätseln können Sie mit der Gruppe geschlossene Fragen trainieren oder im Anschluss den Vergleich zu offenen Fragen analysieren sowie die jeweiligen Vor- und Nachteile herausstellen. Auch lässt sich anhand dieses Beispiels verdeutlichen, wie und warum es zu Missverständnissen in Gesprächen kommen kann.

Gruppendynamik

Der Detektiv in uns wird geweckt! Wir suchen nach dem entscheidenden Indiz, um die Aufgabe zu lösen, und merken, dass wir „um die Ecke" denken müssen, um zu einer Lösung zu kommen.

Kommentar/Hinweis

Dieses Rätsel wird in Trainings sehr häufig verwendet. Wenn ein Teilnehmer bei der Anleitung zu verstehen gibt, dass er die Lösung bereits kennt, ernenne ich ihn zum Moderator des Spiels. Er hat nun die Aufgabe, die Fragen zu beantworten. So ist er beim Spiel dabei und langweilt sich nicht.

Sollten Sie diese Übung erstmals anleiten, empfiehlt es sich, den Text auf einer Karte vorzubereiten und abzulesen. Es gibt immer wieder Teilnehmer, die steif und fest behaupten, Sie hätten die Übung „falsch" angeleitet und das Wort „gemeinsam" erwähnt. Für diesen Fall haben Sie den Beweis dabei und verhindern, dass Sie sich verunsichern lassen.

▶ **Quelle:** Christian-Rainer Weisbach: Professionelle Gesprächsführung. Ein praxisnahes Lese- und Übungsbuch. Beck Juristischer Verlag, 7. Aufl., München 2008.

---

* Weitere Rätsel zur Auflockerung oder zum Trainieren von Fragetechniken finden Sie in: „Fragetechnik … schnell trainiert. Das Trainingsprogramm für Ihre erfolgreiche Gesprächsführung" von Vera F. Birkenbihl.

Spontan-Rede: Geschenk auspacken

- **Ziel:** Kreativität kennenlernen. Erleben, dass wir auch spontan in der Lage sind, Zeit zu überbrücken.
- **Dauer:** Bei zehn Teilnehmern etwa zehn Minuten je nach Auswertung sowie weitere zehn Minuten für die Besprechung.
- **Material:** Eine Kiste mit zehn Gegenständen in Geschenkpapier.
- **Vorbereitung:** Keine

Ablauf/Vorgehen

Kündigen Sie die Übung als Möglichkeit an, das eigene kreative und spontane Potenzial kennenzulernen und zu nutzen und bitten Sie die Teilnehmer, sich mutig darauf einzulassen.

Wording: „Gehen Sie nach vorne und versuchen Sie alles bisher Gehörte zu Körpersprache, Pausen, Wirkungsfaktoren etc. zu beherzigen. Nehmen Sie sich ein Geschenk und gestalten Sie spontan eine kleine Rede dazu. Sie wissen natürlich nicht, was in dem Päckchen ist. Vertrauen Sie einfach darauf, dass Ihnen spontan ein Bezug dazu einfallen wird. Sie schließen dann die Rede ab. Es gibt keine Zeitvorgabe. Gerne können Sie versuchen, uns neugierig zu machen und ins Geschehen mit einzubeziehen."

Varianten

- Statt Geschenke können auch „Zaubersprüche" vom Teilnehmer vorgelesen und vor dem Publikum assoziativ ausgeführt werden (einer pro Teilnehmer). Beispiele*:
  - „Niemand kann Dich glücklicher machen, als er ist."
  - „Weisheit zögert, bevor sie spricht. Seichtheit verrät sich gern durch Schnellwisserei."

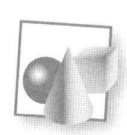

---

* Tipp: Hans Kruppa, Zaubersprüche, Param Verlag

▶ Statt der Zaubersprüche können Sie auch atmosphärische Postkarten verteilen oder solche mit pfiffigen Sprüchen oder Lebensweisheiten. Die Aufgabe besteht darin, den Bezug zur Karte oder zum Spruch herzustellen. Weitere Möglichkeiten:
– Einen „Simplify-your-life"-Tipp (Tageskalenderblatt) erklären.
– Einen Gegenstand mitbringen und darüber sprechen.
– Die Zitatkarten im Raum können ebenfalls verwendet werden.
– Ein Szenario mit Themenbezug.

Zusatztransfer

Ich verweise gerne darauf, dass diese Übung dabei hilft, sich selbst besser kennenzulernen. Manchen Menschen fällt es leicht(er), spontan Bezüge herzustellen. Andere Persönlichkeiten, die eher analytische Vorgehensweisen gewöhnt sind, tun sich zunächst eher schwer damit. Ich schließe den Transfer mit dem Hinweis ab, dass unabhängig vom Rede-Typ eine gute Vorbereitung wesentlich ist. Denn dem Analytiker gibt sie Sicherheit und garantiert ihm schlüssiges Vorgehen. Dem Spontanredner garantiert die Vorbereitung, dass er den Zeitrahmen nicht sprengt und auch wirklich das Wesentliche in der Rede erwähnt wird.

Macht den Profi aus: Geschickter Wechsel zwischen Präsentation und Moderation

Bei Bedarf erläutere ich im Umfeld der Übung den Unterschied von Präsentation und Moderation. Sobald ein Teilnehmer sich mit der Frage „Was glauben Sie, will uns nun dieses grau-melierte Stoff-Nilpferd sagen?" an das Publikum wendet, schlüpft er in die Rolle des Moderators. Dieser geschickte Schachzug ermöglicht es, Zeit zu gewinnen, um entweder eine Antwort vom Publikum zu akzeptieren oder bis dahin selbst einen Bezug zu finden. Diesen Rollenwechsel erwähne ich und bitte darum, auch in Reden mit echten und rhetorischen Fragen zu arbeiten, um dialogorientiert zu sein und um sich selbst Zeit zum Nachdenken zu geben.

Um zu verhindern, dass Teilnehmer, die sehr gut assoziativ denken und schnell Geschichten erzählen können, in das Extrem des Laberns und der Selbstüberschätzung verfallen („Na, dann brauch ich mich ja auch gar nicht vorbereiten. Ich sage einfach irgendwas ..."), erwähne ich, dass sowohl das „Spontan-Reden" als auch das „Geplant-strukturiert-konsequent-Vortragen" eine Stärke ist, die eine Schwäche werden kann. Der Spontane riskiert, das Wesentliche zu vergessen und die Zeit aus den Augen zu verlieren. Der Analytiker ist stark in der Struktur und in der Zeiteinhaltung, muss aber lernen, beschreibend und lebendig zu erzählen, um die Zuhörer aufnahmefähig zu halten.

▶ **Gruppendynamik:** Motivierend und lustig

Kommentar/Hinweis

Sollte der Redeeinstieg sich zu eindimensional gestalten („Raten Sie einmal, was in diesem Päckchen ist …"), dann moderieren Sie das Spiel an. Bitten Sie die Teilnehmer, sich spannende Einstiege zu überlegen, damit wir am Ende mindestens zehn Varianten haben, wie wir mit einem Mitbringsel und Präsenationsobjekt arbeiten können.

Diese Übung kann auch auf Video aufgezeichnet werden, wenn die Teilnehmer es wünschen.

▶ **Quelle:** „Geschenke auspacken", inspiriert von Gudrun Fey. Die Übung inklusive Varianten habe ich anschließend weiterentwickelt.

Tucholsky-Sprech-Spiel

- ▶ **Ziel:** Vor die Gruppe treten und spielerisch „Wissen in Rhetorik" geben und nehmen
- ▶ **Dauer:** 5-10 Minuten
- ▶ **Material:** Textkarten

Vorbereitung

Sie drucken den Text „Über einen guten Redner" (siehe S. 228 ff.) auf stabilem Papier aus und nummerieren die Absätze. Anschließend schneiden Sie die einzelnen Absätze durch, so dass Sie möglichst gleich große Karteikarten erhalten.

Ablauf/Vorgehen

Sie verteilen alle Karteikarten, wobei einige Teilnehmer zwei Karten erhalten. Nun kündigen Sie „ein kurzes Teamspiel" an. Im aktiven Wechsel gehen die Teilnehmer nach vorne und liefern mit ihrer Karteikarte jeweils einen spannenden Input zum Thema Rhetorik. Die Reihenfolge wird durch die Ziffer auf der Karte bestimmt. Erwähnen Sie, dass es insgesamt 15 Karten gibt und dass jeder ohne Einleitung unmittelbar an den Vorgänger anschließt. Betonen Sie: Jeder soll langsam und deutlich sprechen und auch langsam nach vorne kommen und wieder abtreten (= Spannungsaufbau durch Präsenzwirkung!).

- ▶ **Varianten:** Keine

Zusatztransfer

Neben dem inhaltlichen Input trainieren die Teilnehmer, ruhig vor die Gruppe zu treten und sich ruhig von der Gruppe zu entfernen.

Gruppendynamik

Sie haben die volle Präsenz, weil die Teilnehmer sich darauf konzentrieren und mitzählen, wann sie an der Reihe sind. Gleichzeitig herrscht Spannung, was inhaltlich gesagt wird.

Kommentar/Hinweis

Ich gebe stets den rhetorischen Hinweis am Ende des Spiels: „Ironie nie!" und thematisiere kurz, dass wir uns in diesem Spiel bewusst gegen diese Regel verhalten und uns zu Lernzwecken der Satire und Ironie bedient haben. In einem Vortrag gilt es, stets ohne Ironie und stattdessen mit Klarheit zu überzeugen.

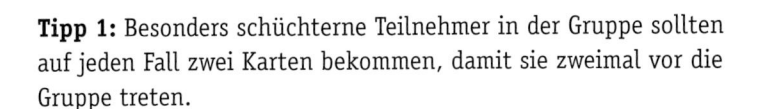

Tipp 1: Besonders schüchterne Teilnehmer in der Gruppe sollten auf jeden Fall zwei Karten bekommen, damit sie zweimal vor die Gruppe treten.

Tipp 2: Laminieren Sie die Karten, dann können Sie das „Tucholsky-Spiel" jederzeit anwenden. Auch geben Teilnehmer Laminiertes meist von selbst zurück. Zettel werden häufig zerknüllt, (versehentlich) mitgenommen oder wandern gleich nach der Übung in den Papierkorb.

Quelle

Die Idee zu dem Spiel entstand, weil mir der Tucholsky-Text sehr gut gefällt und in einem Rhetorik-Seminar auch inhaltlich gut passt. Um den Text dem Einzelnen näher zu bringen und gleichzeitig eine Möglichkeit zu schaffen, mit rhetorischem Inhalt vor die Gruppe zu treten, wird der Tucholsky-Text in der Redeübung zerlegt. Alle Abschnitte kommen als vollständiger Text selbstverständlich im Teilnehmerskript vor.

Kurt Tucholsky
(* 9. Januar 1890 in Berlin; † 21. Dezember 1935 in Göteborg, deutscher Journalist und Schriftsteller. Er schrieb auch unter den Pseudonymen Kaspar Hauser, Peter Panter, Theobald Tiger und Ignaz Wrobel.)

Ratschläge für einen schlechten Redner

Fang nie mit dem Anfang an, sondern immer drei Meilen vor dem Anfang! Etwa so: „Meine Damen und meine Herren! Bevor ich zum Thema des heutigen Abends komme, lassen Sie mich Ihnen kurz ..." Hier hast du schon so ziemlich alles, was einen schönen Anfang ausmacht: eine steife Anrede; der Anfang vor dem Anfang; die Ankündigung, dass und was du zu sprechen beabsichtigst – und das Wörtchen „kurz". So gewinnst du im Nu die Herzen und die Ohren der Zuhörer. Denn das hat der Zuhörer gern: dass er deine Rede wie ein schweres Schulpensum aufbekommt; dass du mit dem drohst, was du sagen wirst, sagst und schon gesagt hast. Immer schön umständlich.

– 1 –

Sprich nicht frei – das macht einen so unruhigen Eindruck. Am besten ist es: du liest deine Rede ab. Das ist sicher, zuverlässig, auch freut es jedermann, wenn der lesende Redner nach jedem vierten Satz misstrauisch hochblickt, ob auch noch alle da sind.

– 2 –

Wenn du gar nicht hören kannst, was man dir so freundlich rät, und du willst durchaus und durchum frei sprechen ... – du Laie! Du lächerlicher Cicero! Nimm dir doch ein Beispiel an unseren professionellen Rednern, an den Reichstagsabgeordneten – hast du die schon mal frei sprechen hören? Die schreiben sicherlich zu Hause auf, wann sie „Hört! hört!" rufen ... ja, also wenn du denn frei sprechen musst: Sprich, wie du schreibst. Und ich weiß, wie du schreibst.

– 3 –

Sprich mit langen, langen Sätzen – solchen, bei denen du, der du dich zu Haus, wo du ja die Ruhe, deren du so sehr benötigst, deiner Kinder ungeachtet, hast, vorbeiredest, genau weißt, wie das Ende ist, die Nebensätze schön ineinander geschachtelt, so dass der Hörer, ungeduldig auf seinem Sitz hin und her träumend, sich in einem Kolleg wähnend, in dem er früher so gern geschlummert hat, auf das Ende solcher Periode wartet ... nun, ich habe dir eben ein Beispiel gegeben. So musst du sprechen. Fang immer bei den alten Römern an und gibt stets, wovon du auch sprichst, die geschichtlichen Hintergründe der Sache. Das ist nicht nur deutsch – das tun alle Brillenmenschen. Ich habe in der Sorbonne einen chinesischen Studenten sprechen hören, der sprach glatt und gut französisch, aber er begann zur allgemeinen Freude so: „Lassen Sie mich Ihnen in aller Kürze die Entwicklungsgeschichte meiner chinesischen Heimat seit dem Jahre 2000 vor Christi Geburt ..."

– 4 –

Er blickte ganz erstaunt auf, weil die Leute so lachten. So musst du das auch machen. Du hast ganz recht: man versteht es ja sonst nicht, wer kann denn das alles verstehen, ohne die geschichtlichen Hintergründe ... sehr richtig! Die Leute sind doch nicht in deinen Vortrag gekommen, um lebendiges Leben zu hören, sondern das, was sie auch in den Büchern nachschlagen können ... sehr richtig!

– 5 –

Immer gib ihm Historie, immer gib ihm.
Kümmere dich nicht darum, ob die Wellen, die von dir ins Publikum laufen, auch zurückkommen – das sind Kinkerlitzchen. Sprich unbekümmert um die Wirkung, um die Leute, um die Luft im Saale; immer sprich, mein Guter. Gott wird es dir lohnen.

– 6 –

Du musst alles in die Nebensätze legen. Sag nie: „Die Steuern sind zu hoch." Das ist zu einfach. Sag: „Ich möchte zu dem, was ich soeben gesagt habe, noch kurz bemerken, dass mir die Steuern bei Weitem ..." So heißt das.

– 7 –

Trink den Leuten ab und zu ein Glas Wasser vor – man sieht das gern.
Wenn du einen Witz machst, lach vorher, damit man weiß, wo die Pointe ist.

– 8 –

Eine Rede ist, wie könnte es anders sein, ein Monolog. Weil doch nur einer spricht. Du brauchst auch nach vierzehn Jahren öffentlicher Rederei noch nicht zu wissen, dass eine Rede nicht nur ein Dialog, sondern ein Orchesterstück ist: eine stumme Masse spricht nämlich ununterbrochen mit. Und das musst du hören. Nein, das brauchst du nicht zu hören. Sprich nur, lies nur, donnere nur, geschichte nur.

– 9 –

Zu dem, was ich soeben über die Technik der Rede gesagt habe, möchte ich noch kurz bemerken, dass viel Statistik eine Rede immer sehr hebt. Das beruhigt ungemein, und da jeder imstande ist, zehn verschiedene Zahlen mühelos zu behalten, so macht das viel Spaß.

– 10 –

Kündige den Schluss deiner Rede lange vorher an, damit die Hörer vor Freude nicht einen Schlaganfall bekommen. (Paul Lindau hat einmal einen dieser gefürchteten Hochzeitstoaste so angefangen: „Ich komme zum Schluss.") Kündige den Schluss an, und dann beginne deine Rede von vorn und rede noch eine halbe Stunde. Dies kann man mehrere Male wiederholen. Du musst dir nicht nur eine Disposition machen, du musst sie den Leuten auch vortragen – das würzt die Rede. Sprich nie unter anderthalb Stunden, sonst lohnt es gar nicht erst anzufangen.

– 11 –

Wenn einer spricht, müssen die anderen zuhören – das ist deine Gelegenheit! Missbrauche sie.

– 12 –

Ratschläge für einen guten Redner

Hauptsätze. Hauptsätze. Hauptsätze.

– 13 –

Klare Disposition im Kopf, möglichst wenig auf dem Papier. Tatsachen, oder Appell an das Gefühl. Schleuder oder Harfe. Ein Redner sei kein Lexikon. Das haben die Leute zu Hause. Der Ton einer einzelnen Sprechstimme ermüdet; sprich nie länger als vierzig Minuten. Suche keine Effekte zu erzielen, die nicht in deinem Wesen liegen. Ein Podium ist eine unbarmherzige Sache – da steht ein Mensche nackter als im Sonnenbad.

– 14 –

Merk Otto Brahms Spruch: Wat jestrichen is, kann nicht durchfallen.

– 15 –

Hinweis: Schneiden Sie die Karten so zu, dass sie trotz unterschiedlicher Textmenge jeweils die gleiche Größe haben (optimal DIN A5).

Gute Reise auf leise Weise

- **Ziel:** Artikulation, deutliches Sprechen vor Publikum
- **Dauer:** Maximal 10 Minuten
- **Material:** Keines
- **Vorbereitung:** Keine

Ablauf/Vorgehen

Sie beginnen flüsternd eine Geschichte. Der Nachbar setzt die Geschichte flüsternd fort. Versteht ein Teilnehmer das Geflüsterte nicht, hebt er die Hand und signalisiert dem Sprecher, deutlicher zu flüstern.

Variante

Sie können die Flüsterübung auch mit Zungenbrechern kombinieren und statt der Geschichte Zungenbrecher reihum weitergeben.

Zusatztransfer

Die Teilnehmer lernen die Notwendigkeit von Pausen kennen. Wird diese Übung unmittelbar nach dem Themenbaustein „Lampenfieber" durchgeführt, bietet sich für Trainer an, noch einmal auf die Bedeutung von ruhig bleiben, Abwarten, Wiederholen und Weitermachen bei Versprechern etc. hinzuweisen. Entscheidend ist nicht, ob Sie sich versprechen oder einen Fehler machen, sondern wie Sie mit Pannen und Unvorhergesehenem umgehen.

- **Gruppendynamik:** Heiterkeit, Auflockerung und Entspannung

Kommentar/Hinweis

Wer auch flüsternd verstanden wird, hat eine gute Basis, um auch in normaler Lautstärke deutlich zu sprechen. Zudem wird die gesamte Präsenz (Mimik, Ausdruckskraft) gestärkt.

Zungenbrecher vor der Gruppe vorlesen

- **Ziel:** Sprechdenken und langsames, deutliches Sprechen trainieren
- **Dauer:** Ca. 10 Minuten
- **Material:** Karten mit Text
- **Vorbereitung:** Karten beschriften

Ablauf/Vorgehen

Die Teilnehmer treten nacheinander vor die Gruppe und lesen möglichst fehlerfrei einen Zungenbrecher vor, der auf einer Karte notiert ist (Beispiele siehe S. 233 f.).

- **Varianten:** Gleiche Übung, jedoch in Kleingruppen
- **Zusatztransfer:** Bisher Gelerntes (Stimme, Deutlichkeit, Füllwörter vermeiden, direkte Ansprache etc.) findet Anwendung.
- **Gruppendynamik:** Sehr förderlich, weil viel gelacht wird.

Kommentar/Hinweis

- Sollten Sie die Übung nach dem Baustein „Wirkungsfaktoren" durchführen wollen, können Sie für den Transfer die Teilnehmer auch bitten, alle bisherigen Punkte wie Pause vor Beginn, Begrüßung, Blickkontakt, Rede abschießen etc. zu berücksichtigen.

- Je nach Zeit können Sie diese Übung auf Video aufzeichnen. Ich schließe hier kein Feedback an, sondern ermögliche den Teilnehmern, sich selbst zu erleben und sich davon zu überzeugen, dass sich jeder viel mehr Zeit nehmen kann, als er zu haben glaubt. Der Unterschied zwischen gefühlter und tatsächlicher Zeit wird deutlich.

Quelle

Die Zungenbrecher stammen aus dem Buch „Rhetoriktraining als Persönlichkeitsbildung" von Heinrich Fey. Weiterentwicklung der Übung durch die Autorin.

Beispiele für Textkarten

Der dicke Diener trägt die dicke Dame durch den dicken Dreck. Da dankte die dicke Dame dem dicken Diener, dass er die dicke Dame durch den dicken Dreck getragen hat.

Ein französischer Regisseur inszenierte ein tschechisches Stück.
Ein tschechischer Regisseur inszenierte ein französisches Stück.

Zwischen zwei Zwetschgenzweigen saßen zwei zwitschernde Schwälbchen.

Fischers Fritz fischt frische Fische.
Frische Fische fischt Fischers Fritz.

In Ulm und um Ulm und um Ulm herum.

Er kommt. Ob er aber über Ober- oder über Unterammergau kommt, das weiß man nicht.

Die Katze tritt die Treppe krumm.

Es leit 'e Klötzle Blei glei bei Blaubeura.
Glei bei Blaubeura leit 'e Klötzle Blei.

Kleinkindkleidchen kleidet Kleinkind.
Kleinkind kann keinen Kirschkern knacken.

Ein krummer Krebs kroch über eine krumme Schraube.

Die Feldmaus verführt die Feldratte.
Die verführte Feldratte verführt die Feldmaus.

Fritz frisst frisch Frischfleisch.

Der Potsdamer Postkutscher putzt den Potsdamer Postkutschkasten.

Zwischen zwei spitzen Steinen sitzen zwei zischende Schlangen, lauernd auf zwei zwitschernde Spätzchen.

Er singt leider lauter laute Lieder zur Laute.

II. Spiele zur Transfersicherung

Eine andere Kategorie an Spielen und Übungen dient der Sicherung des Lerntransfers. Für die Transfersicherung sind selbstverständlich Sie als Trainer verantwortlich. Auch das beste Spiel nutzt erst etwas, wenn Sie als Trainer genau wissen, was Sie damit in der Sache (= Pragma) vermitteln und auf welches Ziel Sie konsequent zusteuern wollen. Der Transfer muss allen Beteiligten spätestens nach der Übung deutlich geworden sein.

Lerntransfer ist unnmittelbar erlebter Lernerfolg.

Hier finden Sie einige Übungen, die zum Ziel haben, Gelerntes zusammenzufassen, zu wiederholen und zu ordnen. Sie können einen Teil der Übungen während des Seminars anwenden, einfach, um sich ein Bild vom Zwischenstand zu verschaffen. Andere Übungen erfüllen ihren Zweck eher zum Abschluss eines Seminars.

▶ **Vorteil für die Teilnehmer:** Die Teilnehmer erkennen, wie viel sie in kurzer Zeit zum Thema Rhetorik gelernt haben. Sie erkennen spätestens jetzt, dass sämtliche Übungen Sinn gemacht haben, da der konkrete Transfer erfolgt ist und die Teilnehmer sich diesen merken können. Dieser Überblick schafft Klarheit, die Klarheit schafft Sicherheit, und diese wiederum schafft Zufriedenheit.

▶ **Vorteil für Sie als Trainer:** Als Trainer erkennen Sie, welchen Nutzen der Einzelne aus dem Seminar zieht. Sie sehen, was wie „hängen geblieben" ist. Dies ermöglicht, Transfer nachzuliefern, falls Kleinigkeiten noch unklar sind. So gut Sie sich als Trainer auch vorbereiten, Sie müssen immer mit Missverständnissen rechnen. Dagegen hilft nur, dass die Teilnehmer Ihnen zurückmelden, wo sie gerade stehen und was genau sie verstanden haben. Die Übungen in diesem Abschnitt unterstützen die Teilnehmer in ihren Rückmeldungen, ohne dass sie sich vorgeführt vorkommen, falls sie etwas Falsches sagen sollten. Die Übungen sind zudem ein Feedback-Instrument für Sie als Trainer, denn sollten mehrere Teilnehmer etwas nicht verstanden haben, müssen Sie als Trainer Ihre Strategie überarbeiten.

Agenda

Die stets präsente Themenagenda macht Lernfortschritte nachvollziehbar.

Der erste Schritt zur Transfersicherung: Präsentieren Sie die Themenagenda stets sichtbar im Raum. Wenn die Teilnehmer von Anfang an wissen, wohin die Reise geht, können sie die Inhalte unmittelbar zu- und in ihr Gesamtwissen einordnen. Unser Gehirn schaltet auf einen Suchmodus um, mit dem es passende Antworten zu vorher gestellten Fragen sucht. Es erträgt gewissermaßen keine Unvollständigkeiten (hier: offene Fragen). Durch die Themenagenda schaffen wir die Voraussetzung dafür, dass neues Wissen zugeordnet werden kann, und damit ist die Themenagenda lern- und gehirngerecht: Weil wir wissen, was wir suchen, können wir es auch finden. Gerade stark strukturierte Teilnehmer werden Sie dafür lieben.

Der Bildungsraum verweist methodisch darauf, dass vieles gelernt wird, dessen wir uns nicht immer bewusst sind. Die Agenda und der Bildungsraum unterstützen gemeinsam den optimalen Transfer.

Manche Trainer begründen den Verzicht auf eine Agenda damit, dass die Teilnehmer lernen sollen, sich spontan auf ein Thema einzulassen. Ein Rhetorik-Training orientiert sich jedoch am Grundsatz: Was ist angemessen? Für Impulstage oder bei Simulationen und Fallstudien macht es manchmal durchaus Sinn, ohne Agenda zu arbeiten. Das sollte dann jedoch offen begründet werden: „Dies ist ein Experiment, das wir anschließend auswerten werden." In Fachseminaren für Rhetorik, Konfliktmanagement, Gesprächsführung etc. werden bereits im Ausschreibungstext Inhalte genannt, die die Erwartung der Teilnehmer schüren. In diesem Fall ist es angemessen, durch eine Agenda von Anfang an zu zeigen, dass Sie die Ausschreibung und somit die Erwartungen der Teilnehmer ernst nehmen und ihnen entsprechen werden.

Feedback-Bögen

Feedback-Bögen zum Ende des Seminars überfliege ich zwar, bewerte sie jedoch nicht zu hoch. Die Bögen sind meist mit „sehr gut" bewertet. Doch sind Feedback-Bögen nur die Momentaufnahme zur augenblicklichen Stimmung, die das Ergebnis eines längeren Prozesses ist und indirekt die Methode des Trainers bestätigt. Das „echte Erfolgserlebnis" für den Trainer kann aus meiner Sicht erst viel später – einige Tage nach der Maßnahme und nach der ersten Anwendung des Gelernten z.B. im Rahmen eines Vortrages – kommen. Wenn ich umfangreichere Maßnahmen von Anfang an mit konzipiere, dann bitte ich den Auftraggeber stets darum, auf das schriftliche Feedback im Seminar zu verzichten und stattdessen nach etwa sieben Tagen per E-Mail Feedback einzuholen.

Teilnehmer-Feedback per E-Mail

Auch das Einholen von mündlichem Feedback am Arbeitsplatz macht Sinn. Die Führungskraft zeigt damit Präsenz und ernsthaftes Interesse an Person und Maßnahme. Der Geschulte erkennt in der Praxis, ob die Schulung sinnvoll war und ist entsprechend motiviert für weitere Seminare.

In vielen großen Unternehmen ist dieses Vorgehen inzwischen fester Bestandteil des Seminarmanagements. Eine gute Entwicklung, wie ich finde.

Bildungsspaziergang zu zweit oder zu dritt

- **Ziel:** Transfersicherung am Ende des Seminars
- **Dauer:** 5-10 Minuten
- **Material:** Keines
- **Vorbereitung:** Keine

Ablauf/Vorgehen

Sie lassen Paare oder Dreiergruppen bilden, geben ihnen etwa acht Minuten Zeit und bitten die Teilnehmer, gemütlich durch den Raum zu spazieren und sich im Gespräch über den Transfer der beiden Schulungstage zu unterhalten. Nach der Bildungsreise schließen Sie ein kurzes Blitzlicht (siehe S. 64 f.) an und beenden das Seminar.

Varianten

- Bei neun oder zwölf Teilnehmern bietet es sich an, Kleingruppen zu bilden und diese diagonal in den Ecken des Raums zu verteilen. Alle Gruppen beginnen gleichzeitig und gehen in einer Reisedynamik den Seminarraum ab. Mögliche „Staus" sind durchaus günstig für den Prozess, weil sich „Gesprächsfetzen" der anderen Gruppen – erfahrungsgemäß – inspirierend auf „Passanten" auswirkt.

- Bei schönem Wetter können Sie den Bildungsspaziergang auch nach draußen verlegen. Dann haben die Teilnehmer zwar die Charts im Seminarraum nicht unmittelbar vor Augen, aber mit Arbeitsauftrag („Finden Sie im Gespräch die drei wichtigsten Punkte dieses Tages heraus.") ist es durchaus möglich, einen guten Transfer hinzubekommen. Die Teilnehmer tanken frische Luft und können entspannt aus dem Seminar entlassen werden.

Zusatztransfer

Die zu Beginn eingeführte Bildungsmetapher wird noch einmal vor Augen geführt und gelebt.

Gruppendynamik

Entspannung herbeiführen. Motivation wird geschaffen, weil die Teilnehmer noch einmal in Ruhe merken, was sie in nur zwei Tagen alles gelernt haben. Erfahrungsgemäß sind die Teilnehmer in dieser letzten Phase sehr müde – jedoch gleichzeitig belebt, weil sie eine Hürde genommen haben.

Kommentar/Hinweis

Häufig fragen die Teilnehmer nach dem Spaziergang, ob die Wandcharts zugesendet werden können. Dies biete ich in jedem Fall an.

„Ab in die Tonne!" oder: „Ich nehme mit und lasse hier"

- **Ziel:** Transfersicherung am Ende des Seminars
- **Dauer:** Ca. 15 Minuten (bei 12 Teilnehmern)
- **Material:** Ein Papierkorb, zwei unterschiedlich farbige Karteikarten pro Teilnehmer

Vorbereitung

Sie stellen einen Papierkorb in die Mitte des Teilnehmerkreises und verteilen zwei Karteikarten (z.B.: eine rote und eine gelbe) pro Teilnehmer.

Ablauf/Vorgehen

Jeder Teilnehmer bekommt eine rote und eine gelbe Karteikarte. Die Teilnehmer notieren mit Kugelschreiber oder Bleistift (kein Marker), woran sie auch in Zukunft weiterarbeiten möchten. Dies schreiben sie auf ihre gelbe Karte. Was sie ablegen und hierlassen möchten, kommt auf die rote Karte.

Während die Teilnehmer ihre Karten beschriften, platzieren Sie einen Mülleimer in der Mitte des Teilnehmerhalbkreises. Die Übung besteht nun darin, dass jeder Teilnehmer nach vorne geht und sein persönliches Feedback zur Veranstaltung abgibt. Die rote Karte wird vorgelesen, zerknüllt und symbolhaft vor der Gruppe in den Mülleimer geworfen. Die gelbe Karte wird vorgelesen und mitgenommen als „springender Punkt" für die Zukunft.

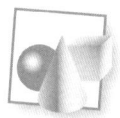

Varianten

- Sitzend, im Kreis

Zusatztransfer

Mit der Variante „Walnuss" rufen Sie das Hemisphärenmodell noch einmal in Erinnerung.

Gruppendynamik

Trotz Müdigkeit herrscht eine gute Atmosphäre und viel Heiterkeit bei dem Versuch, mit der zerknüllten Karte den Papierkorb zu treffen.

Kommentar/Hinweise

Die Übung „Ab in die Tonne" ist (m)ein Favorit für Rhetorikseminare, weil sie den Kreis schließt: Die Teilnehmer treten noch ein letztes Mal vor die Gruppe – und in Aktion. Sie spiegeln dabei auch dem Trainer, was jeder Einzelne geleistet hat. Mit diesem positiven Erlebnis endet das Seminar und hinterlässt somit ein bleibendes, positives Gefühl im Zusammenhang mit der eigenen Präsentation vor der Gruppe.

Auch im Sitzen ist das Spiel gut, weil die Lockerheit mit dem Wurf der zerknüllten Karte in den Papierkorb zunimmt und die Teilnehmer sich nach einem intensiven Seminartag sichtbar entspannen. Dieser letzte Eindruck von Lockerheit bei gleichzeitigem Ziehen eines konkreten persönlichen Fazits ist in meinen Augen ein äußerst guter Abschluss.

Diese Übung nutze ich auch zur Selbstreflexion. Nach dem Seminar und bereits während des Zusammenpackens reflektiere ich, was aus meiner Sicht gut lief und was es zu optimieren gilt. In meinem Kalender gibt es für diesen Zweck ein eigenes KVP-Notizblatt. Musste während des Seminars irgendetwas außer der Reihe organisiert werden? Falls ich eine neue Idee für ein Spiel habe, dann notiere ich sie direkt. Auf diese Weise ergänzen sich meine Checklisten zur Seminarorganisation und -konzeption ganz von selbst.

Gute Übung zur Selbstreflexion des Trainers

Der Kreis schließt sich oder: Strukturiertes Feedback

Ziel

Reflexion des Erlebten (Fakten, Teamarbeit, Nutzen, Atmosphäre, nächster Schritt) und Zieleabgleich (vgl. Zielwand zu Beginn des Seminars); Transfersicherung und konkreter „Next Step".

- **Dauer:** Ca. 10 Minuten
- **Material:** Ein Flipchart
- **Vorbereitung:** Keine (eventuell Flipchart handschriftlich vorbereiten)

Ablauf/Vorgehen

Teilnehmer-Blitzlicht im Plenum anhand eines vorbereiteten Charts (siehe Abb.).

Feedback-Runde

- Wie zufrieden sind Sie mit den erzielten Ergebnissen?
- Wurden meine Erwartungen erfüllt? Sind noch Fragen offen?
- Wie zufrieden sind Sie mit der Zusammenarbeit im Team?
- Was werden Sie als Erstes umsetzen und bis wann?

Nach einem fordernden Seminartag helfen die Fragen, das Feedback zu strukturieren.

- **Varianten:** Keine
- **Zusatztransfer:** Keiner

Gruppendynamik

Die Dynamik ist erfahrungsgemäß gering, was weniger am Thema, sondern an der Tageszeit liegt. Da nach einem vollen Tag die Konzentrationsfähigkeit nachlässt, sind die Teilnehmer stets dankbar über die „vorbereiteten" vier Feedback-Fragen.

Kommentar/Hinweis

Damit sich auch wirklich keiner „überrumpelt" fühlt, gebe ich stets den Hinweis, dass diese vier Fragen Impuls-Charakter haben. Dies bedeutet, dass die Fragen sowohl stringent beantwortet werden können oder aber, dass sich der Einzelne ein bis zwei Fragen herausgreifen kann. Selbstverständlich kann der Teilnehmer auch (s)ein ganz eigenes Resümee ziehen. Auch hier gibt es kein richtig oder falsch. Aber: Was den „Next Step" angeht, bin ich hartnäckig und penetrant. Es empfiehlt sich, als Trainer stets nachzufragen, was unmittelbar nach dem Seminar im Idealfall innerhalb der nächsten 72 Stunden als Erstes umgesetzt wird.

Quelle

Diese Übung ist eine Eigenkreation und als pragmatische Möglichkeit bei Zeitknappheit sowie als „Ass im Ärmel" im Laufe meiner Trainertätigkeit entstanden.

Hirngerechter Transfer: Ich packe meine Walnuss

Ziel

Mit Hilfe eines Zirkelschlusses wird die Maßnahme bewusst und mit konkreter Zielsetzung abgeschlossen.

- **Dauer:** Ca. 10 Minuten bei 12 Teilnehmern
- **Material:** Eine Walnuss
- **Vorbereitung:** Keine

Ablauf/Vorgehen

Sie bitten die Teilnehmer, die Walnuss vom ersten Seminartag noch einmal hervorzuholen. Falls noch nicht geschehen, lassen Sie die Nuss nun knacken. Anschließend fordern Sie die Teilnehmer auf, in jede Hälfe etwas hineinzupacken: Getreu des Hemisphärenmodells* wird in die eine Hälfte ein Bild und in die andere Hälfte ein logisch-rationaler Punkt gepackt. Die Aufgabe lautet: *„Sorgen Sie dafür, dass wir uns jetzt in diesem Moment ein Bild von Ihrer Befindlichkeit machen können und nennen Sie uns mindestens ein Thema, an dem Sie weiterarbeiten wollen. Sagen Sie uns konkret, was Sie innerhalb der nächsten 72 oder, besser noch, 24 Stunden als erstes umsetzen werden."*

---

* Auch an dieser Stelle sei nochmals betont, dass das Hemisphärenmodell eine starke Vereinfachung des Themas „Funktionsweisen unserer beiden Gehirnhälften" ist. Das menschliche Gehirn ist hochkomplex, die Forschung noch in den Kinderschuhen. Wer tiefer in die Materie Hirnforschung einsteigen möchte, sei auf die drei Autoren Manfred Spitzer, Frederic Vester und Gerhard Roth verwiesen. Um in einem Rhetorikseminar die Bedeutung von Struktur/logischer Vorgehensweise **und** bildlich-kreativ-assoziativer Vorgehensweise anschaulich zu machen, arbeite ich dennoch mit dieser bewussten „Vereinfachung" von logischer und kreativer Gehirnhälfte.

▶ **Varianten:** Keine

Gruppendynamik

Trotz gewisser Müdigkeit nach zwei intensiven Seminartagen sorgt die Übung für eine gute Atmosphäre und Heiterkeit, wenn die Walnusshälften noch einmal in die Hand genommen werden.

Kommentar/Hinweis

Dieser Abschluss bleibt gut in Erinnerung haften und stellt zudem einen Bezug zum Beginn des Seminars dar. Als Redner/Trainer leben Sie das Thema „Ohröffner und Ohrschließer" selbst vor und schaffen, methodisch betrachtet, einen weiteren „merk-würdigen" Moment.

Quelle

Da sich die Walnuss sowohl als Metapher für unser Gehirn anbietet als auch im übertragenen Sinne für den Erkenntnisgewinn steht („Eine Nuss knacken"), ist diese Übung im Laufe meiner Trainingstätigkeit entstanden.

Rhetorik von A bis Z

- **Ziel:** Kreative Transfersicherung mit der Gruppe
- **Dauer:** Max. zehn Minuten
- **Material:** Eine Pinnwand sowie 26 kleine runde Karteikarten

Vorbereitung

Sie pinnen oder kleben die Kreise in zwei Reihen senkrecht untereinander und beschriften diese mit den Anfangsbuchstaben des Alphabets. Die Überschrift lautet: „Rhetorik von A bis Z" (siehe Abb.).

Ablauf/Vorgehen

Sie moderieren die Übung kurz an und notieren zu jedem Buchstaben – per Zuruf – die rhetorischen Kenntnisse der Teilnehmer. Ob Sie dabei systematisch nach Alphabet vorgehen oder flexibel auf die Vorschläge per Zuruf reagieren, bleibt Ihnen überlassen.

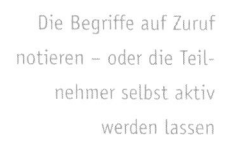

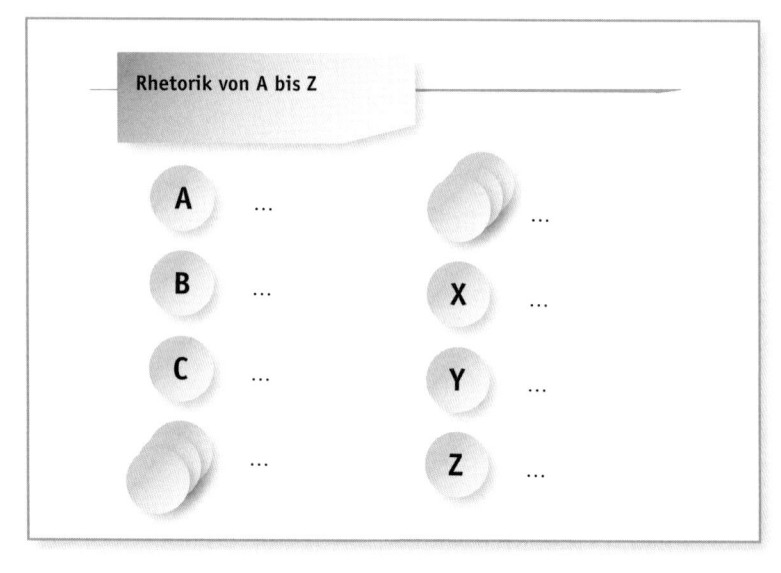

Die Begriffe auf Zuruf notieren – oder die Teilnehmer selbst aktiv werden lassen

Varianten

- Statt auf die Karten können Sie die Buchstaben auch direkt auf das Pinnwandpapier schreiben.
- Den Aktionsgrad können Sie erhöhen, indem Sie nicht selbst moderieren und schreiben, sondern alle Teilnehmer gleichzeitig nach vorne bitten, um möglichst schnell die Pinnwand zu vervollständigen. Hierfür benötigt jeder Teilnehmer einen fetten Marker.
- Sie können alle Teilnehmer vor die Wand bitten und eine Teamübung daraus machen. Sie beobachten das Szenario und unterstützen nur, wenn es der Prozess erfordert.

- **Zusatztransfer:** Keiner

Gruppendynamik

Viel Aufmerksamkeit und aktive Beteiligung, da diese kreative Methode meist noch nicht bekannt ist.

Kommentar/Hinweis

Wenn Teilnehmer die Anfangsbuchstaben zu Buchstaben innerhalb eines Wortes machen, lasse ich dies gelten. Es ist letztlich wichtiger, dass die Kernthemen zusammengefasst werden, die Teilnehmer kreativ sind und es bleiben und Spaß daran haben, diese Übung möglichst schnell zu Ende zu bringen.

Quelle

Die A-bis-Z-Methode kenne ich aus dem Bereich „Kreativitätstechniken" und habe sie in den Kontext „Rhetorikseminar" übertragen.

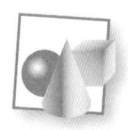

Ein Name – ein Ziel!

- **Ziel:** Kreative Transfersicherung nach der Memory-Methode
- **Dauer:** Ca. 20 Minuten bei zwölf Teilnehmern
- **Material:** Namensschilder
- **Vorbereitung:** Keine

Ablauf/Vorgehen

Sie nehmen alle Karteikarten von der Zielewand, die zu Beginn des Seminars innerhalb des Partnerinterviews von den Teilnehmern erarbeitet wurde und die seither stets in Sichtweite der Teilnehmer steht (siehe S. 100). Die Ziele, die die Teilnehmer auf eine Karteikarte notiert haben, werden nun für das Spiel wieder relevant. Sie legen die Zielekarten verdeckt auf einen Tisch. Die Namensschilder legen Sie ebenfalls zugedeckt dazu.

Die Teilnehmer sitzen oder stehen um den Tisch herum. Ein Teilnehmer zieht eine Karte und ein Namensschild. Er liest die Zielekarte vor. Der Teilnehmer auf dem Namensschild ist aufgefordert, die Karte zu erläutern bzw. zu beantworten und sich zu erkundigen, ob noch Fragen hierzu offen sind.

- **Varianten:** Sie lassen jeden Teilnehmer je ein Namensschild und eine Karte ziehen und gestalten dies als Redeübung vor der Gruppe.

Zusatztransfer

Durch die Spielregel, sich am Ende zu erkundigen, ob die Frage hinreichend beantwortet wurde, trainiert der Einzelne noch einmal, die Feedback-Frage zu stellen, die auch im Umgang mit Fragen vor Publikum ein nützliches Werkzeug ist.

- **Gruppendynamik:** Entspannte und spielerische Atmosphäre
- **Kommentar/Hinweis:** Keiner
- **Quelle:** eigene Entwicklung der Autorin

Transfer – das Wichtigste in Stichpunkten

- Sprachspiele fördern die angewandte Sprachfähigkeit.
- Spiele sind ein „Kann" und werden somit „spielerisch-spontan" in den Gesamtprozess integriert.
- Kurze Spiele aktivieren Geist und/oder Körper.
- Längere Spiele brauchen einen klaren Themenbezug (Transfer). Für optimale Lernbedingungen zu sorgen ist Aufgabe des Trainers.
- Spiele fördern die gute Atmosphäre und die Beziehungsebene.

Sie können mit Spielen Folgendes trainieren:

- **Betonung**, lautes und deutliches Sprechen 219
- **Deutliches**, langsames, wirkungsvolles Sprechen .. 231, 232
- **Wirkung** von Worten, Sprachklang und Einfluss auf Reaktion 206
- **Zusammenhang** von Sprechweise (Formulierung), Körpersprache und Stimme 216
- **Klarheit** und **Prägnanz** im gesprochenen Wort: Hauptsätze! 214
- **Sprache** und **Bild** stets auf Klarheit überprüfen 221
- **Spannend** und fesselnd vortragen 216
- **Spontan** reden vor Publikum 216, 223
- **Feedback** geben, Feedback nehmen 209, 216
- **Überlegt** und angemessen reagieren in Stress- und Drucksituationen 206
- **Lockerung**sübung/Just for fun 205, 232
- **Wahrnehmung** trainieren, Interpretationskriterien (er-)kennen 209, 221
- **Transfer** sichern
  - Rhetorische Inhalte lernen, wiederholen, einprägen 216, 226
  - Inhalte (allgemein) zusammenfassen 238, 246
  - persönliche Ziele angehen und umsetzen .. 240, 242, 244, 248

Kap. 4.2

VariierBAR

VariierBARes im Überblick

Alternative Themenbausteine 253

▶ Anteilung für die Entwicklung eigener Themenbausteine
   und Varianten 255

Themenbaustein: **Umgang mit Lampenfieber** 256

Themenbaustein: **Argumentation und Video-Feedback** 260

Themenbaustein: **Annehmbar formulieren mit „Maluma & Takete"** 266

Themenbaustein: **Den Publikumsdialog trainieren** 269

Themenbaustein: **Souverän mit Fragen und Fragenden umgehen** 272

Themenbaustein: **Lebendig vortragen** 277

Themenbaustein: **Priorisierungsmethode – der Weg zum Wesentlichen** 280

Themenbaustein: **ArgumentierBAR – argumentieren gegenüber
                  unangenehmen Gesprächspartnern** 282

Themenbaustein: **Intervenieren mit Takt und Stil** 287

Alternative Themenbausteine

Die folgenden Themenbausteine können Sie nutzen, um Ihre zweitägigen Trainings ziel- und bedarfsgerecht zu variieren oder einen dritten Seminartag zu gestalten.

Die Motivation nach der geleisteten Meinungsrede am zweiten Seminartag ist erfahrungsgemäß enorm hoch. Wenn immer möglich, sollten Sie einen dritten Seminartag zur Vertiefung nutzen. Schließlich wissen die Teilnehmer jetzt, dass sie besser wirken als gedacht, und sie treten ohne Scheu vor ihr Publikum. Die Gruppe hat sich gefunden und jeder Einzelne erlebt Wertschätzung und Unterstützung der anderen Teilnehmer. Als Trainer müssen Sie jetzt weniger moderieren. Sie bieten einen Baustein nach dem anderen an und sorgen für deren zügige Durchführung.

Optimal: ein dritter Seminartag zur Vertiefung

Die Teilnehmer brauchen nach zwei Tagen intensiven Trainings auch keine behutsamen Wordings mehr, im Gegenteil: Da Sie als Trainer die Mündigkeit Ihrer Teilnehmer fördern, können Sie sie jetzt partnerschaftlich in die Gestaltung einbinden und sogar die Anleitung der Übungen nach einer kurzen Skizze an einzelne Teilnehmer delegieren – sozusagen als rhetorische Übung.

Die Teilnehmer in die Moderation einbinden

Dass Sie als Trainer in den folgenden Bausteinen wenig Wording und nur wenige Überleitungen finden, ist Teil der Didaktik dieser Trainingsanleitung. Sie lernen dabei, Seminarteile flexibel zu moderieren und gemeinsam mit Ihren Seminarteilnehmern zu erarbeiten. Sie finden zu jedem Baustein auch Platz für Stichworte zu einem eigenen Wording. Überprüfen Sie nach jeder Anwendung, ob Ihr Wording effektiv war und passen Sie es gegebenenfalls an.

Pausen gibt es am dritten Tag nach Bedarf. Sie sind wegen der interaktiven Gestaltung des Seminars selten ausdrücklich erforderlich, weil die Teilnehmer ja spielerisch lernen und im Wechsel von Konzentration und Entspannung agieren. Um Frischluft in den Raum zu lassen und Zeit für die obligatorische Tasse Kaffee zu bekommen, leite ich ungefähr in der Mitte jedes Halbtags Pausen offiziell ein – stets nach Abschluss eines Bausteins.

Selbstverständlich können Sie fast alle Bausteine auch innerhalb von Coachings nutzen. Bausteine, die eine Gruppe erfordern, gebe ich dem Coachee als Hausaufgabe mit. Er muss sich dann selbst die passenden Personen suchen, um die Übung durchzuführen.

Planungshilfe für einen 3. Seminartag

Zeit	Inhalt
9:00 – 9:10 Uhr	**Ohröffner** ▶ Ein kleines Szenario, ein Bild oder ein Gegenstand, der sich durch das Seminare zieht. ▶ Überblick (mittels Mnemonik-Chart)
9:10 – 10:00 Uhr	**Themenbaustein 1**
10:10 – 11:00 Uhr	**Themenbaustein 2**
11:00 – 11:15 Uhr	– Kaffeepause –
11:15 – 12:00 Uhr	**Themenbaustein 3 oder Spiele**
12:00 – 12.30 Uhr	**Themenbaustein 4**
12:30 – 13:30 Uhr	– Mittagspause –
13:30 – 14:00 Uhr	**optional: Videoansicht mit Notizen oder Warming-up**
14:00 – 14:45 Uhr	**Themenbaustein 5**
14:45 – 15:00 Uhr	– Kaffeepause –
15:00 – 15:45 Uhr	**Themenbaustein 6 oder Spiele**
16:00 – 16:30 Uhr	**Themenbaustein 7**
anschließend	**Zusammenfassung, Auswertung, Mnemonik-Chart**
– 17:00 Uhr	**Ohrschließer** ▶ Bild oder Gegenstand wird nochmals aufgegriffen und mit nach Hause gegeben.

Maximal fünf bis sieben Bausteine für einen Seminartag!

Anleitung für die Entwicklung eigener Bausteine und Varianten

1. **Klären Sie das Ziel:**
   - Welchen Zweck erfüllt dieser Baustein?
   - Auf was möchten Sie die Teilnehmenden aufmerksam machen?
   - Was sollen die Teilnehmer nach diesem Baustein (besser) können?
2. **Denken Sie transferorientiert (Pragma):**
   - Welchen Transfer wollen Sie vermitteln und welchen wissenschaftlichen Input liefern?
   - Brauchen Sie Anschauungsmaterial (Statistiken, Grafiken, Gegenstände)? Falls ja, aus welcher Quelle genau?
3. **Denken Sie in Bildern (Pathos):**
   - Welche Metapher, welches Bild steht für den Transfer?
4. **Bausteinstruktur „ausfüllen":**
   a) Docere: Was wird gelernt? Transferleistung?
   b) Delectare: Was unterstützt die Lern- und Zuhörfreude?
   c) Movere: Was haben wir erlebt und was ist uns durch die Handlung oder Übung bewusst geworden?
5. **Legen Sie den Einstieg und den Ausstieg fest.**
6. **Formulieren Sie den Transfer kurz und prägnant.**
7. **Schätzen Sie die Zeit für Ihren Baustein ein!**

Themenbausteine variieren

Passen Sie auch die Beispiele auf den folgenden Seiten anhand der oben genannten Vorgehensweise an Ihre Bedürfnisse an. Ein Thema kann unterschiedliche Ziele und Schwerpunkte für den Transfer haben. Auch darüber entscheiden Sie als Trainer, der den Einstieg, die Metapher, die An- und Ausleitung und das Wording gestaltet. Orientieren Sie sich dabei an den Beispielen des ersten und zweiten Seminartags.

Die Dauer eines Themenbausteins hängt natürlich von der Teilnehmerzahl ab, weshalb die im Folgenden angegebenen Zeiten lediglich Richtwerte darstellen. Erst nach mehrmaliger Durchführung und Anpassung werden Sie einen eigenen Erfahrungswert haben, wie er sich spielerisch und in angemessenem Umfang verwirklichen lässt.

| Themenbaustein

Umgang mit Lampenfieber

Kurzbeschreibung

Zeitbedarf In einem offenen Dialog erarbeiten die Teilnehmer anhand eigener
ca. 45 Minuten Erfahrungen und Beispiele persönliche Strategien im Umgang mit
Lampenfieber.

▶ **Ziel:** Die Teilnehmer relativieren ihre Angst vor einem möglichen Blackout, indem sie zahlreiche Hinweise bekommen, wie mit der natürlichen Nervosität, dem Lampenfieber, vor und während eines Vortrags umgegangen werden kann.

▶ **Metapher/Merkhilfe:** Der treue Freund

▶ **Docere:** Vom Engpass („Ich schaff das nicht!") mit der richtigen Einstellung („Konzentriert und achtsam klappt's am besten!") und einem Rucksack voll Handlungsmöglichkeiten zum mutigen Handlungsvirtuosen werden.

▶ **Delectare:** Wenn Sie die Teilnehmer nach „souveränen" und „schlagfertigen" Vorbildern befragen, die sie aus ihrem Umfeld, aus Funk und Fernsehen kennen, unterstützen Sie die Zuhör- und Lernfreude bei diesem Informationsinput. Sie können auch einen Film zeigen, in dem nach einer Panne eine geniale Lösung folgt (Loriot, Charlie Chaplin etc.).

▶ **Movere:** Die Teilnehmer werden zuversichtlich und sind sich bewusst, dass auch Profis nicht vom Himmel fallen, sondern aus erlebten Pannen und Peinlichkeiten einen Chance für das nächste Mal gestalten.

Ablauf/Vorgehen

In erster Linie handelt es sich bei diesem Baustein um einen Informationsblock, der als interaktiver Dialog über Erlebtes anhand von Beispielen der Teilnehmer gestaltet ist: „Ich sollte beim Fest zum

Alternative Themenbausteine

Schulabschluss eine Rede halten. Dann wurde mir heiß und kalt, und ich habe kein Wort mehr herausgebracht.", „Wie verhindere ich, dass ich rot werde?" etc. Den Informationsblock können Sie mit Hilfe der Themencharts (siehe Abb. diese und nächste Seite) unterstützen bzw. sich daran entlang das Thema erschließen. Ansonsten folgen Sie bei diesem Themenbaustein folgendem groben Ablauf:

1. **Hinführung** mit Frage und Metapher: „Kennen Sie Ihren treuesten Freund? Wenn nicht, dann werden Sie ihn jetzt kennenlernen."
2. **Thema nennen:** „Wir wenden uns nun (z.B.) dem Thema Lampenfieber zu."
3. **Teilnehmerbeispiele** werden geschildert und/oder Thematik wird besprochen.
4. **Zusammenfassung:** „Damit wir unserem treuen Freund ab jetzt angemessen begegnen, fasse ich zum Thema Lampenfieber noch einmal folgende zentralen Punkte und Aussagen zusammen: ..."
5. Je nach Bedarf folgt ein **Blitzlicht**: Jeder Teilnehmer sagt in die Runde, was er sich konkret aus diesem Themenbaustein für die nächste Rede vornimmt. Wie üblich, halten Sie sich als Trainer zurück. Aussagen im Blitzlicht werden nicht kommentiert.

Kommentar/Hinweis

Die Teilnehmer schämen sich manchmal, von ihren eigenen Redepannen zu sprechen. In dem Fall nennen Sie Beispiele aus Ihrem

---

Was ist Lampenfieber?

▶ **Einstellung:** Der treue(ste) Freund

▶ **Nimm's positiv:** Lampenfieber ist ein Zeichen (Indikator) dafür, dass wir uns in einer noch unbekannten Situation befinden, die wir deshalb als „lebensbedrohlich" empfinden. Das Gute an diesem uralten Alarmprogramm ist, dass wir uns stets darauf verlassen können, dass unsere Aufmerksamkeit und Reaktionsfähigkeit steigt und wir deshalb im Sinne des Programms von Flucht und Angriff zu Höchstleistungen fähig werden. Wie ein treuer Freund ist das Lampenfieber immer genau dann da, wenn wir es am dringendsten brauchen!

Das Chart dient zur Einführung und Unterstützung der Übung.

> **Zum Umgang mit Lampenfieber**

Tipps und Kniffe, um sich dem Lampenfieber zu stellen.

- No drugs!
- Verwenden Sie motivierende, positive Sätze. Statt „Wird schon schiefgehen." lieber „Wird ein voller Erfolg!". Statt „Ich habe keine Angst vorm Publikum." lieber „Gemeinsam mit meinem treuen Freund wird es gelingen."
- Lassen Sie Hände offen und/oder gehen Sie im Raum umher, damit die überschüssige Energie abgebaut werden kann.
- Bereiten Sie eine Agenda vor und lesen Sie diese zu Beginn nur ab, denn zu Beginn ist das Lampenfieber am größten.
- Wenden Sie sich mit Fragen direkt ans Publikum.
- Lesen Sie mitgebrachte Zitate (mit Quellenangabe) vor.
- Relativieren Sie die Wichtigkeit Ihres Auftritts: Sie geben Ihr Bestes, aber auch Sie sind nur ein Mensch. Wenn etwas misslingen sollte, akzeptieren Sie es und nehmen es als Vorsprung für das nächste Mal. („Sie brauchen Pointen, die Sie Ihren Enkeln irgendwann erzählen werden.")
- Gute Vorbereitung reduziert Ihr Lampenfieber am meisten.
- Achten Sie auf Zielklarheit und einen klaren Zwecksatz.
- Bauen Sie bei längeren Vorträgen Visualisierungen ein.
- Bereiten Sie den Einstieg und Ausstieg gut vor. Lernen Sie ihn evtl. auswendig. Selbstbewusst in das Thema ein- und aussteigen zu können gibt Sicherheit!
- Trainieren Sie Ihre Rede oder Teile (Einstieg, Ausstieg, Überleitungen) laut im Vorfeld. Diese „Vor-Versprachlichung" schafft Sicherheit.
- Erfahrung (Training) schafft Souveränität im Umgang mit Unvorhergesehenem.

eigenen Erleben ggf. unter Einbeziehung des Charts „Zum Umgang mit Lampenfieber" (siehe Abb.). Das reicht in aller Regel als Anstoß, um eigene Erfahrungen mitzuteilen.

Wie viel Raum das Thema Lampenfieber im Seminar oder Coaching bekommt, hängt von der Gruppe und dem einzelnen Teilnehmer ab. Ist die Unsicherheit sehr groß, widme ich dem Thema viel Aufmerksamkeit, leite langsam zur Arbeit mit der Videokamera über und erkläre den Nutzen von Video-Feedback ausführlicher. Bringt die

Alternative Themenbausteine

Gruppe ein eher normales Maß an Bedenken zu möglichen Aussetzern während eines Vortrags mit, leite ich zügig mehrere Übungen vor der Gruppe an und thematisere den Umgang mit Lampenfieber innerhalb der Feedback-Runden.

Varianten

Sie können auch einen Themenbaustein zum Thema „Was ist Lampenfieber?" erstellen. Bei dieser Analysefrage geht es vor allem darum zu klären, woher der Begriff kommt und welche Reaktionsmöglichkeiten intuitiv zur Verfügung stehen. Um überlegte Reaktionsmöglichkeiten einüben zu können, wird dann der hier geschilderte Baustein „Umgang mit Lampenfieber" angeschlossen.

Stichpunkte für Ihr eigenes Wording:

| Themenbaustein

Argumentation und Video-Feedback

Zeitbedarf
ca. 45 Minuten

Kurzbeschreibung

Die Teilnehmer lernen zum einen, souverän auf Gegenargumente aus dem Publikum zu reagieren, und zum anderen, spontan konstruktive Kritik zu üben.

▶ **Ziel:** Selbstsicher argumentierend, klar und eindeutig in der Sache sowie annehmbar in der Form Stellung zu eine geäußerten Meinung beziehen.

▶ **Metapher/Merkhilfe:** „Waage"

▶ **Docere:** Es wird trainiert, kurz, klar und zielgerichtet zu argumentieren. Der Zusammenhang von Sprache, Körpersprache, Stimme und Schlüssigkeit in der Argumentation wird thematisiert. Der Umgang mit Doppel-Publikum (Rede-„Gegner" und Publikum) und die Wichtigkeit einer annehmbaren, wertfreien Sprechweise und entspannten Stimme sind weitere Theorie-Inputs. Die Teilnehmer lernen eine Argumentationskette mit dem Ziel kennen, auf ein Thema abwägend und mit Zustimmung oder anderer Meinung am Ende des Redebeitrags zu reagieren. Eine Argumentationskette, um ein Thema kurz, prägnant und ohne große Vorbereitungszeit einbringen zu können, wird ausprobiert und reflektiert. Auch wird deutlich, wie wichtig es ist, Strukturakzente zu nennen: Gehörte Struktur schafft Vertrauen in die Schlüssigkeit der Argumentation des Redners.

▶ **Delectare:** Die Übung erfreut, weil schnell klar wird, an welchen Kleinigkeiten es liegt, ob eine Diskussion sachlich und lebendig oder unsachlich und beleidigend geführt wird. Auch lachen die Teilnehmer über sich, wenn sie sich regelmäßig bei dem Widerstandswort „aber" ertappen, obwohl sie „und" meinen.

▶ **Movere:** Die Teilnehmer erleben, dass Kontroversen überlegt und souverän gemeistert werden können. Es wird auch bewusst, dass das souveräne Bestehen vor einem doppelten Gegenüber (Teilnehmer plus Duellpartner) trainiert werden muss, da dies zunächst als ungewohnt erlebt wird.

Zusatztransfer

Bei dieser Übung verdeutliche ich gern die Wirkung von Worten an den Beispielen „aber", „Verneinung und Subjekt" sowie dem Wort „eigentlich". Alle Worte haben ihre Berechtigung, sollten jedoch bewusst und mit Blick auf das Ziel verwendet werden.

▶ Das Wort **„aber"** deutet einen Widerspruch, einen Einspruch an. Somit ist es als Einstieg sinnvoll, um eine Person zu unterbrechen* oder um einen Widerspruch deutlich zu machen. Ist das Ziel jedoch, die eigene Meinung einer vorausgehenden anzuschließen und zu verhindern, dass der andere uns sofort unterbricht und unter Rechtfertigungsdruck gerät, braucht es die diplomatische Sprechform von: „Ja" + neutrale Zusammenfassung des Vorgängers + die eigene Meinung, angeschlossen mit „und" – statt „aber" (!).

Die Wirkung von Worten

▶ Die Formulierung **„nicht/kein + Subjekt"**: Es wird deutlich, dass wir mit einer Verneinung meist das Gegenteil von dem erreichen, was wir wollen. Über das Wort, das nach der Verneinung folgt, denkt der andere nach. Somit sollten wir stets wissen, wann wir eine Verneinung in einer Diskussion verwenden. Besonders in emotional aufgeladenen Situationen ist es wichtig, die (Aus-)Wirkung von Worten und Formulierungen zu beherrschen und zu wissen, wann und wie Widerstand aufgebaut wird – und wie er abgebaut werden kann.

---

* Unterbrechungen sind nach Kriterien der Etikette kein guter Stil. Aus Gründen von Stil und Takt sollten wir den anderen ausreden lassen. In einem wettbewerbsgeprägten Umfeld, in dem es um Ergebnisse, Leistung und Geschwindigkeit geht, bekommt die Unterbrechung eine andere Bedeutung: Derjenige, der unterbricht, hat das Wort und damit die Macht. Wer nichts sagt, ist der Schwache und wird möglicherweise überrollt. Fazit: Wir sollten selbst & bewusst entscheiden, ob wir unterbrechen wollen oder nicht. Um nicht „Opfer" zu sein, bedarf es in jedem Fall der Technik, um jederzeit unterbrechen zu können. Die Entscheidung, aktiv zu werden und in der Situation zu intervenieren, bleibt beim Einzelnen. Auch hier entscheiden die Technik, Stimme, Formulierung und Stimmigkeit über Wirkung und somit über den Erfolg des Sprechers.

Beispiele:
- *"Nicht, dass Sie denken, ich nehme Sie nicht ernst (…)."*
  - ▶ Der andere denkt nun intensiv darüber nach, ob Sie ihn ernst nehmen oder nicht.
- *"Ich habe kein Problem mit Ihrer Aussage!"*
  - ▶ Der andere denkt darüber nach: „Hat der ein Problem?"
- *"Es ist mir nicht daran gelegen Ihre Autorität zu untergraben, aber …"*
  - ▶ Der andere überlegt nun „Untergräbt er etwa in diesem Moment meine Autorität?", gibt von da an seine eigene Argumentationslinie auf und beginnt mit dem Grabenkampf.

▶ **„Eigentlich"**: Das Wort „eigentlich" impliziert Zweifel und ist besonders in Argumentationen oder Stellungnahmen unangemessen, weil es dem gesetzten Ziel diametral gegenüber steht: Statt Klarheit und Stärke bewirkt „eigentlich" eine Infragestellung des Gesagten.

Beispiele:
- *"Eigentlich bin ich der Meinung, wir brauchen das Fach Angewandte Psychologie ab der 5. Klasse."*
  - ▶ Sie haben eine Meinung, stehen jedoch nicht wirklich dahinter. Dadurch wirken Sie als Leitfigur nicht überzeugend und verunsichern Ihr Publikum. Achten Sie auf Nachfragen, die darauf abzielen, ob Sie wirklich standfest sind, denn genau damit müssen Sie nach „eigentlich" rechnen.
- *"Eigentlich haben Sie Recht."*
  - ▶ Ihr Gegenüber weiß nun nicht, ob Sie mit seiner Sichtweise einverstanden sind und fragt sich: „An welcher Stelle zweifelt er?"

Kommentar/Hinweis:

Auch hier weise ich darauf hin, das Wort „eigentlich" nicht zu streichen, sondern bewusster damit umzugehen. Wenn Sie Zweifel äußern wollen, hat das Wörtchen durchaus seine Berechtigung. Im Idealfall führen Sie jedoch auch gleich eine Begründung, eine Frage oder Ihren Zweifel an, wenn Sie Ihr Gegenüber nicht verunsichern wollen. („Eigentlich stimme ich Ihnen zu. Lediglich die für die Implementierung vorgesehene Zeitspanne macht mich skeptisch/erscheint mir unrealistisch.", „Eigentlich ja. Ich betone ‚eigentlich', weil ich befürchte, dass sich Vertrieb und Entwicklung nicht gleichermaßen für diese Maßnahme begeistern lassen."

Alternative Themenbausteine

Ablauf/Vorgehen

Das Seminar wird in zwei Gruppen geteilt. Bei zwölf Teilnehmern sind es sechs, die den Seminarraum verlassen (Gruppe „Spontan"). Die anderen sechs Teilnehmer bleiben im Raum (Gruppe „Struktur"). Für die Gruppe im Seminarraum blättern Sie ein vorbereitetes A1-Chart auf, das folgende Strukturformel enthält: (1) Begrüßung, (2) Thema (Ist-Zustand) sofort nennen, (3) Soll (Idealzustand oder gewünschter Zustand nennen), (4) Weg dorthin (Lösungsvorschlag) (5) Abschluss/„Knopf dran"! (siehe Abb.)

Das Thema wird frei gewählt, damit der Redner auch aus eigener Überzeugung hinter seinem Thema steht. (Würde der Trainer es vorgeben, wäre bei Nichtgelingen der Argumentationskette möglicherweise der Trainer und das Thema „schuld".)

Die Anleitung für das Team außerhalb des Seminarraums lautet: *„Sie müssen gleich auf die Statements der Redner unmittelbar reagieren."* Als Trainer haben Sie nun zwei Möglichkeiten: Entweder zählen Sie die Gruppe bereits im Vorfeld durch, so dass die Reihenfolge der Gegenredner festgelegt ist. Oder – diese Variante ist spannender und wird erfahrungsgemäß von den spontanen Geistern bevorzugt – Sie lassen die Zuteilung offen und bitten die Teilnehmer, sich spontan im Seminarraum zu entscheiden.

Es empfiehlt sich folgender Kommentar als Impuls: *„Auch auf die Gefahr hin, dass das Thema Sie sprachlos macht. Sie müssen in jedem Fall den Vertrag, den wir hier schließen, einlösen. Vertrauen Sie auf Ihre Kreativität. Außerdem bekommen Sie eine Strukturformel an die Hand. Ich bitte Sie, die drei Strukturworte unbedingt zu nennen,*

Strukturformel für Ihre Argumentation

1. Begrüßung
2. Thema/Problem (Ist-Zustand) sofort nennen
3. Soll (Idealzustand oder gewünschter Zustand) nennen
4. Weg dorthin (Lösungsvorschlag)
5. Abschluss – „Knopf dran"!

Anleitung für die Meinungsrede der Gruppe „Struktur".

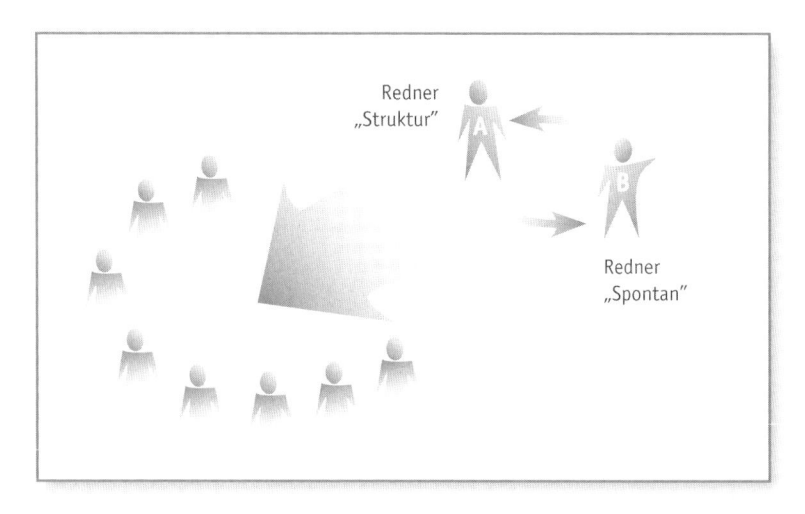

Herausforderung „Doppelpublikum": Die Redner müssen sowohl ihren unmittelbaren Kontrahenten als auch das Publikum im Blick behalten.

mit eigenen Inhalten zu füllen und mit einer konkreten Meinung abzuschließen." Zur Veranschaulichung geben Sie selbst ein Beispiel für ein spontanes Statement mit Bezug zu einer im Vorfeld geäußerten Meinung: *„(1) Einerseits (…), (2) andererseits (…). (3) Deshalb (…)."*

Im Seminarraum tritt jeweils ein Teilnehmer aus jeder Gruppe vor das Plenum. Teilnehmer „Struktur" beginnt mit seinem Statement, Teilnehmer „Spontan" schließt mit seiner Gegenrede an. Die Übung arbeitet mit der Schwierigkeit „Doppelpublikum" koordinieren zu können. A argumentiert zu B, aber muss das gesamte Publikum im Blick haben. B argumentiert zu A, aber muss auch das Publikum im Blick haben (siehe Abb.). Sobald die erste Runde abgeschlossen ist, setzen sich beide und zwei neue Teilnehmer aus dem Publikum (Gruppe „Struktur" und Gruppe „Spontan") gehen nach vorne.

Es bietet sich an, die Videosequenzen der Reden und Gegenreden unmittelbar nach einer (Mittags-)Pause anzugucken. In diesem Fall bitten Sie die Teilnehmer einfach, sich das Mittagstief mit einem Kurzfilm und einer Tasse Kaffee zu verschönern.

Zusatztransfer: In der anschließenden Blitzlichtrunde wird wieder deutlich, dass die angewandte Kurzformel vom Gegenüber positiv angenommen wird, wenn stimmlich freundlich und ohne das Wörtchen „aber" argumentiert wird. Passiert das Gegenteil, fühlt sich das Gegenüber häufig in Rechfertigungsnot, die sich in der Übung stets mit der Frage an den Trainer zeigt: „Darf ich dazu noch etwas sagen, oder muss/soll ich das jetzt so stehen lassen?"

Alternative Themenbausteine

Varianten

Ich kündige an, dass es zwei Gruppen geben wird: Eine Gruppe wird sich mit Stift und Papier in aller Kürze und mit einer von mir vorgegebenen Argumentationskette vorbereiten, die andere Gruppe dagegen wird spontan argumentieren. Ich unterstütze Letztere mit inhaltlichen Hinweisen, damit die Übung gelingen kann.

Bei dieser Variante lasse ich die Teilnehmer selbst wählen, zu welcher Gruppe sie gehören mögen. Ist der Großteil der Teilnehmer stark analytisch und noch nicht gewohnt, spontan zu argumentieren, bietet sich diese Variante an, um die noch vorherrschende Unsicherheit gering zu halten. Bei drei bis vier Tagen Seminar oder einem Aufbauseminar/Argumentationsseminar ist das eingangs erwähnte Vorgehen sinnvoller, weil die Teilnehmer ja bereits in das Seminar kommen, um mutig Neues auszuprobieren. Für den persönlichen Lernerfolg ist es in Spezialisierungsseminaren genau richtig, dass die Analytiker sich dem beschreibend-lebendig-spontanen Reden als Trainingsziel widmen und die ohnehin spontan-lebendigen Argumentierer sich auf Redeziel, Struktur und Einhalten des Zeitlimits konzentrieren.

Stichpunkte für Ihr eigenes Wording:

| Themenbaustein |

Annehmbar formulieren mit „Maluma & Takete"

Zeitbedarf
ca. 45 Minuten

Kurzbeschreibung

In unterschiedlichen Szenarien lernen die Teilnehmer die Wirkung von „Brückenworten" und „Grabenworten" kennen und lernen diese zu nutzen bzw. zu vermeiden.

- **Ziel:** Die starke und meist unbewusste Wirkung von Sprachklang und Wortwahl kennen und bewusst nutzen.

- **Metapher/Merkhilfe:** Cocktails trinken

- **Docere:** Sensibilisierung für die Wirkung von Wortklang und die Art und Weise, wie über Klang und Sprechweise Widerstand aufgebaut werden kann. Die Teilnehmer erkennen, dass der Sprecher durch den bewussten Einsatz von Stimme und Worten erheblich dazu beitragen kann, seine Botschaft für sein Gegenüber annehmbar zu gestalten. Umgekehrt kann die eigene Souveränität gesteigert werden, wenn wir in der Rolle des Empfängers/Zuhörers die „Widerstandsauslöser" über Wortwahl und Klang der Stimme erkennen, die an uns gesendet werden, um bewusst und angemessen darauf zu reagieren. Die Teilnehmer lernen, zwischen „annehmbaren, weitgehend widerstandsfreien Worten („Brückenworte") und den „widerstandsauslösenden Worten („Grabenworte") zu unterscheiden.

- **Delectare:** Die Vorstellung, Cocktails zu trinken, und das Aha-Erlebnis, dass ein inhaltloses Wort allein durch seinen Klang Assoziationen in Farbe, Form und auch in emotionaler Hinsicht auslöst und dabei häufig eine nahezu 100-prozentige Übereinstimmung bei den Beteiligten bewirkt, erfreut ungemein. Amüsant ist, dass meist alle Teilnehmer in dem Cocktail „Takete"

Alternative Themenbausteine

hochprozentigen Alkohol vermuten und Maluma eher als „fruchtig und ohne Alkohol" charakterisieren.

▶ **Movere:** Nach dieser Sensibilisierung sammeln die Teilnehmer gemeinsam mit dem Trainer einige Worte, die in der Berufswelt den Begriffen „Takete" und „Maluma" zuzuordnen sind. Jeder Einzelne nimmt sich vor, im nächsten Gespräch und/oder dem nächsten Vortrag bewusst „Maluma"-Worte zu verwenden und mit Hilfe der Wiederholungstechnik (siehe S. 206 f.) die „Takete"-Worte des Gegenübers in „Maluma" zu verwandeln.

Ablauf/Vorgehen

Beginnen Sie den Baustein mit einem Szenario: „Stellen Sie sich vor, wir würden jetzt alle gemeinsam in eine Cocktailbar gehen ..."

Wenn vor Ort bereits die Kantine oder ein bestimmtes Restaurant aufgesucht wurden, so können Sie dazu Bezug nehmen und beginnen folgendermaßen: „Stellen Sie sich vor, wir hätten nach unserem gemeinsamen Mittagessen noch eine Einladung in die Kellerbar bekommen. In der Kellerbar gibt es zwei Sorten von Cocktails ... Sie haben nun eine Getränkekarte vor sich. Links lesen Sie in dicken Lettern Cocktail ‚Maluma' und rechts lesen Sie in dicken Lettern Cocktail ‚Takete'*. Welchen werden Sie jetzt bestellen? Bitte stellen Sie sich beide Cocktails vor und überlegen Sie, welche Zutaten die Cocktails haben, welche Farbe Sie vermuten, an welche Glasform oder Dekoration Sie denken etc."

Varianten

Je nach Publikum ändere ich das Szenario. Wenn ich den Eindruck habe, dass das Publikum von der Welt der Bars und Cocktails eher weit entfernt ist, wähle ich die Situation einer Werbekampagne mit dem jeweiligen Produkt aus der Welt der Teilnehmer (z.B. Architektur, Spedition, Immobilien, Schmuck etc.): „Stellen Sie sich vor, Sie entwickeln eine Werbekampagne für Ihr Produkt. Sie wollen Immobilien anbieten: Eine Kampagne wirbt für das Projekt ‚Maluma', die andere nennt sich ‚Takete'. Welche Bilder entstehen? Welche Unterschiede sehen Sie?"

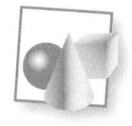

---

* Die Begriffe sind aus dem Buch „Brainscript" von Hans-Georg Häusel entnommen. Die Worte haben inhaltlich keine Bedeutung und dienen als Beispiel, um Wortklang und Wirkung auf unsere Befindlichkeit und Vorstellungswelt bewusst zu machen.

Stichpunkte für Ihr eigenes Wording:

Themenbaustein |

Den Publikumsdialog trainieren

Kurzbeschreibung

Über einen unbekannten Gegenstand müssen die Teilnehmer in einer Rede spontan einen Bezug zu ihrer Person herstellen und damit die Aufmerksamkeit des Publikums fesseln.

Zeitbedarf
ca. 45 Minuten

- **Ziel:** Spannung erzeugen. Unmittelbar mit dem Publikum interaktiv kommunizieren, eine Methode zum Gesprächseinstieg trainieren. Einen Gegenstand spielerisch zum Einsatz bringen und das eigene, kreative Potenzial (Assoziationsfähigkeit) kennenlernen. Den Einstieg in das Moderieren schaffen und ihn bewusst machen.

- **Metapher/Merkhilfe:** Ein Geschenk auspacken

- **Docere:** Die Teilnehmer lernen den Unterschied und den spielerischen Wechsel zwischen Präsentation und Moderation kennen. Gleichzeitig trainieren sie, Pausen als Werkzeug zum Spannungsaufbau gezielt zu nutzen.

- **Delectare:** Da die Teilnehmer gespannt sind, was in den Geschenkpäckchen ist und wie der Einzelne mit der spontanen Situation umgeht, ist eine heitere Atmosphäre garantiert.

- **Movere:** Die Teilnehmer erleben, dass Pausen nicht nur zur Reflexion wichtig sind, sondern ein Werkzeug sein können, z.B. wenn mit Hilfe einer direkten Frage an die Zuhörer („Können Sie sich vorstellen, was in diesem Päckchen ist?") und „einem Geschenk" spielerisch gearbeitet wird. Auch erlebt der Einzelne, dass mit Hilfe eines Gegenstandes die Aufmerksamkeit gezielt von der eigenen Person weggelenkt werden kann. Dies beruhigt besonders diejenigen, die zu Beginn einer Rede stark nervös sind und dem Erwartungsdruck der zahlreichen „Augen-Blicke" kaum gewachsen sind.

Ablauf/Vorgehen

Ein Schuhkarton, in dem sich zahlreiche, eingepackte Gegenstände befinden, wird auf den Trainertisch gestellt. Nacheinander tritt jeweils ein Teilnehmer vor die Gruppe. Er wählt ein Geschenk aus und wird nun mit diesem Geschenk arbeiten. Es geht darum, Spannung aufzubauen und einen spontanen Themenbezug zu dem Gegenstand herzustellen – dem „Geschenk".

Wording: *„Sie wissen nun, wie körpersprachlich Wirkung erzielt wird. Sie haben Übungen vor der Gruppe durchgeführt und wissen, dass Ihnen das Lampenfieber einen kleinen Streich spielt, was gefühlte und tatsächliche Zeit betrifft. Die folgende lustige Übung wird Ihnen zeigen, dass wir alle über Kreativität verfügen und stets – auch unter Stress – auf unser assoziatives Denkhirn zählen können. Lassen Sie uns ein kleines Experiment machen. Ich lade Sie ein, vor der Gruppe ein Geschenk auszupacken. Wir alle kennen den Inhalt nicht. Sie treten vor die Gruppe, beherzigen die bisherigen rhetorischen Punkte. Sie nehmen sich ein Geschenk und versuchen nun, langsam und souverän mit uns in einen Dialog zu treten und uns neugierig zu machen. Sobald Sie das Geschenk ausgepackt haben, stellen Sie einen kurzen persönlichen Bezug zu dem Gegenstand her. Denn wir wollen ja wissen, wie wir das Geschenk thematisch einordnen sollen. Dann schließen Sie die Rede ab. Wie immer: ‚Knopf dran!' – und nach dem Applaus stehen bleiben."*

Kommentar/Hinweis

Der Perspektivwechsel schafft Zeit zum Reagieren

Nach etwa drei Durchgängen weise ich darauf hin, wie der Einzelne sich noch mehr Zeit verschaffen kann, wenn er das Publikum mit Hilfe direkter Fragen + Zusammenfassung der Antworten + Themenbezug in das Geschehen aktiv mit einbezieht. Ich erkläre, dass hier ein Rollen- und ein Perspektivenwechsel stattfinden. In dem Moment, in dem Sie die Zuhörer Antworten suchen lassen, sind Sie in der Rolle des Moderators. Ihr Vorteil durch den Perspektivenwechsel: Die Aufmerksamkeit und Erwartungshaltung wird auf die Zuhörer verlagert. Sie haben nun Zeit und können – während Sie die Antworten abwarten – in aller Ruhe überlegen, was Sie als Nächstes tun und sagen werden. In der Rolle des lediglich Präsentierenden erleben Sie das Gegenteil: Die Erwartungshaltung der Zuhörer ist hoch und zeigt sich im interessierten und direkten Blickkontakt aller. Die nervliche Anspannung bei Ungeübten und der gefühlte Zeitdruck unter Stress erschwert die Situation. Hierbei verweise ich stets darauf, dass es in erster Linie darum geht, die Ruhe nach außen zu wahren, um sich nach der Übung selbst überzeugen zu können, dass Sie viel ruhiger wirken als Sie denken (mittels paralleler Videoaufzeichnung).

▶ **Quelle:** Übung entdeckt bei Gudrun Fey, Transfer und Auswertung von der Autorin

Stichpunkte für Ihr eigenes Wording:

| Themenbaustein

Souverän mit Fragen und Fragenden umgehen

Zeitbedarf
ca. 45 Minuten

Kurzbeschreibung

Der Redner wird mit Fragen aus dem Publikum bombadiert und trainiert Reaktionsmöglichkeiten, um Zeit und Souveränität (wieder-) zu gewinnen.

▶ **Ziel:** Wissen, wie mit unverständlichen Fragen umgegangen wird. Wissen, wie Druck, der vom anderen ausgeht (Stimme, Betonung, Infragestellung, Ungeduld etc.), spielerisch auf die Sachebene gebracht wird. Wissen, wie und warum der so genannte „rhetorische Takt" umgesetzt wird. Die Sachebene im Blick behalten und rhetorisch klug die Beziehungsebene durch gelebte und gezeigte Wertschätzung in Bild (Mimik), Wort (Formulierung und Stimme) und Tat („Ist Ihre Frage damit hinreichend beantwortet?") vorleben.

▶ **Metapher/Merkhilfe:** Fragezeichen

▶ **Docere:** Die Teilnehmer lernen, gezielt nachzufragen und hierbei das doppelte Publikum (Fragesteller und Plenum) zu berücksichtigen. Die Teilnehmer lernen, sich von einem möglichen, selbst oktroyierten negativen Glaubenssatz („Die fragen nur, um mich zu verunsichern. Die wollen mich jetzt fertig machen.") zu befreien und sich unvoreingenommen und mit positivem Selbstverständnis, dabei aber durchaus strategisch vorbereitet, auf eine Fragesituation einzulassen.

▶ **Delectare:** Sowohl der Referent als auch das Publikum erfreuen sich an dem spielerischen Ablauf. Der beobachtete und erlebte Perspektivenwechsel lässt alle Beteiligten auf heitere Art und Weise erkennen, dass die Aufgabe des Redners in erster Linie die eines guten Koordinators ist. Eine Frage und die Antwort darauf können in der Situation durchaus angemessener sein als der Versuch des Redners, wie ein Sprinter möglichst schnell und unmittelbar von A nach B zu sausen.

- **Movere:** Die Teilnehmer erleben sich auch hier wieder im Wechsel zwischen Moderator und Präsentator und spielen mit dem Faktor Raum, Zeit und der Dynamik, die sich zwischen Redner, Frager und Publikum ergibt.

Ablauf/Vorgehen

Ein Themenchart hängt an der Wand (siehe Abb. unten). Es besagt, dass es keine schwierigen, sondern oft nur ungenau oder schlecht gestellte Fragen gibt. Die Einstellung des Redners, dass er sich über Fragen freut, sollte von der Zehenspitze bis zum Haaransatz ausstrahlen und echt wirken. Aus dem Plenum werden nun unterschiedlichste Fragen an den vorne stehenden Teilnehmer gerichtet.

Als Trainer sagen Sie zu den Teilnehmern: *„Bevor Sie antworten, wiederholen Sie die Frage in eigenen Worten und holen Sie sich das*

Schwierige Publikumsfragen
– Was tun? –

- **Die Frage wird unklar gestellt**
  - Nachfragend zusammenfassen

- **Die Frage geht über den Themenschwerpunkt hinaus**
  - Würdigen und auf das Thema verweisen

- **Die Art der Fragestellung löst Unbehagen aus, wegen ...**
  - Person
  - Formulierung
  - Tonfall/scharfem Ton
  - etc.

  – freundlich, friedlich-stur bleiben
  – „aber" vermeiden
  – langsame und ruhige Stimme
  – sachlich und konkret antworten

Warum ist die Frage schwierig? Wer die Ursache kennt, kann richtig reagieren.

Ja oder Nein beim Fragenden ab. Bei einem Ja antworten Sie. Bei einem Nein bitten Sie den anderen freundlich, die Frage noch einmal zu stellen – oder Sie fragen ein zweites Mal nach und wiederholen, was Sie verstanden haben. Wir haben vier Grundrichtungen zur Verfügung, die es uns ermöglichen, einer Fragesituation grundsätzlich entspannt – da einschätzbar – zu begegnen (Verweis auf das Chart, siehe Abb. unten). Ein Restrisiko für unerwartete Reaktionen bleibt natürlich immer."

(Vermeintlichen) Provokateuren souverän begegnen

Der Vorteil dieser Methode: Das langsame, bewusste Wiederholen der Aussage in eigenen, eventuell neutralisierenden Worten sowie das Wissen darüber, grundsätzlich drei Reaktionsmöglichkeiten zu haben, lässt die Teilnehmer eine Flexibilität (= Verhaltensvielfalt statt -einfalt) erleben und erkennen. Auch ist die „Wiederholtechnik" eine Technik, die auf die Sachebene und somit auch gedanklich stets auf die Ebene der Ernsthaftigkeit führt, mit der Sie als Redner dem Publikum begegnen sollten. Da viele angehende Rhetoriker fürchten, von Störenfrieden und Provokateuren aus der Fassung gebracht oder auf Fehler hingewiesen zu werden, ermöglicht diese Übung eine Blickrichtung auf die Sachebene, die Sie als Redner vorleben sollten. Schnell wird klar, dass sich ein echter Provokateur meist selbst ins Aus spielt, wenn ihm mit Ernsthaftigkeit, echtem Bemühen, sein Anliegen herauszufinden und es zu beantworten, begegnet wird. In diesem Fall stellt sich das Publi-

Die Wiederholtechnik verschafft dem Redner Zeit, um angemessen zu antworten.

Zum Umgang mit „schwierigen" Publikumsfragen

▶ **Wiederholtechnik:** Wiederholen Sie die Publikumsfrage in eigenen, ggf. „neutralisierenden" Worten.

plus drei Reaktionsmöglichkeiten:

▶ **Change it:** Sie argumentieren und erläutern Ihr Anliegen in anderen Worten.

▶ **Love it:** Sie akzeptieren die Sicht des anderen und quittieren diese als weitere Position zu diesem Thema.

▶ **Leave it:** Sie setzen Grenzen – z.B. bei Beleidigungen oder unsachlichen Anschuldigungen.

kum nämlich auf die Seite des freundlich-souveränen Redners und durchschaut den Störenfried als solchen. Als Redner müssen Sie somit nicht einmal Grenzen ziehen, sondern brauchen nur Ihrer Einstellung treu zu bleiben, die da heißt: ‚Ich freue mich auf Ihre Fragen!'"

Varianten

Es besteht auch die Möglichkeit, den Ablauf für besonders Mutige oder Fortgeschrittene zu erschweren. In diesem Fall verteile ich vorab Rollen an die Fragesteller.

- **Der Vielredner:** Er soll zunächst drauflosreden. Er schließt seinen Monolog mit einer Frage ab.
- **Der Methodiker:** Er geht der Frage nach: Wie lässt sich das Gesagte Schritt für Schritt und logisch nachvollziehbar umsetzen?
- **Der Spezialist und Skeptiker:** Warum haben Sie an der Stelle xy genau diesen Ansatz gewählt?
- **Der Chef und Macher:** Was nützt mir das jetzt konkret für meine Arbeit/mein Leben etc.
- **Der Initiative:** Wer arbeitet sonst noch so? Kennen Sie jemanden, der das bereits nutzt?

Die Rollen werden verteilt, ohne dass die Teilnehmer, die sich der Befragung stellen, wissen, welche Rollen vergeben sind. Die Aufgabe besteht darin, die Teilnehmerfragen wertschätzend, ruhig und souverän zu beantworten.

Als Hilfestellung gebe ich den Rednern noch eine Methodenkarte an die Hand, die Sie nach eigenem Ermessen nutzen können. Die Methodenkarte besagt:

---

1. LMAA (**L**ächle stets **m**ehr **a**ls **a**ndere).

2. Wiederholen Sie in eigenen Worten, was Sie verstanden haben und holen Sie sich erst ein „Ja" ab, bevor Sie antworten.

3. Nicht ärgern, nur wundern und Orientierung schaffen!

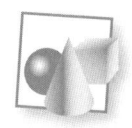

Hilfestellung zum Umgang mit renitenten Nachfragern.

Vielredner – anstrengend, aber keine Bedrohung

Im Transfergespräch wird deutlich, dass in aller Regel die gängigen W-Fragen (Was? Warum? Wie genau? Wer?) zu erwarten sind und oft – da zunächst unklar gestellt – für den Redner selbst und für das Publikum herausgearbeitet werden müssen. Vielredner werden aus Sicht des Redners vor der Gruppe als besonders anstrengend empfunden. Dennoch erkennen die Teilnehmer, dass Ausreden lassen Pflicht ist, da am Ende meist eine Frage steht, die es aufzugreifen gilt. Dies kostet Disziplin, ist aber notwendig. Umgekehrt erleben die Teilnehmer, die in die Rolle des Vielredners schlüpfen, in ihrem Verhalten keinerlei Schwierigkeit und Bedrohung für andere, sondern folgen in erster Linie ihrem Selbstverständnis, sich mitteilen zu wollen, und ihrer Erwartung an den anderen, freundlich abwartend und mit größter Anteilnahme auf sie einzugehen. In Seminaren zum Thema Kommunikation kann mit dieser Übung auch das Thema „Persönlichkeiten, Rolle und Sichtweise" integriert werden. Auch das Thema „Sachebene und Beziehungsebene" kann als Themenblock nach dieser Übung gut angeschlossen werden.

▶ **Quelle:** Diese Übung ist eine Eigenentwicklung.

Stichpunkte für Ihr eigenes Wording:

Themenbaustein

Lebendig vortragen

Zeitbedarf
ca. 45 Minuten

Kurzbeschreibung

Anhand vieler alternativer Beispiele trainieren die Teilnehmer, ihre Rede lebendig zu gestalten.

- **Ziel:** Die Teilnehmer kennen und trainieren Methoden für einen lebendigen Vortrag. Sie wissen, was mit „Verbergen der Kunst" gemeint ist. Auch kann der Transfer von rhetorischem Takt und Angemessenheit im Hinblick auf das Publikum verdeutlicht werden.

- **Metapher/Merkhilfe:** Trommelwirbel

- **Docere:** Statt nur zu sehen, wer ein entspannter, guter Rhetoriker ist, schulen die Teilnehmer ihre Wahrnehmung, was genau diese Kompetenz ausmacht. Sie trainieren Methoden für einen entspannten und guten Vortrag.

- **Delectare:** Das Beobachten und Abwägen der unterschiedlichen Lebendigmacher erfreut die Teilnehmer. Es wird schnell deutlich, dass es kleine Dinge mit großer Wirkung sind, die einen entspannten, guten Rhetoriker ausmachen.

- **Movere:** Bewusstmachen von Methoden, die Lebendigkeit bewirken. Es wird deutlich, dass Lebendigkeit keine Frage des Talents sein muss, sondern in erster Linie eine Technik ist wie der rhetorische Kunstgriff vom „Verbergen der Kunst".

Ablauf/Vorgehen

Erläutern Sie, was unter „Verbergen der Kunst" zu verstehen ist und stellen Sie „Lebendigmacher", also Methoden für einen lebendigen Vortrag, vor.

Vorschlag für ein Wording: *"Unter dem Kunstgriff ‚Verbergen der Kunst' versteht man, dass Wirkung durch eine verborgene Technik erzielt wird. Denn sobald die Technik* des Redners (Ars techné) bekannt ist, verliert sie an Wirkung. ‚Damit Sie mich von Anfang an sympathisch finden, beginne ich mit einem wohlüberlegten Ohröffner, der Sie als Betriebswirte besonders anspricht …' – Würde jetzt der Ohröffner folgen, hätten Sie im schlimmsten Fall Widerstand und Misstrauen geweckt und im günstigsten Fall gar nichts bewirkt. Tragen Sie dagegen ohne Ankündigung mutig Ihren wohlüberlegten Ohröffner vor, sind Ihnen die Sympathie und die Aufmerksamkeit Ihrer Zuhörer gewiss."*

Stellen Sie nun „Lebendigmacher" vor, die Sie bereits an einem Chart vorbereitet haben (siehe Abb. unten). Verteilen Sie pro Person einen Lebendigmacher, mit der Aufgabe, diesen wirkungsvoll in den Vortrag einzubetten. Die Teilnehmer erhalten dafür etwa fünf Minuten Vorbereitungszeit, dann findet die Übung vor der Gruppe statt.

Lassen Sie die Teilnehmer die unterschiedlichen Lebendigmacher testen.

Beispiele für Lebendigmacher

- ein Zitat
- aus einer (aktuellen) Zeitung vorlesen
- eine Studie spannend einbringen
- ein Bild (Comic, Foto, Selbstgezeichnetes, eine Karikatur etc.)
- Poesie
- ein Gedicht
- eine Anekdote
- ein persönliches Erlebnis
- ein Witz
- Pausen
- Betonung
- etwas mit Händen und Füßen vormachen
- einen Gegenstand mitbringen
- eine irritierend-komische Frage
- eine Publikumsansprache
- eine Tonbandaufnahme oder ein Filmchen (Kurzsequenz) integrieren
- ein Halbfertigprodukt am Flipchart gemeinsam fertigstellen
- ein Journal mit interessantem Cover
- Ideen von Teilnehmern
- ein Symbol
- eine geometrische Figur
- ein aktuelles Tagesereignis
- etc.

* Meist verweise ich an dieser Stelle auf den Unterschied von Technik und Taktik. Eine Taktik verliert komplett an Wirkung und lässt Misstrauen zurück. Wer eine Taktik nutzt, wird damit unglaubwürdig – damit hat er auf ganzer Linie verloren. Eine Technik hingegen wirkt auch weiter, wenn der Gesprächspartner sie erkennt. Als Wissenschaftlerin ist mir dieses Thema wichtig. Denn hier liegt aus meiner Sichter Ursprung für das weit verbreitete Missverständnis von Rhetorik als „Trickwissenschaft".

Alternative Themenbausteine

Kommentar/Hinweise

Diese Übung mit den Worten „Stellen Sie sich vor ..." zu beginnen, ermöglicht den schnellen Einstieg in die Praxis. Den Blickkontakt aufzunehmen, die Pause vor den ersten Worten, der freundliche Gesichtsausdruck etc. werden ebenfalls trainiert.

Varianten

- Sie können die Teilnehmer den Lebendigmacher ihrer Wahl selbst aussuchen lassen und die Arbeit dann vor dem Plenum ankündigen.
- Statt an jeden einzelnen einen Lebendigmacher als Aufgabe zu verteilen, können Sie sich auch nur einen oder zwei Lebendigmacher auswählen und mit der Gruppe trainieren. Da jeder Teilnehmer die Methode individuell umsetzt, wird viel gelernt. Als Trainer können Sie davon ausgehen, dass nach der Übung mindestens ein Lebendigmacher in Fleisch und Blut übergegangen ist und dass damit auch die Wahrscheinlichkeit groß sein wird, diesen in der Praxis anzuwenden.
- Die Übung kann auch auf Video aufgezeichnet werden. Die Lebendigmacher werden in Hinblick auf Einsatz, Wirkung etc. in Kleingruppen analysiert und bewertet.

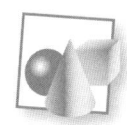

Stichpunkte für Ihr eigenes Wording:

| Themenbaustein

Priorisierungsmethode – der Weg zum Wesentlichen

Zeitbedarf
ca. 30 Minuten

Kurzbeschreibung

Die Teilnehmer lernen eine Methode kennen, um auch mit wenig Vorbereitungszeit eine gelungene Rede halten zu können.

- **Ziel:** Die Teilnehmer lernen, die Inhalte ihrer Präsentation zu priorisieren.
- **Metapher/Merkhilfe:** Zentrifuge wie beim Apotheker oder Chemiker
- **Docere:** Wesentliches vom Unwesentlichen trennen
- **Delectare:** Auch komplexe Themen lassen sich mit Spaß und Freude schnell auf den Punkt bringen.
- **Movere:** Durch die Fokussierung verdichtet sich das Thema und wird auch für den Zuhörer schnell zugänglich.

Ablauf/Vorgehen

Die Teilnehmer fragen oft nach Abkürzungen für eine Redevorbereitung, da sie in der Praxis meist wenig Zeit haben. Sie können dann die folgende Methode ausprobieren:

Die Teilnehmer schreiben zunächst alles auf, was ihnen zu ihrem Thema einfällt (Brainstorming). Im nächsten Schritt übertragen die Teilnehmer ihre Stichworte auf rote, gelbe und grüne Kartkarten:

- Rot bedeutet, diese Stichpunkte müssen (!) im Vortrag enthalten sein. Sie sind der Rohbau für unseren Vortrag.
- Gelb heißt, dass dieser Inhalt hilft, die Nachvollziehbarkeit für den Zuhörer zu erleichtern: Unser Gebäude braucht Türen und

Fenster, um wetterfest zu sein, egal ob die Fenster aus Kunststoff, Holz oder Metall sind.
- Grün steht für die Dinge, die sein können (!), aber nicht sein müssen: Ein Blumenstrauß oder ein schönes Bild an der Wand machen zwar Freude, sie sind aber nicht zwingend notwendig, um wetterfest zu wohnen.

Kommentar/Hinweise

Was für einen Vortrag ein „Muss", „Soll" oder „Kann" ist, hängt nicht nur vom subjektiven Empfinden ab, sondern ergibt sich aus dem Zusammenspiel von Publikum, Thema und Redeziel, wie es im „Rhetorischen Dreieck" ausführlich erläutert ist (vgl. S. 134 ff.).

Varianten

Statt die Stichworte auf farbige Karten zu übertragen, können Sie diese auch direkt auf drei Flipchartbögen notieren, die für die drei Kategorien stehen.

- **Quelle:** Vgl. Heinrich Fey: Sicher und überzeugend präsentieren. Regensburg/Düsseldorf 1998. Beispiele wurden abgewandelt.

Stichpunkte für Ihr eigenes Wording:

| Themenbaustein

ArgumentierBAR – argumentieren gegenüber unangenehmen Gesprächspartnern

Zeitbedarf
ca. 45 Minuten

Kurzbeschreibung

Die Teilnehmer behaupten sich argumentativ, wenn Menschen aggressiv, fordernd oder ausufernd ablenkend sind.

- ▶ **Ziel:** Die Teilnehmer argumentieren zugunsten eines Kunden bzw. Gesprächspartners, der eine oder mehrere Forderungen stellt und/oder orientierungslos ist.

- ▶ **Metapher/Merkhilfe:** Sich in Denkgebäude begeben

- ▶ **Docere:** Die Teilnehmer grenzen sich spielerisch ab, wahren oder übernehmen (wieder) selbstsicher die Gesprächsführung, wenn sie mit unangenehmen, aufgebrachten, pathetischen, aggressiven oder ablenkenden Gesprächspartnern zu tun haben.

- ▶ **Delectare:** Die Teilnehmer erkennen, dass sich häufig gefühlte Ohnmachtssituationen rhetorisch-technisch in den Griff bekommen lassen. Auch wird es Sie als Trainer erfreuen, wie die Teilnehmer immer mutiger werden und zunehmend agieren, statt nur zu reagieren.

- ▶ **Movere:** Es verschafft spürbar Erleichterung, wenn wir schnellstmöglich Stellung beziehen und eine Entscheidung herbeiführen, statt uns in endlosen Erklärungen zu ergehen. Dieser Baustein führt uns dazu, mehr Verantwortung zu übernehmen, unabhängig zu werden und damit dem Anspruch der Rhetorik im Sinne des selbstverantwortlichen Handelns gerecht zu werden.

Alternative Themenbausteine

Ablauf/Vorgehen

Sie erläutern die Gesprächstechnik anhand eines vorbereiteten Charts (siehe Abb. unten), wobei Sie die einzelnen Prozessschritte parallel zu Ihren Erläuterungen Punkt für Punkt aufdecken.

1. Sie hören aktiv zu.

2. Den Gesprächspartner mit Namen ansprechen und sofort das Anliegen in den eigenen Worten, in Fragefom („Sie möchten wissen/Ihnen geht es um …?") möglichst konkret und prägnant auf den Punkt bringen (= Wiederholtechnik).

3. Pause (Sie warten die Antwort ab!)
   - Bei einem „Nein", lassen Sie sich das Anliegen noch einmal erklären und es geht zurück zu Schritt 1.
   - Bei einem „Ja" geht es jetzt über in die konkrete, entschiedene Argumentation.

ArgumentierBAR
– effizient & kundenorientiert Klarheit schaffen –

1. **Sie hören aktiv zu.**

2. Mit **Namen** ansprechen und **Anliegen** konkret und prägnant **auf den Punkt bringen** (= Wiederholtechnik).

3. **Pause**
   ▶ Bei einem „Nein", lassen Sie sich das Anliegen noch einmal erklären und es geht zurück zu Schritt 1.
   ▶ Bei einem „Ja" geht es jetzt über in die konkrete, entschiedene Argumentation.

4. **Entscheidung** treffen:
   ▶ denkBAR
   ▶ machBAR, oder
   ▶ nicht machBAR

5. Die **Feedbackfrage** wird unmittelbar angeschlossen:
   ▶ „Ist das in Ordnung für Sie?" oder:
   ▶ „Können wir so verbleiben?" oder:
   ▶ (wenn nicht machBAR): „Ist es soweit nachvollziehbar?"

Reflexion: Was konkret gab es für **Schwierigkeiten**?

Das Chart visualisiert die Schritte der Argumentationskette.

4. Sie entscheiden sich und nennen unmittelbar das „Gebäude" in dem aus Ihrer Sicht das Anliegen am besten bearbeitet werden kann. Sie haben nun mehrere Möglichkeiten:

- **DenkBAR:** *„Ja. Das ist denkbar …"* In vielen Fällen empfiehlt es sich, die MachBAR anzuschließen, um das Gespräch konkret und sinnvoll zu Ende zu führen (*„Machen kann ich für Sie Folgendes …"*)
- **MachBAR** und Vorgehensweise erläutern:
  - *„Das ist machbar. Die Umsetzung sieht folgendermaßen aus …"*
  - *„Das ist machbar: Wenn Sie mir bis zum Freitag, die unterschriebene Erklärung schicken, dann werde ich … tun. Bis spätestens Dientsagmittag ist der Vorgang dann für Sie abgeschlossen."*
- **Nicht machBAR** und begründen:
  - *„Ich kann Ihr Anliegen sehr gut nachvollziehen und möchte Ihnen deshalb die Hintergründe erläutern, warum wir …"*

5. Die Feedbackfrage wird unmittelbar angeschlossen: *„Ist das in Ordnung für Sie?"* oder: *„Können wir so verbleiben?"*

- Bei einem Ja ist die Argumentation abgeschlossen.
- Bei einem Nein gibt es je nach Thema zwei Möglichkeiten: Entweder ist es eine Kleinigkeit, die noch angesprochen und bereinigt werden muss, oder es wird ein völlig neues Thema bzw. eine neue Forderung eingebracht. In letzterem Fall schließen Sie den vorangegangenen Punkt deutlich für den Kunden ab und beginnen die Argumentationskette wieder bei Schritt 1: *„Herr Müller, Sie sprechen gerade von der unfreundlichen Frau Schliehmeier, die Sie letztes Mal am Telefon hatten. Bevor wir zu diesem Thema kommen: Ist die Vorgehensweise für die Abrechnung Ihres Versicherungsfalls für Sie in Ordnung?"* Sie holen sich das Ja ab und überlegen, wie Sie mit dem nächsten Thema umgehen werden. Zum Beispiel: *„Prima, dann haben wir das erledigt. Nun zu Frau Schliehmeier. Ich kenne sie gut und schätze ihre Arbeitsweise. Wie kann ich Ihnen in dieser Angelegenheit weiterhelfen? Was konkret gab es für Schwierigkeiten?"*

Alternative Themenbausteine

Das Chart bleibt während der daran anschließenden Übung für alle Teilnehmer sichtbar als Orientierungshilfe im Raum. Alternativ können Sie den Teilnehmern natürlich auch die Argumentationskette als laminierte Karte in die Hand drücken, was den Vorteil hat, dass Sie die Übung räumlich unabhängiger gestalten können (z.B. im Freien). Oder die Teilnehmer schreiben sich die Argumentationskette selbst auf eine Karteikarte – gemäß dem Motto: Was ich selbst tue/schreibe, merkt sich besser.

Bilden Sie jeweils Gruppen mit sechs Teilnehmern (optimale Größe – ansonsten: Gruppen mit gerader Teilnehmerzahl). Diese bewegen sich als „Kugellager" (siehe Abb.). Drei Teilnehmer stehen in der Mitte und argumentieren nach der Gesprächstechnik, während die anderen drei Teilnehmer mit stets demselben Anliegen dreimal im Kreis rotieren und die Antworten vergleichen bzw. für sich die Art und Weise der Rückmeldung bewerten.

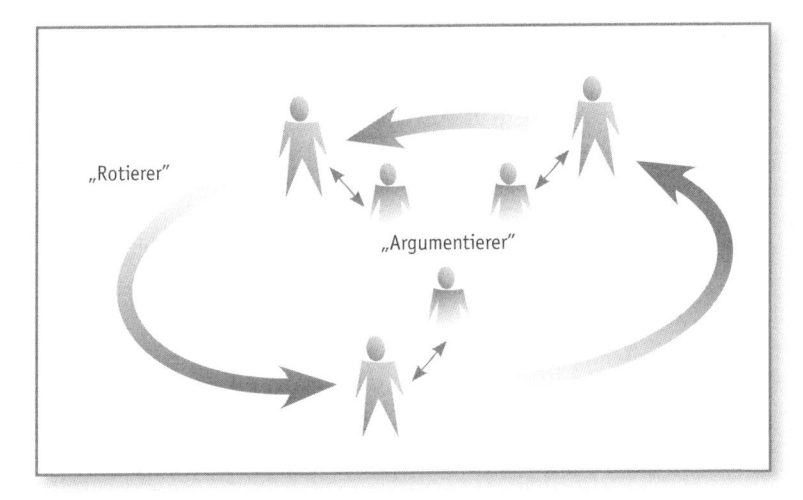

„Rotierer"

„Argumentierer"

Methode „Kugellager": Drei Teilnehmer rotieren und bringen ihr Anliegen jeweils den drei „Argumentierern" vor.

Kommentar/Hinweis

Diese Argumentationskette entstand im Rahmen einer Maßnahme zur „Kundenorientierung und Telefonkommunikation". Das Ziel des Auftraggebers war, dass seine Mitarbeiter Verantwortung übernehmen und möglichst schnell, zielgerichtet und proaktiv eine Lösung für das Problem des Kunden finden. Die Gespräche müssen dabei kurz und vom Kunden trotzdem als wertschätzend erlebt werden – gemäß dem viel zitierten Satz: „Klar in der Sache und wertschätzend im Miteinander."

Auch wenn diese Technik von mir ursprünglich für Telefontrainings konzipiert wurde, lässt sie sich ebenso gut in Rhetorik-Grundlagenseminaren einbringen. Sie funktioniert immer dann, wenn man es mit Gesprächspartnern zu tun hat, die sehr (heraus-)fordernd auftreten: etwa bei provokanten Fragen nach einem Vortrag, in Podiumsdiskussionen oder wenn man als Moderator, Schlichter und/oder Koordinator einen emotionalen Gesprächsverlauf wieder in konstruktive Bahnen zurückführen will.

Varianten

▶ Anstelle der Methode „Kugellager" können Sie die Teilnehmer bei schönem Wetter auch in Dreiergruppen nach draußen schicken:

- Gruppe A: formuliert das Anliegen bzw. die Frage des Kunden/Plenumsteilnehmers,
- Gruppe B: argumentiert nach der geschilderten Methode und
- Gruppe C: fungiert als Schiedsrichter.

Die Teilnehmer können zugleich als Team die Methoden bewerten und sind eingeladen, auf Entwicklungsmöglichkeiten und Gründlichkeit zu achten, damit das Ziel erreicht wird und die Technik reibungslos funktioniert.

▶ Diese Maßnahme lässt sich auch als Coaching bzw. Training „on the job" durchführen und ermöglicht Ihnen, unmittelbar einzugreifen, wenn Ihr Klient – z.B. in einer Telefonsituation – unsicher werden sollte. Durch diesen Feinschliff sichern Sie den Transfer Ihrer rhetorischen Schulung.

▶ **Quelle:** Diese Übung ist eine Eigenentwicklung.

Stichpunkte für Ihr eigenes Wording:

Themenbaustein

Intervenieren mit Takt und Stil

Zeitbedarf
ca. 10 bis 20 Minuten

Kurzbeschreibung

In Form einer interaktiven Übung erleben die Teilnehmer, wie spielerisch und widerstandsfrei ein „ohne Punkt und Komma" redender Gesprächspartner unterbrochen werden kann.

▶ **Ziel:** Die Teilnehmer unterbrechen selbstbewusst und zielgerichtet

▶ **Metapher/Merkhilfe:** „In den Dialog treten" (= wörtlich)

▶ **Docere:** Die Teilnehmer lernen bewusst und sinnvoll zu unterbrechen. Sobald die Technik im Ablauf verstanden und sie formal korrekt umgesetzt wird, beginnt der eigentliche Lerneffekt. Die Erkenntnis für die Praxis ist, dass wir die Redezeit unseres Gegenübers zum aktiven Zuhören und Überlegen nutzen, statt uns über seine Vielrednerei oder seine Emotionalität zu ärgern. Denn bereits vor der Unterbrechung sollte klar sein, welchem Ziel sie dient. Die Teilnehmer erkennen auch, dass das wortwörtliche Bezugnehmen enorm wichtig ist, damit Respekt und Wertschätzung in jedem Fall erhalten bleiben und beim Unterbrochenen nicht das Gefühl aufkommt, überrumpelt worden zu sein.

▶ **Delectare:** Nach anfänglicher Skepsis erfreut die spielerische Intervention die Gemüter. Dabei merken selbst die überwiegend analytisch denkenden Teilnehmer, dass auch sie sehr wohl spontan sein können.

▶ **Movere:** Es tut gut, das Dilemma von „höflich sein" und dem Gefühl der Unterlegenheit bei gängigen Unterbrechungsversuchen aufzulösen. Die Teilnehmer erleben sich in einer autonomen Rolle und sind hoch motiviert, diese Technik bei nächster Gelegenheit umzusetzen.

Ablauf/Vorgehen

Führen Sie zunächst in das Thema ein, indem Sie sich bei den Teilnehmern Gründe abholen, warum es uns normalerweise schwer fällt, jemanden zu unterbrechen. Es werden in der Regel Punkte wie „Höflichkeit", „gute Erziehung", „Wertschätzung" oder „Angst vor Widerstand" genannt. Im nächsten Schritt fragen Sie nach Gesprächssituationen, in denen es sogar wichtig ist, den Gesprächspartner zu unterbrechen. Häufig wird als Beispiel der Kunde genannt, der sein Anliegen am Telefon mit viel Emotion in der Stimme schildert und sich nun den richtigen Ansprechpartner für sein Anliegen erhofft. Dem Dialogpartner wird sein Dilemma schnell klar: Entweder bleibt er höflich und lässt den Kunden „ankommen". In diesem Fall ist der Kunde hinterher doppelt sauer und er wird dies beispielsweise wie folgt äußern: „Warum haben Sie das denn nicht gleich gesagt? Sind Sie wahnsinnig? Werde ich jetzt etwa noch einmal weiter verbunden? ..." Oder aber der Angerufene unterbricht frühzeitig, muss nun jedoch erst recht den Widerstand vonseiten des Anrufers befürchten („Jetzt lassen Sie mich erstmal ausreden und unterbrechen mich nicht ...") Nach dieser Einführung laden Sie die Teilnehmer zu einer Übung ein:

Wording: *„Wir machen nun Folgendes. Derjenige/diejenige der/die mit der Walnuss in der Hand hat die Aufgabe, aus dem Stegreif zu erzählen, zu erzählen, zu erzählen. Sobald einer aus der Gruppe erfolgreich – sprich: nach den Regeln der Kunst* (Verweis auf das Chart mit ggf. kurzer Erläuterung) *– unterbrochen und somit die Ge-*

Unterbrechungstechnik

1. **Name** (Aufmerksamkeit sichern!)
2. **(...), weil** (Kognitives Einstiegswort + sofort zu 3.)
3. **Bezug zum Gesagten** (Sie beweisen, dass Sie zuhören und sind wertschätzend. Denn Sie nehmen Bezug zum Gesagten statt rücksichtslos vorzupreschen.)
4. Jetzt sind Sie dran: **Führen Sie das Gespräch weiter!**

Das Chart zur Visualisierung ist kein „Muss", bietet sich aber an, wenn die Übung erstmals durchgeführt wird.

sprächsführung erlangt hat, bekommt er die Nuss. Damit übernimmt er auch die Rolle des Vielredners, führt die Erzählung fort oder wechselt in ein neues Thema. Ich setze derweil die Methodenbrille auf und schaue ganz genau darauf, dass die vier Schritte konsequent eingehalten werden. Wie immer gilt: Erst ausprobieren, dann bewerten."

Varianten
Anstelle der oben genannten Einführung in die Übung können Sie auch mit zwei Szenarien arbeiten. Sie bitten eine Person für einen kurzen Moment ein Vielredner zu sein und demonstrieren, wie hilflos und unsicher die meisten Menschen dadurch sind: *„Ähm, äh, Herr Müller (Pause), ähm, äh ..., darf ich Sie mal kurz unterbrechen? (Pause) ..."*

Schnell wird deutlich, dass wir in der Praxis auf diese Weise nicht viel ausrichten werden. Je mehr wir uns bemühen, Widerstand zu vermeiden, desto mehr Widerstand lösen wir tatsächlich aus. Auch fühlen wir uns unterlegen, was sich stimmlich und auch körpersprachlich sofort zeigt. Mit dem Satz: „So geht es besser!" gehen Sie in die zweite Runde. Dieses Mal unterbrechen Sie Ihr Gegenüber mit der Vier-Schritte-Technik, die es zu trainieren gilt: „Frau Müller, weil Sie gerade die hohen Benzinpreise ansprechen, die Ihre Urlaubsfreude trüben. Ich habe mich dieses Jahr für einen Urlaub zu Hause entschieden; ich werde aber für intensive kulturelle und kulinarische Höhepunkte sorgen. Beispielsweise ..." Die Walnuss gehört somit Ihnen!

Meist kontraproduktiv: Widerstand vermeiden

Meist durchschauen die Teilnehmer die Technik an dieser Stelle noch nicht, sie merken jedoch, dass die Gesprächsführung an sie übergegangen ist, ohne dass Ihr Gegenüber sich dagegen sperrt. Die Neugierde ist damit geweckt, ebenso die Lust am Ausprobieren. Erst dann erklären Sie die Vorgehensweise (siehe Abb. bzw. Chart).

Bestehen Sie als Trainer darauf, dass die Teilnehmer sofort in die Übung einsteigen und nicht zu lange im Vorfeld darüber nachdenken. Damit verhindern Sie das „analytische Zerpflücken", was in diesem Fall hinderlich ist. Die Technik hört sich in der Theorie „merk-würdig" an, funktioniert jedoch in der Praxis. Daher sollte auch hier erst die Praxis und dann die Analyse erfolgen!

Teilnehmer zum Probieren animieren

Variante mit Visualisierung: Da die Übung einfach sein und bleiben soll, arbeite ich meist ohne Flipchart. Sofern Sie diesen Themenbaustein zum ersten Mal durchführen, sollten Sie jedoch den Ablauf auf einem Chart visualisieren. Für die Übung im Seminar reicht die kurze Version (siehe Abb. S. 288), die folgende ausführliche Variante eignet sich für das Teilnehmer-Skript.

Ausführliche Darstellung der Technik für Teilnehmerskript oder Handouts.

Unterbrechungstechnik
– ausführliche Skript-Version –

So gelingt es am besten:

▶ Zügig argumentieren. Pausen vermeiden. Stimmlich entspannt.

▶ **Vier Schritte:**

1. **Name** (Aufmerksamkeit sichern!)
2. **(...), weil** (Kognitives Einstiegswort + sofort zu 3.)
3. **Bezug zum Gesagten** (Sie beweisen, dass Sie zuhören und sind wertschätzend. Denn Sie nehmen Bezug zum Gesagten, statt rücksichtslos vorzupreschen.)
4. Jetzt sind Sie dran: **Führen Sie das Gespräch weiter!**

Merke: Sobald die Technik verinnerlicht ist, kann die Zielfrage bereits im Vorfeld geklärt werden. Statt sich über die Vielrednerei des anderen zu ärgern, nutzen Sie die Zeit, um sich zu überlegen, wie Sie das Gespräch weiterführen, sobald Sie unterbrochen haben.

Beispiel: „Herr Gabel, weil Sie gerade ‚schnelle' Abwicklung erwähnen. Geben Sie mir gleich einmal Ihre Kundennummer. Dann kann ich Ihnen sofort sagen, wie wir in Ihrem Fall weiter vorgehen."

Zusatztransfer

Sie können an dieser Stelle noch einmal den Bezug zum Thema „Worte und Wirkung" und den Themenbaustein „Maluma & Takete" herstellen: *„Wir haben gesehen, dass es Worte gibt, die Widerstand auslösen (‚Takete'). In diesem Moment erkennen wir, dass das Wörtchen ‚weil' rationalisierend wirkt und Ihnen die Aufmerksamkeit Ihres Gegenübers sichert. Er geht davon aus, dass Sie seinen und Ihren eigenen Beitrag angemessen einordnen wollen."*

Alternative Themenbausteine

Kommentar/Hinweis

Bei dieser Übung werden Sie als Trainer einmal mehr erleben, dass es den spontanen Gemütern leicht fällt „drauflos zu reden", während tendenziell eher analytisch-pragmatische Gemüter zunächst Schwierigkeiten haben, spontan etwas zu erzählen. Damit die Übung gelingt und wirklich jeder einmal in die Rolle des Vielredners schlüpft, ist es ratsam, im Vorfeld folgenden Impuls zu geben:

„Wie Sie wissen, ist Rhetorik immer auch Persönlichkeitsbildung. Sie merken bei jeder Übung, was Sie besonders gut können und was Ihnen weniger liegt. Letztlich können wir aber beides und müssen uns zwangsläufig auch in dem üben, was uns zunächst schwierig erscheint. Sollten Sie nicht zu den Vielrednern gehören, wird es für Sie besonders spannend sein, in diese Rolle zu schlüpfen. Denn erst dann spüren Sie, wie ein Vielredner seinen Erzähldrang erlebt und bewertet. Und erst dann können wir wirklich wertschätzend damit umgehen und angemessen reagieren."

▶ **Quelle:** Die Unterbrechungstechnik in den vier Schritten ist eine Eigenentwicklung.

Stichpunkte für Ihr eigenes Wording:

Merkbar

Wenn die Gruppendynamik optimal ist, können Sie einen Baustein nach dem anderen anbieten. Alle Themenbausteine lassen sich auch im Rahmen von Einzel- und Teamcoachings einsetzen.

Sie kennen folgende Themenbausteine und können diese übernehmen oder abändern:

- Lebendig vortragen
- Redevorbereitung mit der Karteikartenmethode
- Umgang mit Lampenfieber
- Auf den Punkt gebracht: Priorisierungsmethode kennen und können
- Argumentieren vor „doppeltem" Publikum
- Annehmbar formulieren: Brückenworte und Grabenworte kennen
- Souverän mit Fragenden/Fragen umgehen ist trainierbar
- Hirngerecht präsentieren

Kapitel 5

WeiterdenkBAR

WeiterdenkBARes im Überblick

Das ABC der Varianten 295

▶ Einsatz im Einzelcoaching 296

▶ Auflockerung bisheriger Seminarkonzepte – auch jenseits
   der Rhetorik 297

▶ Lebendige Akquise-Gespräche 298

Das ABC der Varianten

In der DenkBAR haben Sie gelernt, ein Seminar effizient und passgenau zu konzipieren. In der MachBAR haben Sie einen bewährten Seminarleitfaden an die Hand bekommen, mit dem Sie als Trainer für Rhetorik sofort loslegen können. Wir haben dann einen prägnanten Zwischenstopp in der BeobachtBAR eingelegt und erfahren, wie wichtig es ist, sich jederzeit auf die Teilnehmer einzustellen, um entscheiden zu können, ob eine Auflockerung aus der SpielBAR oder ein Themenbaustein aus der VariierBAR für das Lernziel sinnvoll ist.

Sie haben außerdem eine Anleitung bekommen, wie Sie selbst Themenbausteine entwickeln oder die Beispiele in diesem Buch abwandeln können, damit Sie für Ihre Zielgruppe, Ihr Thema und Ihren eigentlichen Auftrag passen. Sie können mit diesem Handwerkszeug sogar einen dritten Seminartag gestalten!

Wie geht es weiter, und wofür können Sie Ihr erworbenes Wissen außerdem nutzen?

Rhetorisches Know-how jenseits des Seminarraums nutzen

Orientieren Sie sich für zusätzliche Anwendungsmöglichkeiten gerne an dem ABC der Varianten in dieser WeiterdenkBAR:

A: Verwenden Sie die Bausteine im Einzelcoaching!
B: Lockern Sie bisherige Seminarkonzepte auf – auch Themen jenseits der Rhetorik!
C: Führen Sie pfiffige und „merk-würdige" Erstgespräche mit potenziellen Auftraggebern, die Wirkung schaffen!

Die Beispiele in diesem Kapitel sollen Ihnen als Anregung dienen, Ihr rhetorisches Know-how vielseitig und kreativ anzuwenden und sowohl Ihre trainerische Kompetenz als auch Ihre eigene Persönlichkeit weiterzuentwickeln.

Beschränken Sie sich nicht allein darauf, dass nur Ihre Teilnehmer Fortschritte machen – schreiten Sie mit!

Einsatz im Einzelcoaching

Im Einzelcoaching ist Ihr Ziel, jemanden in möglichst kurzer Zeit zu mehr Wahlmöglichkeiten bei einer konkreten Fragestellung zu verhelfen.

Dem Klienten Wahlmöglichkeiten zur Lösung seines Problems anbieten

Beispiel: Ihr Coachee möchte mehr Selbstsicherheit im Reden. Die Schwierigkeit, vor die Gruppe zu treten, wird beschrieben als unüberwindbare Barriere, die sich in Stresssymptomen wie einem roten Kopf, Atemnot und erlebtem Blackout („Was sag ich denn jetzt … Eben wusste ich es doch noch …?!") äußert. Der Coachee hat den Eindruck, dass er dem Erwartungsdruck der Zuhörer nicht standhalten kann. Ständig geistert der Satz „Du wirst Dich blamieren!" im Kopf herum und zerstört den letzten Funken an gutem Willen.

Sein Hauptziel ist, die tief sitzende (An-)Spannung zu lösen und die zitternden Hände unter Kontrolle zu bekommen – ein klassisches Lampenfieberthema.

Nachdem Sie als Coach Ihren Auftrag geklärt haben, können Sie beispielsweise in die beiden Bausteine „Der treue Freund" (siehe S. 175) und „Umgang mit Lampenfieber" (siehe S. 256) verzweigen.

Sie haben damit die physiologischen Abläufe beim Lampenfieber erklärt und für eine „gesündere" Einstellung zu den körperlichen Reaktionen gesorgt. Als Nächstes erläutern Sie die Karteikarten-Technik (Themenbaustein: „Was tun mit den Händen?", siehe S. 130) und trainieren damit den sinnvollen Abfluss überschüssiger Energie. Damit ist der Körper des Coachee beschäftigt und er kann seinen Geist konzentriert auf den Inhalt seines Vortrags lenken.

Häufig reichen diese Impulse für eine erste Coaching-Einheit. Möchte der Coachee weitere Anregungen, trainieren wir mit dem Themenbaustein „Sicher stehen vor Publikum" (siehe S. 128) Feinheiten der Körpersprache, um auch den spielerischen Spannungsabbau über die Füße zu lernen.

Da die erlebte Unsicherheit häufig auch mit einer kritischen Eigenwahrnehmung einhergeht, wird das Gelernte vor der Videokamera in kurzen Übungsvorträgen zu Themen geübt, in denen der Coachee sicher ist. So kann er über sein Hobby sprechen und dadurch positive Erfahrungen sammeln, die er als Bezugspunkte (Referenzerfahrungen) für andere Redeanlässe nutzen kann.

Letztlich lassen sich auf diese Weise sämtliche hier vorgestellten Bausteine auch in einem Einzelcoaching einbauen. Welche Sie verwenden, hängt natürlich immer vom Ziel ab, das erreicht werden soll.

Auflockerung bisheriger Seminarkonzepte – auch jenseits der Rhetorik

Die angebotenen Spiele und Übungen lassen sich gut in andere Konzepte integrieren. Dazu sichten Sie Ihr bestehendes Trainingskonzept, beispielsweise ein Seminar zum Thema Schlagfertigkeit. Überprüfen Sie, welche der hier vorgestellten Bausteine eine möglichst große inhaltliche Nähe zu einem bestimmten Seminarblock haben. So wird Schlagfertigkeit durch zögerliches, unsicheres Auftreten unglaubwürdig. Hier können Sie mit Bausteinen zur Körpersprache intervenieren. Sie könnten allerdings auch Zeit gewinnen wollen, um pfiffig zu formulieren, denn viele Menschen haben erst am Tag danach die passende Antwort.

Mit dem Themenbaustein „Wenn's heiß hergeht – Entschiedenheit führt zu Gelassenheit" (siehe S. 206) trainieren Sie, in der heiklen Situation so viel Zeit zu gewinnen, dass sie kräftig kontern können – ohne dass Sie es hinterher bereuen müssen. Diese Technik des Themenbausteins (Die Wiederholung plus Change it – Love it – Leave it) wird damit zu einem Universalwerkzeug, wann immer Sie schlagfertig reagieren wollen.

Ein weiteres Beispiel: Ihr Themenschwerpunkt als Trainer liegt im Bereich „Schwierige Gespräche führen" oder in der Konfliktmoderation. Sie möchten die Teilnehmer erfahren lassen, wie bereits der Klang von Worten Widerstand oder Nähe bewirkt. Ein passender Themenbaustein hierzu ist „Maluma & Takete" (siehe Seite 266). Dieser Themenbaustein geht auch auf die Verwendung des Wortes „aber" ein, das gerade in ohnehin aufgeheizten Situationen ein

Reizwort ist: eine brennende Lunte am Pulverfass. Im Anschluss an diese Übung sprechen die Teilnehmer über Beispiele, in denen sie die Wirkung von „Maluma" und „Takete" erfahren haben.

Kommunikation findet immer über verbale und nonverbale Signale statt, somit sind die rhetorischen Spiele und Themenbausteine dieses Buches in jedem Seminar eine sinnvolle Ergänzung. Folgen Sie einfach Ihrer Intuition und leiten Sie zunächst an, woran Sie selbst besondere Freude hatten. Da Rhetorik Persönlichkeitsbildung sowie alters- und situationsunabhängig ist, können Sie die Bausteine und Spiele für Menschen jeden Alters sprachlich anpassen – für Schüler und Ihre eigenen Kinder ebenso wie für Erwachsene.

Lebendige Akquise-Gespräche

Sie planen ohne viel Aufwand ein Akquisitionsgespräch und packen dazu lediglich einige geeignete wie inspirierende Bausteine ein.

Die Situation: Sie haben erfolgreich akquiriert, der Kunde möchte Sie und Ihr Unternehmen kennenlernen und lädt Sie zu einem unverbindlichen Erstgespräch ein. Je größer das Volumen der zu vergebenden Maßnahme, desto mehr Leute sitzen in der Regel als Beobachter und Mitentscheider im Raum. So können etwa Personen aus den Bereichen Personal, Vertrieb, Trainingsgesellschaft und auch Trainees an Akquisegesprächen teilnehmen.

Ihr Termin ist von 16 bis 17 Uhr angesetzt. Vor Ihnen sind nun schon einige Trainervorstellungen gelaufen (seit 9 Uhr). Sie wissen bereits, dass bis zu drei Personen im Auswahlverfahren sitzen werden, um einen geeigneten Trainer zu finden. Sie sind der letzte Kandidat an diesem Tag.

Alternative zur Power-Point-Präsentation: Kurze Trainingseinheit für den Auftraggeber

Diese Ausgangslage bietet eine gute Möglichkeit, auch hier das Prinzip der Themenbausteine zu nutzen, die so aufgebaut sind, dass Sie Ihr Gegenüber informieren, erfreuen, motivieren und schließlich überzeugen. Statt Ihre Zuhörer nun mit einer weiteren PowerPoint-Präsentation zu ermüden, leben Sie Ihr Thema in diesen Gesprächen doch lebendig vor! Vorbild sein überzeugt am meisten und außerdem ist diese Methode „neu" und „ungewohnt". Und einen „merk-würdigen" Eindruck zu hinterlassen – das schaffen die wenigsten.

Klären Sie zunächst Ihr Ziel:
- Was (= Inhalt)
- werden Sie (= Ihre Persönlichkeit/Trainerrolle)
- wie (= Methode/Vorgehensweise)
- leisten (= Qualität) –
- und zu welchem Preis (= Honorar)?

Entscheiden Sie als Nächstes, welcher Themenbaustein für Ihre Zuhörer sofort am meisten Nutzen bringt und präsentieren Sie ihn, wie Sie es auch im Seminar tun würden. Beginnen Sie mit einem pfiffigen Einstieg (Ohröffner), leiten Sie dann zu dem Themenbaustein über, fassen Sie den Inhalt prägnant zusammen und sorgen Sie für einen heiteren Abschluss (Ohrschließer).

Beherzigen Sie die folgenden Empfehlungen:

1. Erfreuen Sie die Entscheidungsträger, indem Sie diese unterhalten und nicht nur informieren.
2. Planen Sie dabei maximal die Hälfte, im Idealfall nur ein Drittel der Ihnen zur Verfügung stehenden Zeit für einen Themenbaustein ein.
3. Leiten Sie zum Dialog mit den Teilnehmenden über und beantworten Sie munter deren Fragen.
4. Achten Sie selbst auf die Zeit und seien Sie fünf Minuten vor Abschluss des für Sie vorgesehenen Blocks fertig.
5. Wenn Ihr Publikum dagegen von selbst „überziehen" möchte, ist dies ein gutes Zeichen.

Merkbar

- Die Themenbausteine lassen sich auch in Einzelcoachings und bei Erstgesprächen/Akquisegesprächen verwenden.
- Mit Sprach- und Aktionsspielen können Sie eigene Konzepte auflockern.
- Die Themenbausteine können Sie in Kommunikationsseminare integrieren.
- Sie heben sich von Wettbewerbern hervor, weil Sie eine Methode vorleben, die nicht nur informiert, sondern auch unterhält und gefällt.

Liebe Leser: angehende Trainer und erfahrene Kollegen,

ich danke Ihnen an dieser Stelle herzlich für Ihr Interesse, Ihre Mitarbeit, Ihr Mitdenken, Ihren Mut sich auf neue und „merk-würdige" Sicht- und Denkweisen einzulassen.

Was haben wir getan (Handeln), was haben wir gelernt (Inhalt) und inwieweit hat der Ausflug in die verschiedenen DENK-Gebäude bei uns Lernen und Veränderung bewirkt?

Bleiben Sie einen Moment bei dieser Frage und lassen Sie Ihre Reise noch einmal Revue passieren:

Nach einem persönlichen Check Ihrer Trainer-Persönlichkeit besuchten wir gemeinsam die DenkBAR, ein heller, lichtdurchfluteter Raum aus Tausendundeiner Nacht. Entspannt und gelöst ließen wir unseren „Ideen-Sprudel" wirken und notierten alles, was uns einfiel zum Thema „Vorabplanung". Denn ein gutes Seminar ist durchdacht und geplant.

Wir verließen die DenkBAR und wanderten über die MethodenBAR, in die MachBAR. Beginnend mit der Gestaltung eines echten Bildungs-Raums erfuhren wir Schritt für Schritt, wie zwei Seminartage zum Thema Rhetorik spielerisch und für alle Beteiligten gut „MachBAR" aufgebaut werden können.

In der BeoachtBAR schärften wir den Blick für flexible Seminargestaltung und lernten Spiele und weitere Themenbausteine kennen. Damit vor allem angehende Trainer erkennen, wie der modulare Einsatz dieser Bausteine auch andere Trainings- und Beratungsgebiete bereichert und nicht zuletzt auch für die Akquise eingesetzt werden kann, sind wir gemeinsam in die WeiterdenkBAR marschiert.

Mit kritischem Blick schauen wir nun zurück auf Getanes, Erlebtes und reflektieren, was genau unsere Kontinuierliche Verbesserung (KVP) unterstützen wird. Jede Besichtigung endet einmal. Auch wenn sich unsere Wege jetzt also trennen, schauen Sie gerne wieder vorbei. Denn jedes Mal wird Ihnen etwas anderes vertraut vorkommen und eine andere Hürde leichter zu überwinden sein. Sorgen Sie dafür, dass sich Ihr Einsatz von (Lebens-)Zeit, die Sie mit mir in diesem Buch geteilt haben, auch wirklich gelohnt hat.

Ich wünsche Ihnen jedenfalls, dass es Ihnen Spaß gemacht und Nutzen gebracht hat und Sie – wie zu Beginn versprochen – informiert und motiviert weiterwandern.

Vielleicht entdecken Sie ja etwas, was Sie mir gerne mitteilen möchten. Über Anregungen und Hinweise von Ihnen freue ich mich.

Es grüßt Sie herzlich

Astrid Göschel
Die SprachIngenieurin©

DankBAR

Mein Dank gilt all den Menschen, die mich über die Jahre hinweg mit Impulsen und Ideen begleitet haben und auch weiterhin begleiten. Sie hätten verdient, alle namentlich aufgezählt zu werden und werden es verstehen, wenn ich mich mit Rücksicht auf die Leser darin begrenze.

Ausdrücklich erwähne ich Herrn Heinrich Fey, der meine Ernsthaftigkeit im rhetorischen Handeln erkannte und förderte. Seinen Wunsch, die Kerngedanken seiner Lehre weiterzutragen und die wissenschaftliche Rhetorik praktisch und lebendig werden zu lassen, erfülle ich gerne mit diesem Buch.

Ich danke auch Klaus Steinke, der mir während meines Studiums zunächst als Tutor, danach als Mentor zur Seite stand und dem ich seit inzwischen vielen Jahren freundschaftlich verbunden bin. Inzwischen sind wir als Fachtrainer Kollegen in einem gemeinsamen „Nutzwerk" namens 12talente (www.12talente.de). In diesem Netzwerk haben sich Spezialisten und Weiterbildner zusammengeschlossen, um wertvolle, fundierte und wirksame Weiterbildung zu gestalten. Die unterschiedlichen Schwerpunkte, Erfahrungsschätze und Persönlichkeiten ergänzen sich, und der Kollegenkreis ermöglicht einen stets inspirierenden Austausch. Euch allen „Talenten" sei an dieser Stelle gedankt.

Peter Kensok hat als Lehrtrainer für Neurolinguistische Verfahren Impulse für meine persönliche Weiterentwicklung gesetzt. Im Rahmen meiner NLP-Master-Ausbildung bei ihm habe ich neue Methoden andenken, ausprobieren und entwickeln können: Im Rahmen meiner Abschlussarbeit entstand so die Denk-Mach-Optimier-BeobachtBAR-Methode nach Astrid Göschel, ein Format zur effizienten Problemlösung in Teams oder Moderationssitzungen, die auch in dieses Buch eingeflossen ist.

Regine Uhlmann und Günther Weipert (www.leadingteams.de) sind mir besonders wertvolle Begleiter. Ich danke euch für eure Offenheit, euer Vertrauen, euren Respekt und eure Echtheit.

Ich danke Jürgen Graf und Ralf Muskatewitz vom Verlag manager-Seminare für ihr konstruktives Mitdenken und die Bereitschaft, sich in meine Gedankengebäude hineinzubegeben. Als Spracharchitektin und Sprachingenieurin habe ich das Fundament gelegt, gerade Wände gemauert, die Fenster gesetzt, das Dach gedeckt, die Nutzung der Räume festlegt und die Möbel hingestellt. Sie haben alles schön verfugt, tapeziert und in attraktiven Farben gestrichen, so dass unser Gebäude jetzt doppelt wohnlich ist. Ihnen ist es gelungen, mich mit ihren Kommentaren durch die Leserbrille schauen zu lassen und Dinge wahrzunehmen, die mir mit dem Blick durch die Spezialistenbrille entgangen wären.

Ein guter Geist in meiner Umgebung ist mein Freund. Dass du gezögert hast, namentlich erwähnt zu werden, spricht für deine Bescheidenheit. Dass du ganz anders denkst als ich und mich dadurch immer wieder inspirierst und verblüffst, auch dafür danke ich dir. In den Wochen meines Rückzugs zum Bücherschreiben hast du mich mit Humor begleitet, für Entspannung, Klarheit und Struktur gesorgt. Du hast dich oft gewundert – jedoch nie gewertet. Auf den stets wiederkehrenden Satz: „Ich muss den Gedanken noch zu Ende schreiben!", hast du immer wieder geduldig antwortet: „Mach das noch in Ruhe zu Ende. Wir haben ja Zeit." Das war förderlich und hat gut getan.

Die Selbstständigkeit ist auch mit Freunden und Impulsgebern ein einzigartiger und häufig einsamer Weg mit Höhen und Tiefen. Um immer wieder am eigenen unternehmerischen Ziel festhalten zu können, das Wesentliche im Blick zu behalten, gegen alle Widerstände den Mut zu wahren, danke ich meiner Familie. Meinen Eltern, besonders meiner scharfsinnig-optimistischen Mamutschka danke ich, dass ich meinen eigenen Weg gehen, meine Meinung selbstbewusst vertreten und den Menschen und Projekten mit Humor und Tatkraft begegnen kann. Meine Mutter ist mir in jeder Hinsicht ein Vorbild. Vor allen Dingen in der Kunst, Dinge positiv zu betrachten und immer wieder Möglichkeiten zu entdecken, sich über etwas zu freuen, stets heiter und zielklar zu sein, unabhängig im Geist und konsequent die nächste Etappe zu bewältigen.

Eine Trainerin ist jedoch nichts ohne ihr Publikum. Ohne euch, liebe Teilnehmerinnen und Teilnehmer, gäbe es dieses Buch nicht. Ihr habt mich inspiriert und motiviert, meinem Impuls zu folgen und mein Thema auf diese Weise einer breiten Leserschaft zugänglich zu machen. Ich danke euch!

LesBAR

Wissenschaft und Praxis (reduzierte Auswahl)

Wissenschaft ...

Aristoteles: Rhetorik. Übers. V.F.G. Sievecke, München 1980.
Cicero: Über den Redner. Hrsg: H. Merklin. Reclam, Stuttgart.
Fuhrmann, Manfred: Die antike Rhetorik. patmos, Düsseldorf 2007.
Kleist, Heinrich von: Über die allmähliche Verfertigung der Gedanken beim Reden. Aufsatz, der um 1805 entstand und 1878 veröffentlicht wurde.
Knape, Joachim: Was ist Rhetorik?. Reclam, Stuttgart 2000.
Quintilian: Ausbildung des Redners. 12 Bücher, lat./dt., 2 Bände, hrsg. v. H. Rahn.
Robling, Franz-Hubert: Redner und Rhetorik. Studie zu Begriffs- und Ideengeschichte des Rednerideals. Hamburg 2007.
Ueding Gert/Bernd Steinbrink: Grundriss der Rhetorik. Geschichte. Technik. Methode. Metzler, 4. Auflage, Stuttgart u. Weimar 2005.
Vester, Frederic: Die Kunst vernetzt zu denken. Ideen und Werkzeuge für einen neuen Umgang mit Komplexität. Der neue Bericht an den Club of Rome. dtv, 5. Auflage, München 2005.

... und Praxis

Birkenbihl, Vera F.: Fragetechnik ... schnell trainiert. mvg, 16. Auflage, München 2007.
Brauner, Ingo: Praxis der Rhetorik. VDE-Verlag, 2. unveränd. Auflage, Berlin 2002.
Göschel, Astrid: Medium Powerpoint – eine Präsentation sinnvoll gestalten. In: Außerschulische Bildung 1-2007. Materialien zur politischen Jugend- und Erwachsenenbildung: Lernen mit den neuen Medien. AdB Arbeitskreis deutscher Bildungsstätten e.V. ISSN 0176-8212, Berlin 2007.

Göschel, Astrid: Kommunikative Kompetenz. In Wettbewerben kooperieren und überzeugen lernen. In: Naturwissenschaften im Unterricht Physik, Nr. 96, Dezember 2006.
Fey, Heinrich: Sicher und überzeugend präsentieren. Kurzvortrag, Referat, Präsentation. Walhalla, Regensburg/Düsseldorf 1998.
Fey, Heinrich und Gudrun Fey: Redetraining als Persönlichkeitsbildung. Praktische Rhetorik zum Selbststudium und für die Arbeit in Gruppen. Walhalla, 4. Auflage, Regensburg 2002.
Motamedi, Susanne: Konfliktmanagement. Gabal, Offenbach 1999.
Weisbach, Christian-Rainer: Professionelle Gesprächsführung. Beck Juristischer Verlag, 7. Auflage, München 2008.

Körpersprache

Mehrabian, Albert: Silent Message. Wadsworth, Belmont (Cal.) 1971.
Goldsmith, Olivia, Amy Fine Collins: Stil mit Gefühl. Kleider, die zur Seele passen. Rororo, Reinbek bei Hamburg 1999.

Visualisierung

Ditko, Peter H., Norbert Q. Engelen: In Bildern reden. So entdecken Sie Ihre rhetorische Kraft. Econ, Düsseldorf 2001.
Kellner, Hedwig: Reden, zeigen, überzeugen. Von der Kunst der gelungenen Präsentation. Hanser, München 2000.
Seckel, Al: Optische Illusionen, Bd. 1. Bassermann, München 2007.
Steinke, Klaus: Projekte überzeugend präsentieren. So vermitteln Sie Ihr Anliegen klar und einprägsam. Stiftung Mitarbeit, Bonn 2000.
Weidenmann, Bernd: 100 Tipps & Tricks für Pinwand und Flipchart. Beltz, Weinheim 2000.
Zelazny, Gene: Wie aus Zahlen Bilder werden: Wirtschafsdaten überzeugend präsentieren. Gabler, Wiesbaden 2005.

Spannende Themen – von Querdenkern & Weiterdenkern

Gigerenzer, Gerd: Sorge dich nicht, denke! Die richtige Einschätzung von Risiken und die Macht der Intuition. In: Der Spiegel 37/2007.
Gomez, Peter und Gilbert Probst: Die Praxis des ganzheitlichen Problemlösens. Vernetzt denken. Unternehmerisch handeln. Persönlich überzeugen. Haupt-Verlag. 3. Auflage, Bern Stuttgart Wien 2004.

Häusel, Hans-Georg: Think Limbic! Die Macht des Unterbewussten verstehen und nutzen für Motivation, Marketing, Management. Haufe, Freiburg 2005.
Häusel, Hans-Georg: BrainScript. Warum Kunden kaufen! Haufe, Freiburg 2006.
Könneker, Carsten (Hrsg.:) Gehirn und Geist. Das Magazin für Psychologie und Hirnforschung. Spektrum der Wissenschaft.
Spitzer, Manfred: Nervensache. Geschichten vom Gehirn. Suhrkamp, Stuttgart 2003.
Spitzer, Manfred. Lernen, Gedächtnis und die Idee der Universität, Nervenheilkunde 1999; 18:3-13.
Vester, Frederic: Denken, Lernen, Vergessen. Was geht in unserem Kopf vor, wie lernt das Gehirn, und wann lässt es uns im Stich? Aktualisierte Neuausgabe, dtv, München 1997.

Persönlichkeit, Charaktere, angewandte Psychologie

Kensok, Peter und Katja Dyckhoff: Der Werte-Manager. Junfermann, Paderborn 2007.
Seiwert, Lothar J./Friedbert Gay: Das 1x1 der Persönlichkeit. Sich selbst und andere besser verstehen mit dem Persolog®Persönlichkeitsmodell. Persolog-Verlag, Remchingen.
Theoprast: Charaktere. Neu übersetzt und mit einem Vorwort versehen von Kurt Steinmann. Insel-Verlag, Frankfurt 2000.

Hör-CD

Kast, Verena: Psychologie der Emotionen. Sechs Vorlesungen, gehalten an der Universität Zürich (1996-2001). Joker, Auditorium Netzwerk, Hrsg: Bernd Ulrich, 2007.

Lebendige Didaktik

Besser, Ralf: Transfer – Damit Seminare Früchte tragen. Strategien, Übungen und Methoden, die eine konkrete Umsetzung in die Praxis sichern. Beltz, 3. Auflage, Weinheim 2004.
Kirkhoff, Mogens: MindMapping: Die Synthese von sprachlichem und bildhaftem Denken. Berlin 1989.
Kruppa, Hans: Zaubersprüche. Param, Ahlerstedt 2002.
Neumann, Eva, Sabine Heß u. Trainernetzwerk study&train. Mit Rollen spielen. Rollenspielsammlung für Trainerinnen und Trainer. managerSeminare, 2. Auflage, Bonn 2005.

Rachow, Axel (Hrsg.): Spielbar. 51 Trainer präsentieren 77 Top-Spiele aus ihrer Seminarpraxis. managerSeminare, Bonn 2000.

Geistreiches – von scharfsinnigen Mitdenkern und Meistern des geschriebenen Wortes

Schneider, Wolf: Wörter machen Leute. Magie und Macht der Sprache. Piper Verlag, München 1986.

Sir Peter Ustinov: Achtung! Vorurteile. Hoffmann und Campe, 10. Auflage, Hamburg 2004.

Tucholsky, Kurt: Sprache ist eine Waffe. Sprachglossen. Zusammengestellt von Wolfgang Hering. rororo, 9. Auflage, Reinbek 2001.

Tucholsky, Kurt: Ratschläge für einen schlechten Redner. In: Gesammelte Werke in 10 Bänden, Band 8 (1930). Herausgegeben von Mary Gerold-Tucholsky und Fritz J. Raddatz. Rowohlt, Reinbek bei Hamburg 1975, S. 290 ff.

Geschichten und Kreatives

Peseschkian, Nossrat: Der Kaufmann und der Papagei. Geist und Psyche. Fischer, Frankfurt.

Reichel, Gerhard: Der Indianer und die Grille. 238 Storys zum Nachdenken und Weitererzählen ausgewählt von Gerhard Reichel. Brigitte Reichel Verlag, 4. Auflage, Forchheim 2004.

AuffindBAR

Stichwortverzeichnis

A
Alarmprogramm ... 176
Adrenalinkurve ... 176
Agenda ... 236
Aggression, Provokation begegnen
... 188, 206, 260, 272, 282
Akquise-Gespräche ... 298
Angst ... 44, 71
Aptum (Angemessenheit) ... 46
Argumentationskette ... 283
Attentum parare ... 92
Ausstrahlung ... 123
Authentizität ... 44

B
Bedarfsanalyse ... 33, 35
Betonung/Artikulation ... 219, 231, 232
Bildungsideal ... 27, 43, 56
Blitzlicht-Abfragen ... 64
Brückenworte ... 266

C
Chairman-/Chairwoman-Regel ... 95
„Change it, love it, leave it" ... 206, 274
Cicero ... 57, 73, 112

D
Dauerredner unterbrechen ... 287
Delectare ... 59, 113
Dialektik ... 161
Dialoginsel ... 81
Didaktisches Bausteinprinzip ... 57

D (cont.)
Docere ... 61, 113
Doppel-Publikum ... 260
Drei Aufgaben eines Redners ... 58, 112
Dress-Code ... 45

E
Eigen-/Fremdwahrnehmung ... 45, 180
Einsatz der Hände ... 130
Einzelcoaching ... 296
Entwicklung von Seminarbausteinen ... 255
Erfahrungslernen ... 50
Erlebnisorientiertes Lehren/Lernen
... 55, 73
Erster Eindruck ... 79
Ethos ... 112
Evaluation ... 194

F
Feedback ... 167, 171, 194, 209, 217, 242
Feedback-Bögen ... 236
Feedback-Runde ... 194
Frederic Vester ... 47, 50
Freie Rede ... 216, 223, 269

G
Grabenworte ... 266

H
Hemisphärenmodell ... 49
Hirngerechtes Lernen ... 57
Hirngerechte Didaktik ... 47, 55
Humor ... 71

I
Impuls-Karte ... 85
Inhalte vermitteln ... 61

K
Karteikarten-Methode ... 130, 147, 216
Körpersprache ... 125
Kugellager-Methode ... 285
Kundenzufriedenheit ... 33

L
Lampenfieber ... 44, 175, 256
Lebendigmacher einer Rede ... 141, 277
Lernbedürfnisse ... 47
Lernstil-Modelle ... 50
Lerntransfer ... 190
Lerntypen/Lernstile ... 48, 86

M
Mehrabian, Albert ... 123
„Merk-würdig"-Chart ... 66, 93, 192
Methode des Geschichtenerzählens ... 150
Methode „PC" ... 167
Mnemonik ... 66
Movere ... 61, 113

N
Neugier wecken ... 62, 150

O
Ohröffner ... 91

P
Partner-Interview ... 96
Pathos ... 71, 112, 148, 255
Pausenregelung ... 105
Persönlicher Coach ... 167
Persönlichkeitsbildung ... 44
Persönlichkeitsmodelle ... 48
Pragma ... 112, 148, 255
Priorisierungsmethode ... 280
Publikumsdialog ... 269

Publikumsfragen ... 188, 207, 260, 272, 282
Publikumskontakt aufbauen ... 119
„Punkten-Sie"-Karte ... 85

R
Redeaufbau ... 147
Redegattungen ... 113
Redesicherheit ... 45
Redevorbereitung ... 135, 141, 280
Redeziel ... 144
Reflexion ... 242
Rhetorik-Definitionen ... 109
Rhetorik-Quiz ... 164
Rhetorisches Dreieck ... 134
Rulaman ... 175

S
Selbstreflexion des Trainers ... 241
Selbstverständnis als Trainer ... 20
Seminarnachbereitung ... 42
Seminarorganisation ... 37
Seminarraumvorbereitung ... 39
Sicher stehen vor Publikum ... 128
Simonides ... 68
Spannung/Nervosität abbauen ... 130
Spiele-Einsatz ... 203
Spielregeln der Zusammenarbeit ... 105
Stimmungsbarometer ... 160
Szenarien entwickeln ... 70

T
Teamknobeln ... 184
Teilnehmerbegrüßung ... 79, 88
Teilnehmerboykott ... 73
Teilnehmerziele visualisieren ... 99
Teilnehmer erfreuen ... 59
Teilnehmer überzeugen und motivieren ... 61
Telepathie-Spiel ... 115
Theorie versus Praxis ... 43

Transfersicherung ... 64, 235, 238, 240, 242, 244, 246, 248
Tucholsky ... 226

U

Umgang mit Kritik ... 188, 206, 260, 272, 282
Unterbrechungstechnik ... 288

V

Verbergen der Kunst ... 277
Video-Einsatz ... 186
Video-Feedback ... 159, 260
Vir-Bonus-Ideal ... 19, 43

W

Wiederholtechnik ... 206, 274
Wirkungsfaktoren ... 122
Wirkung von Worten ... 261, 266

Z

Ziele-Chart ... 101
Zitat-Karten ... 82
Zungenbrecher ... 232
Zusammenspiel von Körper, Stimme, Inhalt ... 125
Zusammenwirken von Thema, Redner und Publikum ... 135
Zwecksatz ... 144

Chart-Abbildungen

Willkommens-Chart 89
Agenda 90, 104, 163
„Merk-würdig"-Chart 94, 192
Partner-Interview 97
Teilnehmerziele visualisieren 100
Ziele-Chart 101
Spielregeln der Zusammenarbeit 106
Was ist Rhetorik – Definitionen.................................. 109, 110
Die drei Aufgaben eines Redners nach Cicero 112
Kriterien für Wirkung – „Wie entsteht Ausstrahlung?" 123
Wirkungsfaktoren eines Redners 126
Das rhetorische Dreieck 135
Redekonzeption – Der Profi überlegt im Vorfeld 136, 142
Lebendigmacher einer Rede 141
Strukturpunkte zum Redeaufbau –
Meine Meinung: Klar und überzeugend 148
Fahrplan zum Redetraining.. 158
Auswertungsrunde nach den Reden 169, 180
Feedback-Regeln – Feedback ist ein Geschenk 173, 209
Alarmprogramm – die Adrenalinkurve................................ 176
Feedback-Runde – Fragen zum Abschluss-Feedback 194, 242
Drei Reaktionsmöglichkeiten auf Publikumsfragen 206
Rhetorik von A bis Z... 246
Was ist Lampenfieber? 257
Zum Umgang mit Lampenfieber 258
Strukturformel für eine Argumentationsrede 263
Schwierige Publikumsfragen – was tun? 273
Zum Umgang mit „schwierigen" Publikumsfragen 274
Beispiele für Lebendigmacher 278
ArgumentierBAR – Beispiel für eine Argumentationskette 283
Unterbrechungstechnik in vier Schritten..................... 288, 290